JN300450

The Japanese Association of Financial Econometrics and Engineering
ジャフィー・ジャーナル | 金融工学と市場計量分析

バリュエーション

日本金融・証券計量・工学学会 ●編集
津田博史　中妻照雄　山田雄二 [編集委員]

朝倉書店

はしがき

　ジャフィー（日本金融・証券計量・工学学会）は，1993年4月に設立されて以来，年2回の国内大会に加えて，国際大会，コロンビア大学との共同コンファランス，フォーラム等の開催，英文学会誌，和文学会誌（ジャフィー・ジャーナル）の刊行を通じて，日本における金融・証券領域，企業経営の意思決定・リスクマネジメントにおける計量分析・金融工学の発展と普及に尽力して参りました．本書は，本学会の和文機関誌であるジャフィー・ジャーナルの第10巻です．

　このたびの特集テーマは，「バリュエーション」です．ここ最近において個々の事業あるいは事業の集合体としての企業の価値を適切に評価すること（バリュエーション）は，投資家の判断材料となるだけでなく，経営者の意思決定においても必要不可欠なものとなっています．事業や企業の価値評価法としては将来のキャッシュフローをリスクに応じた割引率で割引いて現在価値で評価するDCF法や市場株価と財務指標の関係を使うマルチプル法が有名です．しかし，これら伝統的手法の有効性に関しては議論の余地があり，これらに変わる手法の提案も行われてきています．例えば，ファイナンス理論の進展を受けてバリュエーションにオプション価格評価の手法を取り入れたリアルオプションが近年盛んに研究されるようになってきています．また，不動産のように流動性が低く物件間の異質性が高いため証券市場を前提とした理論を直接適用できない資産の価値評価手法の研究も進みつつあります．さらに企業が有する技術，ブランド，人的資本など知識資産と呼ばれる無形資産の価値評価の重要性も認識されるようになっています．このような状況を鑑みて，「バリュエーション」をテーマとして特集を組むことを企画しました．

　本書に収められた論文は，理論だけでなく，実務的にも有意義な内容を取り扱ったものも多く見受けられます．いずれの論文も，先端的な問題をテーマにしており，幅広い読者の興味に応えられるものと考えております．

序論 「バリュエーションの潮流」(石島 博)

特集論文
1. 「資本コストの決定要因と投資戦略への応用可能性」
（吉野貴晶・斉藤哲朗・前山裕亮）
2. 「構造モデルによるクレジット・スプレッドの推定」(成田俊介)
3. 「マネジメントの価値創造力とM&Aの評価」(中岡英隆)

一般論文
4. 「教育ローンの信用スコアリングモデル」
（枇々木規雄・尾木研三・戸城正浩）
5. 「不動産価格の統計モデルと実証」(石島 博・前田 章)
6. 「銀行の流動性預金残高と満期の推定モデル」(上武治紀・枇々木規雄)

出版にあたり，レフェリーの皆様方と，お世話になりました朝倉書店の編集部の方々に記して感謝致します．

2011年3月

チーフエディター：津田博史
アソシエイトエディター：中妻照雄・山田雄二

目　次

はしがき

序論　バリュエーションの潮流……………………石島　博……1

特集論文

1　資本コストの決定要因と投資戦略への応用可能性
　………………………………吉野貴晶・斉藤哲朗・前山裕亮……24
　　　1　は じ め に　25
　　　2　仮説の設定と資本コストに関する先行研究　30
　　　3　研 究 方 法　35
　　　4　分 析 デ ー タ　43
　　　5　分 析 結 果　48
　　　6　内在する資本コストを利用した妥当株価と
　　　　 実際の株価の検証　62
　　　7　内在する資本コストを利用した投資戦略　68
　　　8　ま　と　め　71
　　　付　録　72

2　構造モデルによるクレジット・スプレッドの推定
　………………………………………………………成田俊介……85
　　　1　は じ め に　85
　　　2　先 行 研 究　87
　　　3　実証に用いるデータ　90
　　　4　構 造 モ デ ル　93
　　　5　実 証 分 析　98
　　　6　ま　と　め　110

3 マネジメントの価値創造力とM&Aの評価
　……………………………………………………中岡英隆……114
　　1　はじめに　114
　　2　企業の経営価値創造力と統合効果　116
　　3　実証分析　126
　　4　まとめ　131

一般論文
4 教育ローンの信用スコアリングモデル
　………………………枇々木規雄・尾木研三・戸城正浩……136
　　1　はじめに　136
　　2　教育ローン利用者の特徴　141
　　3　教育ローンの信用スコアリングモデルの概要　144
　　4　モデルの評価　152
　　5　まとめ　162

5 不動産価格の統計モデルと実証
　………………………………………石島　博・前田　章……166
　　1　はじめに　167
　　2　不動産価格のヘドニック性　168
　　3　不動産価格の統計モデル　171
　　4　実証分析　174
　　5　まとめ　193

6 銀行の流動性預金残高と満期の推定モデル

………………………………上武治紀・枇々木規雄……196

1　は じ め に　196
2　先行研究：流動性預金残高と満期の推定モデル　198
3　固定性預金を考慮した流動性預金モデル　204
4　流動性預金残高と満期の推定　216
5　ま と め　222

『ジャフィー・ジャーナル』投稿規定　224
役員名簿　226
日本金融・証券計量・工学学会（ジャフィー）会則　227

序　論
バリュエーションの潮流

特集号世話人

石　島　　　博

1　はじめに

　JAFEE（日本金融・証券計量・工学学会）は，ファイナンス分野，とくに金融計量経済学と金融工学の分野において，学術界と産業界の自由で開かれた議論と交流の場を提供している．年に2回行われる国内大会をはじめとして，国際大会やフォーラムも定期的に開催するとともに，学会誌も，英文誌"Asia-Pacific Financial Markets"はSpringerより年に1巻4号，和文誌『ジャフィー・ジャーナル』も朝倉書店より年に1巻，定期的に発行している．JAFEEの活動の一環として，この度，『ジャフィー・ジャーナル』では，通常の投稿論文に加え，バリュエーションにフォーカスした特集号を刊行することとなった．将来にわたってキャッシュ・フローを生む資産の合理的な価格・価値を評価する「バリュエーション（valuation）」，あるいはその等価，または若干狭義な表現である「プライシング（pricing）」は，ファイナンスにおけるもっとも重要なテーマの1つである．以下では，バリュエーションという広大な学問分野について，フレームワーク（理論的な枠組み）という観点より簡単な整理を行う．本巻で掲載される論文の位置づけが明瞭になるような導入を，本論文が提供できれば幸いである．

2 確実性下におけるバリュエーション

2.1 DCF法と資産の本質的価値

すべての事象が確実に起こるという前提の下で投資を考える．時点 t において，ある資産に V_t だけ投資するとき，1期間後の時点 $t+1$ において，X_{t+1} というキャッシュ・フロー（cash flow），またはペイオフ（pay off）を受け取り，同時にこの資産を V_{t+1} で売却する．このときリターン，つまり，資産への1円の投資が1期間後に生む損益は，

$$1 + R_{t+1} = \frac{X_{t+1} + V_{t+1}}{V_t} \tag{1}$$

このリターンを用いて，逆に，将来時点 $t+1$ において，$X_{t+1} + V_{t+1}$ というキャッシュ・フローを生む（価値をもつ）資産の，現在時点 t における価値を表現できる．とくに，リターンが一定値 $1+R$ をとるとき，(1) 式はつぎのように書き直すことができる．

$$V_t = \sum_{i=1}^{T} \frac{X_{t+i}}{(1+R)^i} + \frac{V_{t+T}}{(1+R)^T} = \sum_{i=1}^{\infty} \frac{X_{t+i}}{(1+R)^i} \tag{2}$$

この (2) 式は，資産の本質的価値（fundamental value）を表している．1つ目の等式は，(1) 式を，$V_t = (X_{t+1} + V_{t+1})/(1+R)$ とおいたものを再帰的に解くことにより得られ，V_{t+T} は将来時点 $t+T$ における資産の価値を表す．2つ目の等式は，1つ目の等式を，$T \to \infty$ まで再帰的に解いたものである．このとき，$V_{t+T}/(1+R)^T \to 0$ となることに注意する．また，(2) 式に現れる $1/(1+R)^i$ は，現在時点 t から見て i 期間先に発生するキャッシュ・フロー X_{t+i} を，現在時点 t における価値，すなわち現在価値（present value）に変換する割引率（discount factor）である．このように，(2) 式に基づいて資産の価値を算出するとき，これを「DCF法（discounted cash flow method）」とよぶ．

さらに，キャッシュ・フロー（ペイオフ）が1期間後 $t+1$ における値のまま一定値をとる，つまり $X_{t+i} = X_{t+1}$ のときには，(2) 式は，

$$V_t = X_{t+1}/R \tag{3}$$

また，キャッシュ・フローが，現在時点 t でのキャッシュ・フロー X_t から，1

年あたり $1+g$ 倍で一定成長するとき，(2) 式は，
$$V_t = (1+g)X_t/(R-g) = X_{t+1}/(R-g) \qquad (4)$$
と書ける．この資産の本質的価値を表す (2) 式や，これを簡便にした (3)，(4) 式は，企業価値や不動産価値をはじめとして，実務上，バリュエーションに際してもっとも多く利用されている．以下に，その具体的方法について簡単に述べる．

2.2 企業価値評価

企業価値評価においては，(2) 式で表される DCF 法による評価が基本となる．まず，キャッシュ・フロー X_t は，フリー・キャッシュ・フロー（FCF；free cash flow）を表す FCF_t で置き換えられる．FCF は，1986 年の Jensen による概念であるが，具体的には，当期純利益をスタートとして，税引き後支払利息，法人税等調整額，減価償却費を足し戻し，正味運転資本の増分と設備投資額を差し引いたものである．これとは異なる FCF の定義も見受けられるが，基本的には等価なものである（石島，2008）．その FCF の予測が，ターミナル・イヤーとよばれる T まで行われる．多くの場合，売上高の予測をベースとした，見積財務諸表に基づいて FCF 予測が行われる．この見積財務諸表モデル（pro forma financial statement model）のポイントは，(1) 株主資本等変動計算書によって，損益計算書（P/L）の到着項目である当期純利益と，貸借対照表（B/S）の純資産（株主資本）の利益剰余金（累積留保利益）をリンクすること，(2) クリーン・サープラス会計（clean surplus accounting）という時系列方向の表現，つまり，今期の利益剰余金は，前期の利益剰余金に，今期の留保利益（当期純利益から配当を引いたもの）を加えたものになる，という漸化式を用いること，の 2 点である．そして，(2) 式の 1 つ目の等式の右辺に現れるキャッシュ・フロー V_{t+T} は，現在時点 t から見て T 期間だけ将来時点における企業の価値を表しており，ターミナル・バリュー（terminal value）とよばれる．これは，企業が未来永劫にわたってその営業活動を継続することを意味する，ゴーイング・コンサーン（going concern）を仮定して算出される．つまり，$t+T+1$ 期間以降に企業が生む FCF の，将来時点 $t+T$ における現在価値の総和が，ターミナル・バリュー V_{t+T} として集約される．このターミナ

ル・バリューは，競争均衡を根拠として，単純化をして算出されることが多い．(3) 式において，t を $t+T$ とおいたうえで，X_{t+T+1} を FCF_{t+T+1} とおいて，$V_{t+T}=FCF_{t+T+1}/R$ と算出する．または，(4) 式において，t を $t+T$ とおいたうえで，X_{t+T+1} を FCF_{t+T+1} とおいて，$V_{t+T}=FCF_{t+T+1}/(R-g)$ と算出する．

一方，リターン $1+R$ は，株主資本コスト R_E と税引き後の負債コスト $(1-\tau)R_D$ で加重された加重平均資本コスト（weighted average cost of capital），いわゆる WACC で置き換えられる．つまり，$1+R=1+\kappa R_E+(1-\kappa)(1-\tau)R_D$ で置き換える．ここで，τ は実効税率である．また，加重 κ は，株主資本と負債の価値の比率，すなわち資本構成（capital structure）で決定される．これを本質的価値，時価，あるいは簿価で測るかには議論がある．さらに，WACC は FCF に対応するリターンである，と解説する文献が多いが，なぜこのように定義されるのか，実はわかっていない．さらに，企業価値を算出する，(2) 式という DCF 法自体が確実性下のものであるのに，割引率としてプラグインされる株主資本コスト R_E は，不確実性下のモデルである CAPM に基づいて推定する．このような singular な方法がとられるのがなぜなのかもわかっていない．

さて，負債がない，いわゆるアンレバード（unlevered）な企業においては，FCF は「配当（dividend）」に等しい．そこで，「株主資本（equity）」の評価に際しては，(2) 式におけるキャッシュ・フロー X_t は配当 D_t で，リターン $1+R$ は株主資本コスト $1+R_E$ で，それぞれ置き換えられる．このとき，これを配当割引モデル（DDM；dividend discount model）とよぶ．そして，配当が一定成長するときの評価式 (4) 式は，Gordon の公式とよばれている．さらに，前述したクリーン・サープラス会計によって，配当を置き換えると，いわゆる EBO モデル（Edwards-Bell-Ohlson model）や残余利益モデル（residual income model）とよばれるモデルが導出される（たとえば，石島，2008）．これは，株主資本の理論価格が簿価に比べて，どれくらい乖離しているのかを，ROE（return on equity）の株主資本コストからの超過分によって説明しており，PBR（price-to-book ratio）という，いわゆるマルチプル（multiple）の理論的根拠を与えていると解釈できる．

2.3 不動産価格評価

　不動産価格評価において広く利用されるのは，(3) 式であり，これは直接還元法（direct capitalization method）とよばれている．ここで，キャッシュ・フロー X_t を，営業純利益 NOI_t（NOI；net operating income）で置き換える．これは，空室を考慮した賃料から費用を差し引いたものである．そして，(3) 式における割引率 R は，還元利回りとよばれる．そして，その実務上の等価な表現として，これをキャップ・レート（capitalization rate）とよぶ．

　一方，(2) 式で表される DCF 法は，2003 年 1 月における不動産鑑定評価基準の改正に伴い，その実務に利用されることとなった．不動産価格評価において，(2) 式で表される DCF 法がどのように利用されるかについて解説をする．価格の源泉であるキャッシュ・フロー X_t を，営業純利益 NOI_t と置き換えることは，直接還元法と同じである．しかし，これを現在価値に割り引く割引率 R は，単に割引率とよばれる．一方，1 つ目の等式の右辺に現れるキャッシュ・フロー V_{t+T} は，現在時点 t から見て T 期間だけ将来時点における（売却時の）不動産の価格を表し，復帰価格とよばれる．この復帰価格は，将来時点 $t+T$ から見て 1 期先に発生する NOI を用いて，(3) 式に基づき，$V_{t+T}=NOI_{t+T+1}/\tilde{R}$ として評価される．このときの割引率 $\tilde{R}$ は，最終還元利回りとよばれる．

　不動産鑑定評価基準において，「不動産の価格は，一般に，(1) その不動産に対してわれわれが認める効用，(2) その不動産の相対的稀少性，(3) その不動産に対する有効需要，の三者の相関結合によって生ずる不動産の経済価値を，貨幣額をもって表示したもの（不動産鑑定評価基準第 1 章第 1 節）」として示されており，その評価手法として原価法，取引事例比較法，そして収益還元法の 3 つが挙げられている（同第 7 章）．このうちの収益還元法について，具体的な計算法といえば，直接還元法のみが挙げられていた．不動産をもつことから利用することへと社会的意味や価値概念が変化し，収益性こそが不動産の経済価値の本質を形成するものであるという考え方が浸透するにつれて，DCF 法が新たに追加されたのである．それは近年における，不動産の流動化や証券化などにより，金融市場との融合が急速に進んだことにも呼応している．さらに不動産鑑定評価基準上では，「先走りがちな取引価格に対する験証手段として（同第 7 章第 1 節 IV）」収益還元法を利用するよう書かれている．

このように，不動産価格評価において DCF 法が広く浸透してきたのはこの10 年間と考えられているが，実は，我が国において，不動産価格評価に DCF 法が利用された歴史は古い．明治時代の 1873 年，地租改正に伴い土地取引が解禁された．その所有証明書である地券には地価が記されており，これは DCF 法に基づいて算出されていたようである（『日本経済新聞』，2006 年 3 月 13 日，朝刊 15 頁）．さて，このようなトリビアはさておき，資産価格評価において，もっとも重要な原則について述べよう．

2.4　一物一価の原則，無裁定条件，および線形価格評価

まずは，2 つの裁定機会について述べよう（Luenberger, 1997）．タイプ A の裁定機会とは，投資がただちに正のキャッシュ・フローを生み，その一方で，将来のペイオフ（キャッシュ・フロー）を生まないことをいう．タイプ B の裁定機会とは，（プラスの）コストがかかっていない投資が，プラスのペイオフを生む確率があって，しかも，マイナスのペイオフを生む確率はゼロであることをいう．

さて，タイプ A の裁定が存在しない，という無裁定条件（no arbitrage condition）を仮定するとき，資産価格には線形性が成立していなければならない．これを，線形価格評価（linear pricing）とよぶ．例を通じて確認しよう．

まず，（確率的な）ペイオフのことを証券（security）という．このとき，証券 $D = 100$ 円の価格が，$P = 90$ 円だったとする．このとき，2 倍の証券 $2D = 200$ 円の価格はいくらか？　もちろん，$2P = 180$ 円でなければならない．もし仮に，2 倍の証券にそれより安い 160 円の価格が付いていたらどうなるか．これを買えば，キャッシュ・フローは -160 円．この 2 倍の証券を 2 つに分ければ，それぞれ 90 円で売れる．合計で，$+180$ 円のキャッシュ・フローとなる．つまり，ただちに $-160 + 180 = +20$ 円だけ儲かる．この例とは逆に，2 倍の証券に 180 円よりも高い価格が付いても，ただちに儲けられる．したがって，ただちに儲かるというタイプ A の裁定機会が存在を認めないとき，2 倍の証券 $2D$ の価格は，$2P$ でなければならない．これを一般化すると，θ 倍の証券 θD の価格は，θP でなければならない．

さらに，n 個の証券 D_i の価格が P_i であるとする．このとき，各証券を θ_i 単

位だけ組み入れる証券のポートフォリオ $\sum_{i=1}^{n} \theta_i D_i$ の価格 P は,

$$P = \sum_{i=1}^{n} \theta_i P_i \qquad (5)$$

でなければならない．このように無裁定条件下では，資産価格は線形価格評価されなければならない．そして，確実性下でも不確実性下でも成立する．これは，いわゆる一物一価の原則（law of one price）からも理解することができる．

2.5 DCF 法の注意点

バリュエーションに用いられる DCF 法の注意点について述べる．(2) 式で表される，DCF 法は，確実性下においてのみ適切なバリュエーション手法である．しかしながら，とくに実務上は，そのような非常に強い仮定はまったく意に介さず利用していることも多いので注意が必要であろう．物理の世界においては，東京-大阪間は 500 キロメートル，これを新幹線で移動すると 2 時間かかるから，500 を 2 で割って，時速は 250 キロメートルと非常に正確に知ることができる．そして，誰もが納得できる数値である．それは，東京-大阪間という距離を正確に知ることができるし，その移動に何時間かかるかも正確に知ることができるからである．

一方，不動産を例にとり，(2) 式を単純化した (3) 式に基づいて，ビルの価値を測ってみる．賃料 5 億円の 12 カ月分である 60 億円というキャッシュ・フローが入ってきて，これがキャップ・レート 6% で回っている，とあるビルを考えてみる．60 を 0.06 で割って，1,000 億円がビルの価値である．しかし，これは誰もがすぐには納得できないであろう．賃料 5 億円が未来永劫にわたって一定値とは納得できないし，キャップ・レート（リターン）もずっと 6% なのだろうか，と．つまり，キャッシュ・フローにもリターンにも大きな不確実性を伴っているのである．したがって，それらの割り算で求められるとされる値には大きな不確実性が伴っているのである．そして，そもそも論として，不確実性が存在する世界において，(2) 式や (3) 式を利用することには問題があるのである．

2.6 バリュエーションとプライシング

さて，本論文の冒頭において，バリュエーションとプライシングはほぼ等価な表現であるが，バリュエーションの方がより広義で，プライシングの方がより狭義である，と述べた．これについて，補足をしたい．

DCF法によるバリュエーションは，(2) 式に基づき，Excel等のスプレッド・シート（表計算ソフト）上で，視覚的に行うことが多い．したがって，バリュエーションを行う主体が，自らの定性的分析を反映させることが容易である．たとえば，企業がある経営戦略を実行しつつあるとする．このとき，産業分析（ファイブ・フォース・モデルなど）や競争戦略分析等の経営戦略分析の結果を，将来FCFの予測に反映させた企業価値評価を行うことができる．つまり，評価者の視座に応じた主観を反映させることができる．これが，バリュエーションの醍醐味だと言えよう．たとえば，評価者が算出した企業価値，あるいは株主資本価値を発行済み株式数で割った株価を最大化するためには，どのような財務指標を改善すればよいのか，といったDCF法ベースの経営戦略を立案することができるだろう（石島，2008，第10章）．

しかし，逆に，このようにして行うバリュエーションには，弊害があると考えられる．経営戦略分析等の定性的分析における主観には，ややもすれば，恣意性が介在する可能性が大きい．したがって，悪い言い方をすれば，鉛筆をなめて，キャッシュ・フローやリターンを上下させることにより，評価者に都合のよいバリュエーションを行うことができる．たとえば，先に述べたビルの価値の例だと，キャップ・レートを0.1%だけ上昇・下落させるだけでそれぞれ，ビルの価値は16〜17億円程度の下ぶれ・上ぶれをする．

また，不確実性下におけるバリュエーションにおいても，対象とする資産やプロジェクトの価値の最大化を議論する．たとえば，リアル・オプション・アプローチ（real option approach）においては，バリュエーション・モデルを記述するパラメータを制御して，それらの価値を最大化すべく，プロジェクトの開始・撤退等のタイミングや，資本構成等の財務指標を決定することがテーマとなる．

一方，プライシングにおいては，無裁定条件の下，フェアで合理的な価格を算出することに主眼が置かれる．したがって，プライシング・モデルの構築に

は一定の裁量があるが，いったんこれを構築したあとには，定性的な分析が介在する余地はほぼなく，定量的な分析に基づいたプライシングが粛々と行われる．評価者が研究者であれば，経済学上の理論と市場の資産価格との乖離を説明しようとする．評価者が実務家であれば，無裁定条件下で行ったはずのプライシングと，市場における資産価格との乖離を，割安か割高かの判定材料とし，これを投資に利用する．あるいは，プライシング・モデルは，いくつかのパラメータによって表現されるので，微小時間における資産価格の動きを，これらのパラメータに関する感応度（sensitivity）を通じて分析する．たとえば，オプション・グリークス（option Greeks）が挙げられる．そして，これらの感応度に対するヘッジング（hedging）を行うポートフォリオを構築する．また，いくつかの（リスクに関する）パラメータを用いて表現されるプライシングの評価式と，市場における資産価格とを等号で結ぶことにより，パラメータを逆算しようとする．こうして，いわゆるインプライド・パラメータ（implied parameter）を分析することにより，市場価格に織り込まれているとされる，市場の将来予見という（forward-looking）情報を探ろうとする．

簡略な補足であるが，バリュエーションとプライシングの違いは，このような点にあると考えられる．

さて，次節以降では，不確実性が存在する世界において，より適切であろうと考えられるバリュエーションやプライシングの方法について，整理することとする．

3　不確実性下の資産価格評価

離散時点 t において n 個の金融資産が取引されている市場を考える．議論を単純化するため，代表的投資家を考える．時点 $t-1$ において構築したポートフォリオ θ_{t-1} は，時点 t で配当 D_t を受けとり，また資産価格自体も S_t となり，その価値は $\theta'_{t-1}(D_t + S_t)$ となる．ただし，上つき文字 ′ は転置を表す．ここから所得 Y_t を得て，消費 C_t をしたあとの残りを，外部とのやりとりを行わず（self-financing），新たなポートフォリオ θ_t へとリバランス（rebalance）する．その投資額は，$\theta'_t S_t$ である．これは，動的な予算制約式として，つぎのように

表現される.

$$\theta'_{t-1}(D_t+S_t) + Y_t - C_t = \theta'_t S_t \iff C_t = \theta'_{t-1}(D_t+S_t) - \theta'_t S_t + Y_t \qquad (6)$$

このように，代表的経済主体に関するキャッシュ・フロー（ポートフォリオ価値）のダイナミクスを時間軸に沿って適切に表現することが，ポートフォリオ選択問題においても，資産価格評価問題においても，まずは重要である．そして，代表的経済主体は，消費のみから効用を得るので，このダイナミクスを消費に集約して表現する．

各時点において行う消費から得られる効用について，時間加法性（time-additive）を仮定するとき，代表的投資家の消費から得られる効用最大化問題は，つぎのように定式化される．

$$[\mathbf{P}] \left| \begin{array}{ll} \underset{\theta}{\text{maximize}} & E_t\left[\sum_{j=0}^{\infty} \delta^j U(C_{t+j})\right] \\ \text{subject to} & C_{t+j} = \theta'_{t+j-1}(D_{t+j}+S_{t+j}) - \theta'_{t+j} S_{t+j} + Y_{t+j} \end{array} \right. \qquad (7)$$

ただし，δ は時間割引率を表す．

3.1 最適性，無裁定条件，および線形価格評価

この問題 [**P**] について，最適解 θ^* が存在することは，無裁定条件が成立することと等価である．簡単に必要条件のみをチェックしてみる．時点 $t+j-1$ において，タイプ A の裁定機会が存在すると仮定する．このとき，ポートフォリオ θ_{t+j-1} をいくらでも買うことができ，時点 $t+j$ における消費をいくらでも増やすことができる．結果，効用をいくらでも増やせることができるため最適解は存在しない．また，タイプ B の裁定機会が存在すると仮定する．このときも，時点 $t+j-1$ において，かけるコストをゼロとしたまま，非ゼロの確率で，時点 $t+j$ における正の配当を生むことができる．したがって，時点 $t+j$ における効用をいくらでも増やすことができるため最適解は存在しない．以上より，無裁定条件が成立するとき，最適解が存在する．また，十分条件も示すことができ，問題 [**P**] の最適解が存在することと，無裁定条件が成立することは等価である．したがって，問題 [**P**] の最適解より導出される資産価格評価式にも線形性が成立することになる．

3.2 Euler（オイラー）方程式

問題［**P**］に関する，1階の最適性の（目的関数が凹なので必要十分）条件より，$S_t = E_t[(S_{t+1} + \boldsymbol{D}_{t+1})M_{t+1}]$，または，

$$S_{i,t} = E_t[(S_{i,t+1} + D_{i,t+1})M_{t+1}] = E_t\left[\sum_{j=1}^{\infty} D_{i,t+j} \prod_{k=1}^{j} M_{t+k}\right] \quad (i=1,\ldots,n) \quad (8)$$

が成り立つ．2つ目の等式は，1つ目の等式を再帰的に無限遠点まで解いたものである．また，

$$M_{t+1} := \delta \frac{U'(C_{t+1})}{U'(C_t)} \tag{9}$$

とおいている．ただし，上つき文字 ′ は微分を表す．この (8) 式は，Euler 方程式（Euler equation）とよばれる．これは，現在時点 t における資産 i の価格 $S_{i,t}$ は，1期間後の将来時点 $t+1$ における配当 $D_{i,t+1}$ と資産価格 $S_{i,t+1}$ を，M_{t+1} によって割り引いた値の期待値として求められる，ということを意味する．このとき，(9) 式で定義される M_{t+1} を「確率的割引率（SDF；stochastic discount factor）」という．あるいは，異時点間の限界代替率（IMRS；intertemporal marginal rate of substitution）やプライシング・カーネル（PK；pricing kernel）とよばれることもある．

3.3 リスク・プレミアムとファクター・モデル

(8) 式より，ただちに，資産 i のリスク・プレミアム（risk premium），すなわちリスクを支払う代わりに享受する期待超過収益率（expected excess return）に関する表現を得ることができる．(8) 式の1番目の等号について，両辺を $S_{i,t}$ で割ると，次式を得る．

$$1 = E_t[(1 + R_{i,t+1})M_{t+1}] \tag{10}$$

ただし，$1 + R_{i,t+1} := (S_{i,t+1} + D_{i,t+1})/S_{i,t}$ は，資産 i のリターンである．この (10) 式は，安全利子率（risk-free rate）にも成立する．これが一定値 R_f をとるとすれば，つぎのように表される．

$$1 = E_t[(1+R_f)M_{t+1}] \iff E_t[M_{t+1}] = 1/(1+R_f) \tag{11}$$

上式の2つ目の表現より，期待 SDF は安全利子率の逆数に等しいことがわかる．すると，「すべての資産の期待収益率が安全利子率に等しいというリスク中

立世界における評価法，つまりリスク中立評価法」の議論につながるのでは？という直感が働くが，これはまさに正しいことを後述する．(10)，(11) 式より，資産 i のリスク・プレミアムは，つぎのように与えられる．

$$E_t[R_{i,t+1}] - R_f = -\frac{\text{Cov}_t(R_{i,t+1}-R_f, M_{t+1})}{E_t[M_{t+1}]}$$

$$= -\text{Cov}_t(R_{i,t+1}, M_{t+1})(1+R_f) \qquad (12)$$

この(12)式を見ても明らかだが，これを書き直すと，$E_t[R_{i,t+1}] = -\text{Cov}_t(R_{i,t+1}, M_{t+1}) + (1-\text{Cov}_t(R_{i,t+1}, M_{t+1}))R_f$ となり，資産の期待収益率について線形価格評価が成立していることがわかる．

さらに，SDF につぎのような仮定をおけば，いわゆるファクター・モデルの根拠を与える．つまり，SDF が次式に表すような K 個のファクター $f_{k,t+1}$ の線形結合：

$$M_{t+1} = a_t - \sum_{k=1}^{K} b_{kt} f_{k,t+1} \qquad (13)$$

で与えられる，と仮定する．これを，(12) 式に代入すれば，

$$E_t[R_{i,t+1} - R_f] \propto -\text{Cov}_t(R_{i,t+1}, M_{t+1}) = \sum_{k=1}^{K} b_{kt} \sigma_{ik,t}$$

$$= \sum_{k=1}^{K} \frac{\sigma_{ik,t}}{\sigma_{kt}^2} b_{kt} \sigma_{kt}^2 = \sum_{k=1}^{K} \beta_{ik,t} \lambda_{kt} \qquad (14)$$

ただし，$\sigma_{ik,t} := \text{Cov}_t(R_{i,t+1}, f_{k,t+1})$ は資産 i とファクター k との共分散のリスク，σ_{kt}^2 はファクター k の条件付分散，$\lambda_{kt} := b_{kt}\sigma_{kt}^2$ はファクター k のリスクの価格，$\beta_{ik,t} := \sigma_{ik,t}/\sigma_{kt}^2$ は資産 i のファクター k への回帰係数，つまりベータを表す．条件付の表現ではあるが，この (14) 式は，いわゆるファクター・モデルを表している．

たとえば，(14) 式で，$k=1$ とした上で，$\beta_{i1,t}$ を β_{it} と，λ_{1t} を $E_t[R_{M,t+1} - R_f]$ と読み替えれば，いわゆる，CAPM（capital asset pricing model）となる．

$$E_t[R_{i,t+1} - R_f] = \beta_{it} E_t[R_{M,t+1} - R_f] \qquad (15)$$

CAPM は，Treynor, Sharpe, Lintner, Mossin といった学者によって，1960年代の初頭から半ばにかけて構築された．市場ポートフォリオを唯一のファクターとする，シングル・ファクター・モデルと捉えることもできる．実際に

CAPM の推定を推定してみると，十分に個別資産の収益率を説明することが難しい．

そこで，マクロ経済指標（Chen, Roll and Ross, 1986）による説明を試みたり，市場ポートフォリオに加えて2つのファクター，つまり，PBR の逆数の大小（それぞれ，バリュー株，グロース株という）に関するファクター（HML）や，時価総額の小さい大きい（それぞれ，小型株，大型株）に関するファクター（SMB）を追加して説明力を高めている（Fama and French, 1993）．ここで挙げた2つの研究の出典に加え，ファクター・モデルに関する詳細なサーベイは，Campbell（2000）を参考にされたい．

3.4 リスク中立評価方法

(11) 式は，ある確率測度の変換を表す．後述するように，効用関数と消費が従う過程について，仮定をおくことにより，「すべての資産の期待収益率が安全利子率に等しいリスク中立世界」における確率測度への変換となっている．

$$1 = E_t[(1+R_f)M_{t+1}] = \int e^{r_f + m_{t+1}} dF_t^{\mathbb{P}}(M_{t+1}) = \int dF_t^{\mathbb{Q}}(M_{t+1}) \tag{16}$$

ただし，$r_f := \log(1+R_f)$, $m_{t+1} := \log M_{t+1}$ とおいた．(16)式において，$dF_t^{\mathbb{Q}}(M_{t+1}) := e^{r_f + m_{t+1}} dF_t^{\mathbb{P}}(M_{t+1})$ は合計して1なので，分布を表している．つまり，オリジナルの確率測度 $\mathbb{P}$ から，このような分布をもつ確率測度 $\mathbb{Q}$ へと測度変換をしていることになる．より正確には，つぎの Radon-Nikodym 微分によって，この測度変換は定義される．

$$\frac{d\mathbb{Q}}{d\mathbb{P}} := \frac{dF^{\mathbb{Q}}(M_0, \ldots, M_T)}{dF^{\mathbb{P}}(M_0, \ldots, M_T)} = \prod_{t=1}^{T} \frac{dF_{t-1}^{\mathbb{Q}}(M_t)}{dF_{t-1}^{\mathbb{P}}(M_t)} = \prod_{t=1}^{T} e^{r_f + m_t} \tag{17}$$

さらに，時点 t までの Radon-Nikodym 微分を，

$$\xi_t := dF^{\mathbb{Q}}(M_0, \ldots, M_t) / dF^{\mathbb{P}}(M_0, \ldots, M_t) \tag{18}$$

と書く．このとき，$\xi_t = E_t^{\mathbb{P}}[d\mathbb{Q}/d\mathbb{P}]$ や，$\xi_{t+1}/\xi_t = dF_t^{\mathbb{Q}}(M_{t+1})/dF_t^{\mathbb{P}}(M_{t+1}) = e^{r_f + m_{t+1}}$ が成立することがわかる．さらに，任意の確率変数 W_{t+1} の測度 $\mathbb{Q}$ での条件付き期待値は，$E_t^{\mathbb{Q}}[W_{t+1}] = \xi_t^{-1} E_t^{\mathbb{P}}[\xi_{t+1} W_{t+1}] = E_t^{\mathbb{P}}[e^{r_f + m_{t+1}} W_{t+1}]$ と評価することができる．

さて，このような測度変換は，つぎに示す仮定をおくことによって，リスク

中立世界における確率測度，いわゆるリスク中立確率測度への変換となる．たとえば，オリジナルの確率測度 $\mathbb{P}$ の下で，危険資産の価格 S について，

$$\log(S_{t+1}/S_t) = \mu_{t+1} + \sigma_{t+1}\varepsilon_{t+1} \quad (\varepsilon_{t+1} \sim \mathcal{N}^{\mathbb{P}}(0,1)) \tag{19}$$

のように表現したとする．相殺されるように安全利子率 r_f を挿入するとき，以下の展開：

$$\begin{aligned}\log(S_{t+1}/S_t) &= (r_f - r_f) + \mu_{t+1} + \sigma_{t+1}\varepsilon_{t+1} \\ &= r_f + \sigma_{t+1}(\varepsilon_{t+1}(\mu_{t+1}-r_f)/\sigma_{t+1}) \quad (\varepsilon_{t+1} \sim \mathcal{N}^{\mathbb{P}}(0,1)) \\ &\to r_f + \sigma_{t+1}\varepsilon_{t+1}^* \quad (\varepsilon_{t+1}^* \sim \mathcal{N}^{\mathbb{Q}}(0,1))\end{aligned} \tag{20}$$

が可能である．ただし，市場のリスク価格 $\lambda := (\mu_{t+1}-r_f)/\sigma_{t+1}$ は一定であることを仮定する．つまり，(20) 式は，危険資産の対数リターンの条件つき分散（の構造）σ_{t+1}^2 が $\mathbb{P}$ と $\mathbb{Q}$ の下で変わらないようにしながらも，$\mathbb{Q}$ の下では，ドリフト μ_{t+1} が安全利子率 r_f に等しいように，測度変換することを表している．

このような確率測度 $\mathbb{Q}$ の下で，デリバティブズの評価を行うことは，ファイナンスにおける1つの常套手段である．このフレームワークは，リスク中立評価法（risk-neutral valuation）とよばれる．その要点は，リスク中立世界における確率測度，つまりリスク中立確率 $\mathbb{Q}$ の下で，「資産価格は，資産が将来時点に生む期待ペイオフを，安全利子率で現在時点まで割り引くことによって評価できる」ということである．リスク中立評価法は，金融資産に関するデリバティブズのみならず，不動産などの実物資産や，企業などが行うプロジェクトを対象としたリアル・オプション（real option）においても，利用されるフレームワークとなっている．たとえば，今井（2004）が本分野の良い導入となるだろう．

さて，上記の確率測度の変換には，以下の3つのうちいずれかの前提条件が必要であることを注意しなければならない；(1) 効用関数は相対的危険回避度一定（CRRA）であり，対数正規の集計された消費の変化が確率測度 $\mathbb{P}$ の下で一定の平均と分散をもつ正規分布に従う．(2) 効用関数は絶対的危険回避度一定（CARA）であり，集計された消費の変化が確率測度 $\mathbb{P}$ の下で一定の平均と分散を持つ正規分布に従う．(3) 効用関数は線形である．

3.5 本節のまとめ

本節にて，主として参考とした文献は，Duffie（1992），Campbell（2000），前田（2003）である．Duffie（1992）は，「1969年から1979年は，動的なアセット・プライシング研究の黄金期」だったと述べている．しかしながら，資産価格評価は，「1979年から1999年にも，多くの研究が盛んに行われた」とCampbell（2000）と述べているように，それ以降の現在もファイナンス分野の花形テーマの1つである．そして，JAFEEにおいても資産価格評価に関する研究が数多く行われてきたので，その成果の1つとして，今回，このジャフィー・ジャーナル特集号の刊行となったわけである．

4 最適成長ポートフォリオによる資産価格評価

最適成長ポートフォリオ（growth optimal portfolio）による資産価格評価を述べる．最適成長ポートフォリオは，ケリー規準（Kelly criterion）や対数最適ポートフォリオ（log optimal portfolio）ともよばれる．後者のネーミングが示すとおり，期待効用最大化ポートフォリオの文脈でいえば，期待対数効用最大化ポートフォリオである．Markowitzがポートフォリオ選択問題における平均分散モデルを提示したのが1952年である．一方，それから遅れること4年後の1956年に，KellyがShannonの情報理論の枠組みで，最適成長ポートフォリオ戦略について論じている．期末のペイオフを X とするとき，前者は $E[X]$，後者は $E[\log X]$ をポートフォリオ選択の目的関数とする違いだけである．しかし，大きな違いである．2010年は，最適成長ポートフォリオをもっとも上手く実際の投資に応用した，伝説のEd. Thorpが学術誌 "*Quantitative Finance*, **10**(7)" 誌をはじめとして，一般書にも数多く取り上げられている（たとえば，Patterson，2010）．確率の始祖とされるCardanoの再来と言われたり，クォンツのゴッド・ファーザーと称されるThorpについて多く語りたいが，またの機会とする．

さて，よく知られたように，期待対数効用最大化をする場合，最適消費と最適ポートフォリオの決定・選択問題は分離して扱うことができる（Samuelson，1969；Merton，1969）．時点 t におけるポートフォリオへの投資額 V_t が運用の

結果，$1+R_{t+1}$ のリターンを生み，1 期間後に V_{t+1} になるとする．これは，$V_{t+1} = V_t(1+R_{t+1})$ と表現される．このようなポートフォリオ運用を T 期間繰り返し行えば，将来時点 T でのポートフォリオ価値は，現在時点 0 での投資額 V_0 を用いて，$V_T = V_0 \prod_{t=1}^{T}(1+R_t)$ と書ける．このとき，投資期間 T 全体を通じた期待対数リターン $E_0[\log(V_T/V_0)] = \sum_{t=1}^{T} E_0[\log(1+R_t)]$ は，ポートフォリオの期待成長率を表す．これを最大化するポートフォリオである最適成長ポートフォリオは，投資額をもっとも大きく成長させることができ，したがって期末におけるポートフォリオ価値（運用残高）を最大化できることが保証される（Cover and Thomas, 2006）．最適成長ポートフォリオを求めるためには，各期間において，（条件付）期待成長率を最大化すればよい．つまり，1 期間の「対数」平均・分散ポートフォリオ選択問題に帰着される．

時点 t から $t+1$ にかけての各資産への投資額が，ポートフォリオ全体の投資額に占める割合，つまりポートフォリオ・ウェイトを b_{t+1}，各資産のリターンを $1+\boldsymbol{R}_{t+1}$ と書くとき，ポートフォリオのリターンは，$\boldsymbol{b}'_{t+1}(1+\boldsymbol{R}_{t+1})$ と書ける．ただし，上つき文字 ' は転置を表している．安全資産への投資が含まれている場合には，これを明示して，$b_{0,t+1}(1+R_f) + \boldsymbol{b}'_{t+1}(1+\boldsymbol{R}_{t+1})$ と書く．予算制約 $b_{0,t+1} + \boldsymbol{b}'_{t+1}\mathbf{1} = 1$ の下で，条件付期待成長率を最大化するとき，そのKKT（Karush-Kuhn-Tucker）条件は，

$$E_t\left[\frac{1+\boldsymbol{R}_{t+1}}{1+R^*_{t+1}}\right] = E_t\left[\frac{1+R_f}{1+R^*_{t+1}}\right] = 1 \tag{21}$$

ただし，$1+R^*_{t+1} := V^*_{t+1}/V^*_t$ は，最適成長ポートフォリオのリターンを表す．また，リターン $1+\boldsymbol{R}_{t+1}$ を資産ごとに書き出すと，$1+R_{i,t+1} = S_{i,t+1}/S_{i,t}$ である（簡単のため，ここでは配当を考慮しない）．このとき，(21) 式において，$t=0$ とおいて書き直すと，

$$\frac{S_{i,0}}{V^*_0} = E_0\left[\frac{S_{i,1}}{V^*_1}\right] = E_0\left[\frac{S_{i,T}}{V^*_T}\right] \iff S_{i,0} = E_0\left[S_{i,T}\left(\frac{V^*_T}{V^*_0}\right)^{-1}\right] \tag{22}$$

(22) 式は，最適成長ポートフォリオを価値基準財（numéraire, Long, 1990 での呼称），あるいは，ベンチマーク（benchmark, Platen, 2006 での呼称）とする資産価格は，オリジナルの確率測度の下でマルチンゲール（martingale）となることを表している．さらに，市場に裁定機会が存在しないことは，最適

成長ポートフォリオが存在することと等価であるという定理（Theorem 1, Long, 1990）とあわせれば，資産価格評価に用いることができる．つまり，現在時点 0 における資産の合理的な価格 $S_{i,0}$ は，将来時点での資産価格（ペイオフ）$S_{i,T}$ を最適成長ポートフォリオのリターンで割り引くことにより求めることができることを意味している．

(22) 式の資産価格評価への応用について，Luenberger (1997) がそのテキスト中でわかりやすく書いている．たとえば，よく知られた CAPM では資産のリスク・プレミアム（期待超過収益率）を，その資産と理論上（仮想）の市場ポートフォリオとの共分散リスクの対価として享受する．一方，(22) 式より，市場ポートフォリオを最適成長ポートフォリオに置き換えた CAPM を導出することができる．実証分析が強く支持するように，株式市場における最適成長ポートフォリオは，なかなかビートすることができない TOPIX などの市場ベンチマークと見ることができる．したがって，CAPM の推定において TOPIX を利用する 1 つの根拠を，最適成長ポートフォリオによる資産価格評価に求めることができるであろう．

4.1 Arrow-Debreu 証券と単勝式競馬

現在時点 0 と将来時点 1 において，n 個の状態がそれぞれ，p_j という確率で起こる 1 期間の経済を考える．その状態に対応した n 個の AD 証券（Arrow-Debreu securities）が取引されている市場を考える．AD 証券 j とは，これを現在時点 0 で π_j 円で購入した場合，将来時点 1 で状態 j が起こった場合にのみ，1 円のペイオフを受けとることができるような証券である．したがって，AD 証券 j のリターンは，状態 j が起こるとき $1/\pi_j$，それ以外の状態が起こるとき 0 である．このような n 個の AD 証券を用いて，任意の資産価格を評価することができる．任意の資産が将来時点 1 で起こる，それぞれの状態 $\{1, \ldots, j, \ldots, n\}$ で，ペイオフ $X = \{X_1, \ldots, X_j, \ldots, X_n\}$ を支払うとする．よく知られたように，この資産の現在時点 0 での価格は，$\sum_{j=1}^{n} \pi_j X_j$ として与えられる．

さて，AD 証券という特殊とも思える証券が，現実世界で取引されているだろうか．これは，単勝式競馬である．つまり，馬 j の単勝式の馬券（勝馬投票券）を 1 円買えば，その馬が 1 着になったときのみ，オッズに相当する配当 $1/\pi_j$

が支払われる．この単勝式競馬へ投資するポートフォリオを考え，各馬 j への投資ウェイトを b_j とする．このとき，このポートフォリオの期待成長率は，$\sum_{j=1}^{n} p_j \log(b_j/\pi_j)$ と書ける．これを予算制約 $\sum_{j=1}^{n} b_j = 1$ の下で最大化すれば，最適成長ポートフォリオは，$b_j^* = p_j$ となる．そのリターンは，$V_1^*/V_0^* = b_j^*/\pi_j = p_j/\pi_j$ となる．つまり，勝つ確率にしたがってベットすればよい，という直感とも整合的な結果となる．実際の競馬では，各馬が勝つ確率を上手く予想できないから，最適なベットとならず，儲けられる可能性は低いことに注意する．また，その確率を学習しながら，最適成長ポートフォリオを構成する，ユニバーサル・ポートフォリオ (universal portfolio) というスキームも提案されている (Cover and Thomas, 2006)．そのノンパラメトリックな理論は非常に美しい．ただし，そのトレード・オフとして，筆者が計算したところ，その学習には非常に時間がかかることにも注意する．

さて，(22)式の右辺において，T を 1 とおいたうえで $S_{i,1}$ を X とおけば，任意資産の価格は，$E\left[(V_1^*/V_0^*)^{-1}X\right] = \sum_{j=1}^{n} p_j \times (\pi_j/p_j) \times X_j = \sum_{j=1}^{n} \pi_j X_j$ と評価される．つまり，最適成長ポートフォリオによる資産価格評価は，AD 証券の状態価格による資産価格評価の枠組みと一致することがわかる．

4.2 確率測度の変換

デリバティブを評価するときには，頻繁に確率測度の変換を行う．これに関連して，元の確率測度 $\mathbb{P}$ の下で，最適成長ポートフォリオのリターンで割り引くことによって資産価格を求めることと，これと等価なリスク中立確率測度 $\mathbb{Q}$ の下で資産価格を求めることは，まったく同じことをしていることを，簡単な例の下で確認する．つぎのような過程に従う安全資産と 1 つの危険資産にそれぞれ，$b_{0,t}$ と $b_{1,t}$ というウェイトでポートフォリオを構築することを考える．

$$dr_t/r_t = r_f dt \tag{23}$$

$$dS_t/S_t = \mu dt + \sigma dW_t \tag{24}$$

ここで，r_f は一定値をとる単位時間当たりの安全利子率，μ と σ は危険資産のドリフトとボラティリティをそれぞれ表し，W_t は危険資産の価格を駆動する標準 Brown 運動である．このとき，単位時間当たりのポートフォリオの条件つき期待対数リターン：

$$E_t[d\log V_t/dt] = r_f b_{0,t} + \mu b_{1,t} - 1/2\sigma^2 b_{1,t}^2 \tag{25}$$

を予算制約 $b_{0,t}+b_{1,t}=1$ の下で最大化するとき，最適成長ポートフォリオは，$b_{1,t}^*=\lambda/\sigma$, $b_{0,t}^*=1-\lambda/\sigma$ で与えられる．ただし，$\lambda:=(\mu-r_f)/\sigma$ は，リスクの市場価格（market price of risk）である．この最適成長ポートフォリオを用いて，現在時点 0 から将来時点 T まで運用した場合のリターンの逆数は，

$$(V_T^*/V_0^*) = \exp(-r_f T)\cdot\exp\left(-\frac{1}{2}\lambda^2 T - \lambda W_T\right) \tag{26}$$

である．これは，現在時点 0 における資産価格をオリジナルの確率測度の下で求める際の確率的割引率として機能する．

たとえば，その価格が (24) 式で表される危険資産の上に書かれた，権利行使価格を K とする，将来の権利行使日 T におけるペイオフ（価格）が，$C_T = (S_T-K)^+$ であるようなヨーロピアン・コール・オプションの価格 C_0 を，(26) 式を割引率とする，(22) 式を用いて評価することができる．このとき，その $C_0=E_0[(V_T^*/V_0^*)^{-1}(S_T-K)^+]$ は（面倒だが）容易に計算することができ，Black-Scholes の公式（1973）が得られる．

ファイナンスでは，デリバティブの価格を，すべての資産の期待収益率が安全利子率に等しい，リスク中立確率へと測度変換をして評価することを常套手段としている．一方，最適成長ポートフォリオを用いた資産価格評価においては，測度変換を行わずオリジナルの確率測度の下で，そのリターンの逆数 (26) を確率的割引率として用いればよい．両者の評価方法には，どのような関係があるのか．結論から言えば，(23) 式や (24) 式といった資産価格過程を前提としたフレームワーク（リスクの市場価格 λ が投資期間を通じて有限である）中で議論する限り，まったく同じことをしていることになる．これを示そう．

現在時点 0 で，(23) 式で表される安全資産へ r_0 だけ投資すれば，将来時点 T では，$r_T=r_0\exp(r_f T)$ となる．(22) 式において，$S_{i,T}/S_{i,0}$ を r_T/r_0 と置き換えたうえで，この r_T と最適成長ポートフォリオによる確率的割引率 (26) 式を代入すれば，

$$1 = \int_{-\infty}^{\infty} \exp\left(-\frac{1}{2}\lambda^2 T - \lambda W_T\right) dF^{\mathbb{P}}(W_T) \tag{27}$$

である．このとき，分布 $dF^{\mathbb{Q}}(W_T) := \exp(-1/2\lambda^2 T - \lambda W_T)dF^{\mathbb{P}}$ をもつ $\mathbb{Q}$ は確

率測度となっており，$dF^{\mathbb{Q}}/dF^{\mathbb{P}}$ がその Radon-Nikodym 微分を与えている.

一方，すべての資産の期待収益率が安全利子率に等しい，リスク中立確率へと測度変換をする際に依拠する Cameron-Martin-Girsanov の定理は，この例において，つぎのようにまとめられる．W_t が $\mathbb{P}$-標準 Brown 運動であるとき，Radon-Nikodym 微分：$d\mathbb{Q}/d\mathbb{P} = \exp(-\lambda W_T - 1/2\lambda^2 T)$ によって定義される，$\mathbb{P}$ と等価な $\mathbb{Q}$ の下で，$\tilde{W}_t := W_t + \lambda t$ は $\mathbb{Q}$-Brown 運動となる． □

4.3 本節のまとめ

最適成長ポートフォリオによる資産価格評価は，フィージビリティ（実行可能性）があって，実際のインプリメンテーション（実装）がしやすく，かつ，実証分析をすると上手く結果が出てインプリケーション（含意）に富んでいる，という大きなアドバンテージがある．したがって，非常にエキサイティングであるし楽しい．ただし，小さな投資家（プレーヤー）のためのポートフォリオ戦略である，という大前提をおいて議論をしている．つまり，市場のすべての投資家がこの戦略をとった場合には，どのような帰結が導かれるのか，といった観点の議論はなされていない．

5 ま と め

ファイナンスにおけるバリュエーションやプライシングといったテーマの特集号の巻頭論文として，本論文のように教科書的な内容がふさわしいかわからず，また，バランスの悪い内容になってしまっていないかを心配している．しかしながら，本テーマについて勉強・研究をしている読者の方に，おもしろいね，とか，そうだったのか，と思えることが1つでもあれば幸いである．

本文を執筆するにあたって，議論をしていただいた前田　章先生（京都大学）に感謝したい．また，ジャフィー・ジャーナルの巻頭文という，またとない名誉な機会を下さった，チーフ・エディターの津田博史先生（同志社大学）とエディターの中妻照雄先生（慶應義塾大学）にも深く感謝したい．

〔参考文献〕

石島　博（2008）『バリュエーション・マップ企業価値評価の科学と演習』東洋経済新報社.

今井潤一（2004）『リアル・オプション――投資プロジェクト評価の工学的アプローチ』中央経済社.

前田　章（2003）『資産市場の経済理論』東洋経済新報社.

Campbell, J. Y. (2000) "Asset pricing at the millennium," *Journal of Finance*, **55** (4), 1515-1567.

Chen, N.-F., R. Roll and S. A. Ross (1986) "Economic forces and the stock market," *Journal of Business*, **59** (3), 383-403.

Cover, T. M. and J. A. Thomas (2006) *Elements of Information Theory*, John Wiley & Sons.

Duan, J. C. (1995) "The GARCH option pricing model," *Mathematical Finance*, **5**, 13-32.

Duffie, D. (1992) *Dynamic Asset Pricing Theory*, Princeton University Press.（山崎　昭・桑名陽一・大橋和彦・本多俊毅訳（1998）『資産価格の理論――株式・債券・デリバティブのプライシング』創文社. 第2版）

Fama, E. F. and K. R. French (1993) "Common risk factors in the returns on stocks and bonds," *Journal of Financial Economics*, **33** (1), 3-56.

Long, J. B. (1990) "The numeraire portfolio," *Journal of Financial Economics*, **26**, 29-69.

Luenberger, D. G. (1997) *Investment Science*, Oxford University Press.（今野　浩・枇々木規雄・鈴木賢一訳（2002）『金融工学入門』日本経済新聞社.）

Merton, R. C. (1969) "Lifetime portfolio selection under uncertainty : the continuous time case," *Review of Economics and Statistics*, **51**, 247-257.（再録：Merton, R. C. (1990) *Continuous-Time Finance*, Blackwell.）

Patterson, S. (2010) *The Quants : How a New Breed of Math Whizzes Conquered Wall Street and Nearly Destroyed It*, Crown Business.（永峯涼訳（2010）『ザ・クオンツ世界経済を破壊した天才たち』角川書店.）

Platen, E. and D. Heath (2006) *A Benchmark Approach to Quantitative Finance*, Springer.

Samuelson, P. A. (1969) "Lifetime portfolio selection by dynamic stochastic programming," *Review of Economics and Statistics*, **51**, 239-246.

（中央大学大学院国際会計研究科）

特集論文

1 資本コストの決定要因と投資戦略への応用可能性[*]

吉野貴晶・斉藤哲朗・前山裕亮

概要 本稿では，我が国の株式市場において情報の質が株主資本コストに与える影響が高まっているとの仮説をもとに，株価に内在する資本コストの決定要因を検討した．情報の質に関してはFrancis et al. (2004) で取り上げられた利益属性をベースとして，さらに経営者の利益予想の精度も変数に加えて分析した．そして，これらの変数から妥当な資本コストを推計した後，株式評価を行い投資戦略への応用も検討した．株価に内在する資本コストの推計には，運用実務で広く用いられている代表的な株式評価モデルであるEBOモデルを用いた．複数のEBOモデルで頑健性を調べるとともに，超過利益の収束経路が資本コストの推計にどのように影響を与えるかについて，その超過利益の算出のベースとなるROEがOrnstein-Uhlenbeck過程に従うとしてEBOモデルの計算を行った．分析の結果，我が国でもFama and French (1992) の資本コストに与える3つの要因である市場ベータ，時価総額と株主資本の簿価時価比率の3つのファクターだけでなく，とくに近年は，情報の質が資本コストに与える影響が高まっている可能性が示された．そして，これらの資本コストに与える影響が大きいと見られる変数を使った線形結合のモデルで妥当な資本コストを推計して株式評価を行い，実際の投資戦略への応用を考案した．その結果，超過利益がOrnstein-Uhlenbeck過程に従うとしたEBOモデルをベースに，情報の質や倒産リスクを変数に用いて推計した妥当株価を使った投資戦略の効果が近年高まったことを確認した．

---

[*] 本稿の作成にあたって，中川秀敏先生（一橋大学大学院国際企業戦略研究科），椿広計先生（筑波大学大学院ビジネス科学研究科）から多くの貴重な助言を頂いた．また，匿名の査読者から頂いたコメントは改訂にあたり非常に役に立った．この場をお借りして深く感謝したい．なお，本稿にありうべき過ちはすべて筆者に帰するものである．

1 はじめに

1.1 本研究の目的と背景

本稿は，我が国の株主資本コスト（以下，資本コスト）[†1]の決定要因を分析したものである．とくに，情報の質（quality of information）と資本コストの関連性をメインに検討した．さらに，投資戦略への応用可能性を考察した．

資本コストに関する議論[1]は従来，Sharpe（1964）のCAPM（capital asset pricing model；資本資産評価モデル）がベースとされてきた．しかしその後，CAPMに対する批判的な議論も少なからず見られるようになった．とくにFama and French（1992）が，株主資本[†2]の時価総額（以下，時価総額）と，株主資本の簿価と時価の比率（以下，簿価時価比率）がリターンを説明する要因として重要であることを示してから，これらの2つの指標に従来のCAPMの市場ベータを加えた3ファクターが資本コストの議論における中心的な存在となった．さらにFama and French（1993）は，市場ファクターに，時価総額を基準としたSMBファクター，時価簿価比率を基準としたHMLファクターの2ファクターを加え，資本コストを説明する3ファクターモデル（以下，Fama-French 3ファクターモデル）を提示した．そして近年は，資本コストの推計には，このFama-French 3ファクターモデルをベースとした研究が多い．我が国でもFama-French 3ファクターモデルに関する研究が見られる．

久保田・竹原（2007）は日本の株式市場において，CAPMよりも，同モデルの方が株式リターンに対する説明力が高いことを示した．こうしたなか，Fama-French 3ファクターモデルを用いて推計した資本コストを株式評価モデルに入力して，実際の運用実務で利用するケースも増えてきた．

しかし，リーマンショック[2]後，株式評価モデルを用いた投資戦略が厳しい場面を迎えている．その理由にはさまざまなものがあるが，主要な1つが会計

---

1) 資本調達サイドの企業からは資本コストと捉えるが，資本の提供サイドの投資家から見ると株式リターンである．
2) 2008年9月15日にリーマン・ブラザーズが連邦破産法第11章の適用を連邦裁判所に申請し破綻したことが世界的な金融危機の引き金となった．同日の米国のダウ工業株30種平均は−504.48ドルと当時，史上6番目の下落幅となった．

情報の信頼性の問題である．株式評価を行うには企業アナリストによる将来の予想利益や，株主資本の簿価など既に公表された財務情報をモデルに入力する必要がある．リーマンショック後は，景気が大幅な落ち込みを見せ，将来の企業業績の悪化がどの程度となるか，予想が困難な場面を迎えた．その結果，アナリストが予想する業績の信頼性が低下した．また株主資本の簿価などの資産や資本の評価に関しても，実物資産の市場価格が低下したことで，直前の企業の決算期末時点から，実際の企業評価時点までの価値の低下も懸念された．こうした企業評価を行う上で必要なインプット情報の信頼性の低下が，現実の運用実務に使う際の株式評価モデルの効果の低下につながったと考える．そして足元でも，リーマンショック後の景気の回復は見られたものの，依然として景気や企業業績の不透明感は根強く，評価モデルのベースとなる情報の信頼性は低下したままである．

こうした情報の信頼性の問題は Easley and O'Hara（2004）で議論された情報の質の枠組みでも捉えられる．情報の質は企業業績の予想精度などの，予測情報の信頼性を含む概念であるからである．本稿は，我が国においても情報の質が資本コストに与える影響が大きいとの仮説を設定して検証を行った．

また，近年は，我が国において，倒産リスクが資本コストに及ぼす影響も高まってきたと考え，本稿は，その影響も分析した．リーマンショックを含む 2008 年度の我が国の全上場市場における倒産企業[3]は 45 社にのぼった．5 年前の 2003 年度は 17 社に過ぎなかった．こうしたなか，株式市場では倒産リスクへの懸念が高まり，その倒産リスクが資本コストに与える影響も高まってきたと考える．倒産リスクと資本コストの関係に関する代表的な研究の 1 つである Fama and French（1995，1996）は，Fama-French 3 ファクターモデルにおける HML が倒産リスク（distress-risk）と関係が強いことを指摘した．しかし Dichev（1998）は分析対象銘柄の簿価時価比率と倒産リスクを独立に分類して分析した結果，HML は倒産リスクプレミアムとは異なることを示唆した．

---

[3] 1995 年以降の全上場企業における倒産企業はつぎの通りである．1995 年度：5 社，1996 年度：8 社，1997 年度：10 社，1998 年度：10 社，1999 年度：8 社，2000 年度：15 社，2001 年度：22 社，2002 年度：21 社，2003 年度：17 社，2004 年度：6 社，2005 年度：8 社，2006 年度：3 社，2007 年度：7 社，2008 年度：45 社，2009 年度：7 社，2010 年度（2010 年 6 月末時点）：3 社．

本稿は，こうした資本コストに関する議論をベースに，Fama and French の3ファクター[4]に加えて，情報の質や倒産リスクなどの変数を用いて資本コストとの関係を考察した後，妥当な資本コストの推計と運用実務への応用可能性を検討した．

分析に関しては，代表的な株式評価モデルである Edwards-Bell-Ohlson モデル（以下，EBO モデル）を使って，我が国の株式市場で個別株価に内在（implied）する資本コストの推計を行い，その内在する資本コストと会計情報の質などの変数との関連性を検討した．さらに，妥当な推計により求めた資本コストを EBO モデルに適用した投資戦略を考案した．

既に，我が国でも EBO モデルを用いた内在する資本コストの推計や，その要因に関する検討は従来から行われている．しかし筆者が知るところでは，我が国の株式市場において情報の質や倒産リスクと資本コストの関係を系統的に研究した論文はない．さらに，投資戦略への応用を検討していることも本研究の貢献と考えた．

1.2 資本コストの推計に用いた株式評価モデル

本稿は，資本コストと会計情報の質[†3]などの変数との関係を分析するために，内在する資本コストの推計を行った．この資本コストの推計には株式評価モデルの1つである EBO モデルを用いた．以下では EBO モデルに関する確認を行った．

株式評価手法には大きく2つのアプローチがある[5]．第1に，株式の相対評価を行う乗数アプローチである．乗数アプローチは「市場で評価されている類似資産の価格あるいは価値に基づいて，対象資産の価値を相対的に評価する方法」とされており，具体的には PER（price earnings ratio；株価収益率）やPBR（price book value ratio；株価純資産倍率）などのバリュエーション指標

---

4) Fama and French (1992) はクロスセクション型に市場ベータ，時価総額の対数，簿価時価比率の対数を変数に用いたモデルを提唱した．本稿は Fama and French (1993) で考案されたモデルと区別するため，同ヒストリカル型のモデルは久保田・竹原 (2007) における記述に従い Fama-French 3 ファクターモデルとした．

5) 蜂谷・中野 (2004) は乗数アプローチなどの株式評価モデルの利用における長所と短所を直感的にわかりやすくまとめている．

がある．同アプローチは，市場評価と比較対象とする資産の評価のレシオで算出するシンプルな手法であるため，算出が複雑でなく客観性が強いことが長所とされており，広く我が国の運用実務でも用いられている．そして，算出がシンプルなだけに利用者にも実感として捉えやすいメリットもある．

第2に株式の絶対評価額を推計するアプローチである．運用実務では同アプローチで推計された妥当な株式評価額が市場価格を上回っている銘柄は，割安に放置されているとして投資の基準とされる．また絶対評価アプローチは，株式評価モデルの算出式の上で，資本コストと市場価格との関係を直接的に捉えるため内在する資本コストの推計が行いやすい[6]．本稿は，内在する資本コストの推計が必要なため，絶対評価アプローチの株式評価モデルを用いた．そして，そのなかでも広く運用実務で用いられる EBO モデルを用いた．

同モデルが実務で広く用いられる理由は以下である．EBO モデルは株主資本をベースに，その株主資本に反映されていない超過利益の部分の合計で株式評価額を算出する．そして株主資本は直前の実績の財務諸表の数値を使い，超過利益の部分のみ投資家の予想情報を利用するケースがよく見られる．株式評価において予想情報が寄与する部分が小さくて済み，シンプルな評価が可能となる点が，実務で使いやすいメリットと考える．

EBO モデルの導出は，配当割引モデルである（1）式に，クリーンサープラス（clean surplus）の（2）式を適用して求める[7]．

$$V_t = \sum_{k=1}^{\infty} \frac{E_t(D_{t+k})}{(1+r)^k} \tag{1}$$

V_t：t 期末の株主資本の評価額

r：資本コスト，$E_t[\cdot]$：t 期末に利用できる情報に基づく期待値

D_t：t 期に企業が支払う配当総額

クリーンサープラスは，貸借対照表の株主資本の前期末との差は損益計算書の税引利益から配当を除いた額に等しい関係を示すものである[8]．

---

6) 実務的にはシンプルに PER の逆数の益利回りが資本コストに関連する変数として考えるケースもあるが，乗数アプローチは絶対的な株式評価を示すものではないため，直接的に資本コストを推計できない．

7) 本稿では分析をシンプルにするため，資本コスト：r は t 時点で将来にわたり一定と考えた．

$$B_t = B_{t-1} + NI_t - D_t \tag{2}$$

　B_t：t 期末の株主資本の簿価，NI_t：t 期の税引利益

　(3) 式が Ohlson (1995) などで紹介された EBO モデルである．株主資本の価値は簿価（B_t）と，将来における毎年の株主の付加価値（$NI_{t+k} - (rB_{t+k-1})$）を現在価値に割り引いた合計である．さらに超過利益の部分を ROE (return on equity) を使って記述した変形も可能である．

$$V_t = B_t + \sum_{k=1}^{\infty} \frac{E_t[NI_{t+k} - (rB_{t+k-1})]}{(1+r)^k} = B_t + \sum_{k=1}^{\infty} \frac{E_t[(ROE_{t+k} - r)B_{t+k-1}]}{(1+r)^k} \tag{3}$$

　B_t：t 期末の株主資本の簿価，NI_{t+k}：$t+k$ 期の税引利益

　ROE_{t+k}：$t+k$ 期の ROE

この EBO モデルは前述した代表的な乗数アプローチのモデルである PBR，PER との関連でも捉えられる．(3) 式を右辺第 1 項の株主資本の簿価（B_t）と，第 2 項の超過利益の部分で分けて考える．その右辺第 1 項は PBR と関連する部分となる．一方，右辺の第 2 項の超過利益の部分は税引利益との関係を通じて PER との関連が強い．こうしたシンプルなバリュエーション指標との関連が捉えやすい点も運用実務で広く使われる理由の 1 つである．

1.3　論文の構成

　本稿における論文の構成は以下の通りである．第 2 節は，本稿における仮説の設定と，資本コストに関する先行研究を取り上げた．本稿は我が国の資本コストに与える要因を検討する目的があるが，とくに近年，資本コストに与える影響として議論が多い情報の質に関して焦点を当てた分析を行った．そこで，先行研究に関しても資本コストとの関連で議論された情報の質に関するものを示した．第 3 節は EBO モデルを使った内在する資本コストの推計と，その資本コストの要因を検討するための方法を示した．第 4 節は，分析に用いたデータを示した．第 5 節では結果を検討した．第 6 節は前節での結果を受けて，妥

---

8)　増資や減資等の財務活動による株主資本の増減や，長期保有目的の有価証券の評価損益が損益計算書の投資家の最終利益に反映されずに，株主資本の増減に反映されることなどからクリーンサープラスの仮定を否定する見方もあるが，企業の経営活動のシンプルな表現として本稿は同モデルを用いた．

当な資本コストの推計を行い,そこから求めた妥当株価と実際の株価の検証を行った.そして第7節は投資戦略への応用を検討した.最後に第8節は今後の課題などを示した.

2 仮説の設定と資本コストに関する先行研究

本稿は我が国の資本コストに影響を与える要因に関して以下の仮説を設定した.「米国と同様に我が国でも情報の質が資本コストに与える影響が大きい」というものである.情報の質に関しては広く議論されているが,以下では,とくに近年研究が進んでいる,会計情報の質と資本コストに関する先行研究に関して述べた.

2.1 情報の質に関する先行研究

以下では,情報の質と資本コストに関する先行研究を示した.従来,企業のディスクロージャーと資本コストなど,情報の量と資本コストの関係に関する研究が多かった.たとえば,理論的な分析である Diamond and Verrecchia (1991) は,投資者間の情報の非対称性を緩和するディスクロージャーにより,多くの投資者の株式に対する需要を招くことを指摘した.その結果,積極的にディスクローズする企業は資本コストを低下させることにつながると結論づけた.Botosan (1997) は,フォローしているアナリストが少ない企業では,積極的にディスクローズを行っている企業ほど,資本コストが低いことを示し,情報の量と資本コストの実証分析を行った.一方,情報の質と資本コストに関する理論的なモデル化は Easley and O'Hara (2004) が知られている.企業と投資家との間の情報の非対称性が投資家の期待リターンにどのような影響があるかに関する理論的な検討を行った.企業の将来価値に関する情報を公的情報 (public information) と私的情報 (private information) に峻別して,私的情報を受け取ることができる情報優位にあるトレーダー (informed trader) と受け取ることができない情報劣位にあるトレーダー (uninformed trader) が存在する場合,両者の合理的期待形成の均衡から各企業の資本コストが導出される.このモデルの結果から,公的情報に比べて私的情報の割合が大きく,さらにそ

の私的情報の相対的な精度が高い企業ほど資本コストが高くなることを示した．これは情報劣位にあるトレーダーは，そのような情報リスク（information risk）の代償を要求するため資本コストは高くなるとするものである．こうした情報の非対称性が大きく（小さく），情報の質が低い（高い）企業は資本コストが高く（低く）なる関係を示した．

Easley and O'Hara（2004）の理論分析を受け，米国では情報の質の代理変数を会計情報に求めて，資本コストとの関係に関する実証分析が行われている．Francis et al.（2004）は1975年から2001年までの米国で上場している企業を対象に，情報の質の代理変数として取り上げた7つの会計情報と資本コストとの関連を分析した．具体的に分析に用いた会計情報は「*Accrual Quality*（会計発生高の質）」「*Persistence*（持続性）」「*Predictability*（予測可能性）」「*Smoothness*（平準化）」「*Value Relevance*（価値関連性）」「*Timeliness*（適時性）」「*Conservatism*（保守主義）」の7指標である．最初の4つを会計ベース（会計情報のみから計測される），残りの3つをマーケットベース（会計情報と市場価格やリターンから計測される）と特徴づけた．会計ベースとマーケットベースの違いは，会計の機能に関する仮定に関係しており，会計ベースは，利益の機能はAccrual Accountingを通してキャッシュフローを適切に期間配分することであると仮定しているのに対して，マーケットベースは，利益の機能は株式リターンで表される経済利益を反映するものと仮定している．同論文では会計ベースの方が，マーケットベースよりも資本コストとの関連性が高く，会計ベースのなかでも，*Accrual Quality*[9]の影響がとくに強いことを示した．

本稿は情報の質と資本コストの関係に関する検討を議論の中心の1つとした．米国において情報の質と資本コストの関係を実証的に研究した代表的な論文であるFrancis et al.（2004）で取り上げられた資本コストに影響を与える変数を分析の候補とした．同論文は，これまでの研究で情報の質の代理変数とされた主な変数を用いて米国における実証分析を行ったものである．同論文の変数に関しては，本節で詳細を後述した．

---

9) 企業の利益とキャッシュフロー（cash flow，以下 CF）の差が Accrual（会計発生高）である．*Accrual Quality*（会計発生高の質）は，CFと関連する部分と経営者の裁量的な意思による部分の2つを除いたAccrualの変動．

さらに Francis et al. (2005) は，情報の質の代理変数である *Accrual Quality* に関してさらにモデルを発展させて，その *Accrual Quality* の値が小さければ（quality が高い）[10]，投資者は企業の将来の利益を予測しやすくなると考えた．これに基づき，1970年から2001年までの米国で上場している企業（延べサンプル数91280）を対象に分析を行い *Accrual Quality* と資本コストとが負の関連をもつことを示した．同論文は Francis et al. (2004) における *Accrual Quality* と資本コストの関係をさらに裏付けた研究である．

一方，日本でも情報の質と資本コストに関する研究が行われている．野間（2005）は1990年から2002年までの銀行，証券と保険業を除いた東証1部上場企業のうち3月期決算企業を対象に Francis et al. (2005) をベースとして我が国の *Accrual Quality* と資本コストに関する実証分析を行った．分析の結果，我が国でも *Accrual Quality* の値が小さい（quality が高い）企業は資本コストが低くなる可能性を示唆した．村宮（2005）は，すべての投資者が等しく入手可能な公的情報の1つである経営者予想利益の精度を情報の質の代理変数に捉えて，2001年から2003年までの期間で金融業を除く東証1部上場企業のうち3月期決算企業を対象に分析を行い，経営者の予想利益の精度が高い（低い）と，資本コストが低い（高い）ことを示した．また，アナリストの情報精度との関係を分析したものに竹原（2007）が知られる．Gu（2004）の考案した公的情報，私的情報の精度を用いて，アナリスト予想精度と資本コストの関係に負の相関があることを示した．また，音川・村宮（2006）は，I/B/E/S Summary History File（International Edition）に収録されている証券アナリストの1株当たり利益予想とその実績利益に関するデータベースで取得できる企業（企業をフォローしている証券アナリストの人数が3人未満である企業は欠損値として処理）の1990年から2003年までを対象にアナリストの情報精度と資本コストとの実証分析を行い，私的情報の精度が資本コストの高低に影響を与えることを示した．

---

10) *Accrual Quality*（会計発生高の質）は，Accrual の変動をベースとして求めるため，変動が大きいと値が高く，quality が悪い．

2.2 Francis et al.（2004）で示された指標

本稿は資本コストに影響を与えるファクターとして検討した情報の質の代理変数の候補に，Francis et al.（2004）で取り上げられた変数を用いた．以下では同論文で示された変数の詳細を項目毎に示した．以下の1～7までの7つの企業の利益属性（earnings attributes）が会計情報の質の代理変数である．なお，これらの7指標はいずれも情報の値が大きい方が，資本コストにポジティブに影響する形に処理されている．

1. *Accrual Quality*：*Accrual Quality* の前提には，利益の質を表す Accruals（会計発生高）がある．Dechow and Dichev（2002）は，現在の Accruals が過去，現在，将来のキャッシュフロー（cash flow, 以下 CF）に適切に配分されていない部分を算出して，その変動を *Accrual Quality* と定義した．そして同指標が高い（quality が悪い）企業は資本コストが高いと考えた．

2. *Persistence*：利益の持続性について捉えた指標で，持続性のある利益ほど経常的であるため望ましいと評価できると考える．アナリストも持続的で経常的な利益に注目するケースが多い．同指標の算出は，現在の利益を被説明変数，過去の利益を説明変数として時系列回帰して，その回帰係数を持続性に関する変数と捉えた．回帰係数がプラスに大きいほど前年の利益が低い企業は当年の利益も低く，前年の利益が高い企業は当年の利益も高い傾向を示すことから，持続性が高いと考える．ただ，実際にはこの回帰係数にマイナスをかけたものを Persistence 指標としているため，同指標が高い（持続性が低い）企業は株主資本コストが高いと考えた．

3. *Predictability*：Lipe（1990）にしたがって，当年の利益を過去の利益からどの程度予測可能か，という説明力を捉えたものである．具体的には，2. Persistence の算出に用いた回帰分析の誤差分散（error variance）の平方根で定義される．Predictability 指標が高い企業は利益の予測可能性が低く，株主資本コストが高いと考えた．

4. *Smoothness*：利益の平準化を捉えた指標である．経営者が報告する利益に関して，一時的な変動を平準化させることが可能である．平準化された利益は，企業の経営成績を捉える上で投資家にとって，より有用性が高い

と考える．利益の平準化は望ましい会計情報の質と考えた．具体的には，Leuz et al.（2003）に従い利益の変動性を CF の変動性で除して求められる．利益の変動に関して，平準化されていない企業の収益である CF で基準化して捉えたものである．Smoothness 指標が高い企業は利益の平準化の程度が小さく，株主資本コストが高いと考えた．

5. *Value Relevance*：株式リターンと利益の関連性を捉えた指標である．株式リターンの変動がどの程度，利益の要因で説明できるか，を推計したものである．具体的には，株式リターンを被説明変数，利益の水準と変化を説明変数として時系列回帰した回帰の自由度調整済み決定係数にマイナスを乗じて算出される．回帰分析の説明力が高いほど，リターンの変動に関して，報告された会計利益で説明される割合が大きく，会計情報の質が高いと考えられる．Value Relevance 指標は自由度調整済み決定係数にマイナスを乗じているため，同指標が高い企業は株式リターンと利益の関連性が低く，株主資本コストが高いと考えた．

6. *Timeliness*：経済利益の変動を株式の変動と捉え，企業の会計利益の変動とその経済利益の変動との関係の強さを見たものである．具体的には，時価総額でデフレートした利益を被説明変数とした一方，株式リターンを説明変数とした回帰モデルをベースとして，さらに調整する変数として，リターンが負の場合のダミー変数と，交互作用項[11]を用いた重回帰モデルを設定して，その説明力である自由度調整済み決定係数で捉えた．この自由度調整済み決定係が大きい場合には *Timeliness* が強く，情報の質が高いと捉えるものである．Timeliness 指標はこの自由度調整済み決定係数にマイナスを乗じたものを用いた．同指標が高い企業は，会計利益と経済利益である株式リターンの適時的な関連性が低く，株主資本コストが高いと考えた．

7. *Conservatism*：負の経済利益（負の株式リターン）が得られる場合と正の経済利益（正の株式リターン）が得られる場合で，経営者の会計報告の姿勢の違いを捉えた指標である．経営者は正の経済利益が大きい時には，保

---

11) 実際にはリターンがマイナスの場合のみ，そのマイナスのリターンが変数となる一方，リターンがプラスの場合に変数は 0 となる．

守的に会計利益を報告する傾向がある．この保守性に関しては，具体的に
6. Timeliness と同じ回帰式を用いて，分子を負の経済利益に対する会計利益の感応度，分母を正の経済利益に対する会計利益の感応度としてその比率で求める．Conservatism 指標は同指標に −1 を乗じて算出している．Conservatism 指標が大きいほど，保守性が小さく株主資本コストが高いと考えた．

Francis et al. (2004) は前述した7つの会計情報の質が資本コストに有意に影響を与えるかに関して検証を行った．具体的には，企業固有の特性を示す8つの変数[12]を，コントロールの変数として重回帰分析により検証した．

3　研　究　方　法

3.1　研究方法の概要

本研究は以下のステップで分析を行った．まず EBO モデルを用いて，我が国の株式市場で形成されている株価から内在する資本コストを推計した．つぎに，この内在する資本コストがどのような要因で決定されるかを検討した．具体的に検討した要因は，Fama and French (1992) で取り上げられた市場ベータ，時価総額の対数と簿価時価比率の対数の3ファクターと，情報の質に関連する変数と倒産リスクとした．情報の質に関しては Francis et al. (2004) で取り上げられた変数に加えて，近年，我が国において情報の質の変数として注目される経営者の予想利益の精度も変数とした．さらに，倒産リスクは Merton (1974) が提示したオプション・アプローチ[13]を用いた．これらの変数を説明変数とした一方，資本コストを被説明変数としたクロスセクション回帰モデルにより，変数の有意性の観察を行い，資本コストとの関連性を考察した．最後

---

12) 8変数は，「*Assets*」「*σ (CFO)*」「*σ (sales)*」「*OperCycle*」「*NegEarn*」「*Int_Intensity*」「*Int_Dummy*」「*Cap_Intensity*」．Francis et al. (2004) はこれらの企業固有の8変数に関して，企業のビジネスモデルや事業環境，経営者の報告や意思決定といった企業固有のファクター（intrinsic factor）により，決定されるとしている．なお，我が国における回帰分析による検証でもこれらの変数を用いた．本稿で分析に用いた8変数の定義の詳細は付録に示した．

13) 斎藤・森平 (1998) によりオプション・アプローチと表記された．

に，投資戦略への応用を検討した．資本コストと関連が考えられる変数の線形結合のモデルにより妥当な資本コストの推計を行った．その妥当資本コストをEBOモデルに適用して妥当株価（value）を求め，実際の市場価格（price）との比較を行った．妥当株価を市場価格で除したV/Pレシオ（value-to-price ratio）を投資指標として，その指標の有効性を分析した．比較として，広く運用実務で用いられるヒストリカルアプローチ[14]により推計した資本コストを用いたケースを取り上げ，銘柄選択効果を検討した．

3.2 本研究で用いたEBOモデル

本研究において，内在する資本コストの推計には前述した（3）式のEBOモデルを用いた．EBOモデルを用いる場合には，TV（terminal value）と将来の予想利益の経路を設定する必要がある．本研究は，TVの設定に関して4つのパターンを想定した．そのうちの3つのパターンに関してはLee et al. (1999)[15]で提案された方法を用いた．予想利益の経路と3つのTVを仮定するものである．まずベースとなるモデルは（3）式を変形した（4）式である．

$$V_t = B_t + \frac{(FROE_{t+1} - r)}{(1+r)} B_t + \frac{(FROE_{t+2} - r)}{(1+r)^2} B_{t+1} + TV \qquad (4)$$

B_t：t期末の株主資本の簿価，r：資本コスト

$FROE_t$：t期の予想ROE，TV：ターミナルバリュー

そして，（4）式のTVの算出に，（5-7）式の$T=3, 12, 18$の3つのパターンを用いた．

---

[14] 山口（2005）では資本コストに関して，投資家が要求する観点であるディマンドサイドと，現実の市場から提供される観点のサプライサイドの2つの面からの推計方法が整理されている．内在する資本コストの推計はディマンドサイドのアプローチである．一方，過去の市場リターンのサンプル平均をベースとする推計はディマンドサイドとサプライサイドの均衡により市場で提供された資本コストとも考えることができるだろう．ヒストリカルアプローチは算出方法がシンプルであることから，運用実務で広く使われている．

[15] Lee et al. (1999) は，1963年〜1996年までのDJIA（Dow Jones Industrial Average）組入銘柄を対象に株式の内在価値（intrinsic value）を分析した論文である．同論文は，内在価値を算出するにあたり3つのTVを設定した経路を考えた．

$$T=3, \quad TV = \frac{(FROE_{t+3} - r)}{(1+r)^2 r} B_{t+2} \tag{5}$$

$$T=12, \quad TV = \sum_{k=3}^{11} \frac{(FROE_{t+k} - r)}{(1+r)^k} B_{t+k-1} + \frac{(FROE_{t+12} - r)}{(1+r)^{11} r} B_{t+11} \tag{6}$$

$$T=18, \quad TV = \sum_{k=3}^{17} \frac{(FROE_{t+k} - r)}{(1+r)^k} B_{t+k-1} + \frac{(FROE_{t+18} - r)}{(1+r)^{17} r} B_{t+17} \tag{7}$$

(4) 式の予想 ROE は以下の方法で求めた．1 期先，2 期先については税引利益の予想値[16]を分子とする一方，分母はそれぞれ対応する期の前期末である，当期と 1 期先の株主資本の簿価を用いて算出した．3 期先以降の ROE の推計に関しては，(5)～(7) 式にしたがって T 期先で ROE が業種[17]の ROE の中央値に線形に収束すると仮定するパターンに従った．その収束に用いた業種の ROE の中央値の算出は，3 月期決算企業の本決算発表が出揃う毎年 6 月末時点の ROE の業種中央値を，計測時点を含んで，そこから遡り過去 5 年間で平均して求めた．

さらに，4 つ目のパターンは将来の業績の変動を，平均回帰性をもつ確率過程の 1 つである Ornstein-Uhlenbeck 過程（以下，OU 過程）で捉えたものである．業績の変動に確率過程を導入する手法は Chiang et al. (1997) がある．同論文は企業の成長率に確率過程を適用したものである．また我が国でも小守林 ほか (1998) が業績の変動を確率過程でモデル化して予想利益の経路を設定

---

[16] 2 期先までの予想が取得可能で投資家が広く利用できる東洋経済新報社の予想を用いた．

[17] 本研究で用いた業種分類は，東証 17 業種分類とした．東証 17 業種分類は，33 業種分類をつぎに示す 17 業種に統合したもの（具体的には TOPIX-17 食品：「水産・農林業」「食料品」，TOPIX-17 エネルギー資源：「鉱業」「石油・石炭製品」，TOPIX-17 建設・資材：「建設業」「金属製品」「ガラス・土石製品」，TOPIX-17 素材・化学：「繊維製品」「パルプ・紙」「化学」，TOPIX-17 医薬品：「医薬品」，TOPIX-17 自動車・輸送機：「ゴム製品」「輸送用機器」，TOPIX-17 鉄鋼・非鉄：「鉄鋼」「非鉄金属」，TOPIX-17 機械：「機械」，TOPIX-17 電機・精密：「電気機器」「精密機器」，TOPIX-17 情報通信・サービスその他：「その他製品」「情報・通信業」「サービス業」，TOPIX-17 電力・ガス：「電気・ガス業」，TOPIX-17 運輸・物流：「陸運業」「海運業」「空運業」「倉庫・運輸関連業」，TOPIX-17 商社・卸売：「卸売業」，TOPIX-17 小売：「小売業」，TOPIX-17 銀行：「銀行業」，TOPIX-17 金融（除く銀行）：「証券，商品先物取引業」「保険業」「その他金融業」，TOPIX-17 不動産：「不動産業」）．

した.

　本研究は，予想超過収益 $(FROE_t-r)B_t$ の算出のベースとなる ROE が OU 過程に従うとして EBO モデルに適用した．OU 過程は平均回帰性をもつ確率過程で，(8) 式によって表される.

$$dX_t = c(m - X_t)dt + \sigma dW_t \tag{8}$$

　　　X_t：t 時点での OU 過程，m：平均，c：回帰速度
　　　σ：ボラティリティ，W_t：ウィナー過程

収益や ROE の平均回帰性[18]を前提とした理由はたとえばある企業が，事業の成功により一時的に高収益を得て高い ROE を実現したとしても，他社の追随などから競争優位の持続は難しいと考えたからである.

　実際には ROE は年度で算出されるため，(8) 式を離散時間モデルに拡張した (9) 式をベースとした.

$$\Delta X_t = X_t - X_{t-\Delta t} = c(m - X_{t-\Delta t})\Delta t + \sigma\sqrt{\Delta t}\,\varepsilon_t \quad \varepsilon_t：標準正規乱数 \tag{9}$$

この (9) 式に ROE を適用すると (10) 式となる.

$$\Delta ROE_t = ROE_t - ROE_{t-1} = c(m - ROE_{t-1}) + \sigma\varepsilon_t \tag{10}$$

　さらに，(10) 式の3つのパラメータである c, m, σ に関しては，計測時点から遡り過去10年の実績 ROE と，1期先，2期先予想 ROE の12個のサンプルを用いて最尤法で推定した.

　同モデルにおける TV は $T=21$ とした．(4) 式をベースとして，3期先以降は (11) 式を用いて算出した.

$$T=21, \quad TV = \sum_{k=3}^{20} \frac{(FROE_{t+k}-r)}{(1+r)^k}B_{t+k-1} + \frac{(FROE_{t+21}-r)}{(1+r)^{20}r}B_{t+20} \tag{11}$$

そして3期先から20期先までは (12) 式で ROE を推計した.

$$\begin{aligned}
FROE_3 &= m + (1-c)(FROE_2 - m) \\
FROE_4 &= m + (1-c)^2(FROE_2 - m) \\
&\vdots \\
FROE_t &= m + (1-c)^{t-2}(FROE_2 - m)
\end{aligned} \tag{12}$$

---

[18] OU 過程で捉える ROE の平均回帰性は個々の企業における時系列平均への回帰を意味する．Lee et al. (1999) のモデルにおける将来の ROE が業種の中央値で収束する経路と異なる.

これらの4つのパターンはいずれも，TV を設定した際の T 年以降の予想超過収益 $(FROE_t - r)B_t$ の無成長を前提としたものである．

本研究において，内在する資本コストを推計する上でEBOモデルにこれらの4パターンを設定した理由は，分析結果の頑健性を検討したためである．現実的には妥当な将来の業績変動パターンを設定することは難しい．そこで複数のパターンで資本コストを推計して，いずれの内在する資本コストとも関係が強い変数を検討することが重要と考えた．

3.3 資本コストとの関係を検討した変数と回帰モデル

本研究は資本コストとの関係を検討する上で，具体的に表1-1で示した変数を取り上げた．Fama and French (1992) の3ファクター (no1-no3)，Francis et al. (2004) で取り上げられた変数 (no4-no18)，村宮 (2005) をベースとした利益予想誤差 (no19) と，倒産リスク (no20) の合計20変数とした．Francis et al. (2004) の変数に関しては，会計情報の質に関する7変数 (no4-no10) と，企業固有の特性を示す8変数 (no11-no18) である．これらの変数の定義と算出の詳細は付録で示した．

まず，資本コストに影響を与える要因として市場ベータ (β)，対数時価総額 $(\ln(ME))$，簿価時価比率 $(\ln(BM))$ に関しては，Fama and French (1992) のクロスセクション回帰モデルに依拠した算出を行った．Francis et al. (2004) の7変数に関しては概要を前述した[19]．利益予想誤差 (abs(MFE)) は，すべての投資者が入手可能な公的情報の1つである経営者予想利益に着目し，その経営者予想利益の精度を，投資者の有している情報精度を示す代理変数として考えた．具体的には，村宮 (2005) に依拠し，過去3期間の経営者予想利益誤差の絶対値の総和として定義した．この変数が大きい企業ほど経営者予想利益の精度は低く，資本コストは高いと考えられる．

倒産リスク (EDP) と資本コストとの関係は多くの議論がある．Dichev (1998) は，倒産リスクがリスクプレミアムとは異なることを示唆した．しかしGriffin and Lemmon (2002) は，倒産リスクの代理変数としてOhlson (1980)

---

19) 2節の仮説の設定と資本コストに関する先行研究を参照．

表 1-1　資本コストの関係を検討した変数

no	変数名	定義
1	β	60 カ月 TOPIX ベータ
2	ln (*ME*)	株式時価総額の自然対数
3	ln (*BM*)	株主資本の簿価時価比率の自然対数
4	*Accrual Quality*	流動資産会計発生高を被説明変数，前々期，前期，今期の営業 CF を説明変数とした回帰の残差の標準偏差（過去 5 年）で算出．Dechow and Dichev（2002）に依拠
5	*Persistence*	利益の AR(1) モデルの係数×(－1)：過去 10 年
6	*Predictability*	(22) 式の AR(1) モデルの誤差分散の平方根
7	*Smoothness*	[利益÷総資産] の標準偏差÷[CFO÷総資産] の標準偏差：過去 10 年
8	*Value Relevance*	15 カ月リターンを被説明変数，利益の水準と変化を説明変数とした回帰に関する自由度調整済み $R^2 \times (-1)$
9	*Timeliness*	利益を被説明変数，15 カ月リターンについて正，負それぞれを捉えた変数を説明変数とした回帰に関する自由度調整済み $R^2 \times (-1)$
10	*Conservatism*	(24) 式の回帰に関して，{[負のリターンの係数]÷[正のリターンの係数]}×(－1)
11	*Assets*	総資産の自然対数
12	σ (*CFO*)	[CFO／総資産] の 10 年標準偏差
13	σ (*sales*)	[売上高／総資産] の 10 年標準偏差
14	*OperCycle*	[売上債権回収期間＋在庫回転期間] の自然対数
15	*NegEarn*	10 年間で損失が発生した割合
16	*Int_Intensity*	[研究開発費＋広告宣伝費]／売上高
17	*Int_Dummy*	*Int_Intensity*＝0 の場合に 1，それ以外＝0
18	*Cap_Intensity*	償却性固定資産÷総資産
19	abs (*MFE*)	経営者予想利益誤差の絶対値の総和：過去 3 年
20	*EDP*	オプションアプローチによる倒産確率

変数の定義の詳細は付録に示した．

による測度を用いて，1965 年から 1996 年まで NYSE, NASDAQ, AMEX に上場している企業を対象に分析した結果，倒産リスクの高低の違いのみでは資本コストの格差はほとんど見られないものの，ただ倒産リスクが高い企業のなかで，簿価時価比率による資本コストの格差がとくに大きかったことを報告した．そして，倒産リスクが高い企業は情報の非対称性の存在を通じて資本コス

トの格差に繋がると考察した．したがってこれらの研究から単純に倒産リスクと資本コストの関係を捉えることは難しい可能性があるが，倒産リスクが資本コストに有意な影響を与える可能性があるだろう．ただ倒産リスクの推計は困難でもあることから，本稿では Merton（1974）の（ヨーロピアン）オプション・アプローチによりシンプルに推計した．

資本コストの決定要因を検討する上で，クロスセクション回帰分析を行った．被説明変数に用いたのは，資本コストから計算時点でのリスクフリーレート[20]を引いた超過資本コスト（リスクプレミアム）とした．これらの回帰式は企業固有の株式リスクプレミアムを企業の属性や財務状況から特徴づけしたものである．まず，表 1-1 に示した資本コストの説明変数候補を 1 つずつ用いて，(13) 式に示したクロスセクション単回帰分析を行った．各要因が単独で資本コストに与える影響を検討することが目的である．

$$R_{i,t} - r_{f,t} = a_t + b_t Factor_{i,t} + \epsilon_{i,t} \tag{13}$$

$R_{i,t}$：i 銘柄の t 期末時点で推定した内在資本コスト

$r_{f,t}$：t 期末時点でのリスクフリーレート

$Factor_{i,t}$：i 銘柄の t 期末時点での表 1-1 で示した変数

a_t：t 期末時点での切片

b_t：t 期末時点での回帰係数

$\epsilon_{i,t}$：i 銘柄の t 期末時点での残差項

つぎに，(16) 式の「モデル 3：19 変数」で示す重回帰型の分析により個々の変数と資本コストとの関係を検討した．本稿で取り上げた表 1-1 の 20 変数から Assets を除いた 19 変数のすべてを説明変数とした場合のクロスセクション回帰分析を行った[21]．

（モデル 1：Beta） $\qquad R_{i,t} - r_{f,t} = a_{0,t} + a_{1,t} Beta_{i,t} + \epsilon_{i,t} \tag{14}$

---

20) 新発 10 年国債利回り（日本証券業協会発表による店頭売買参考統計値）．なお以下，リスクフリーレートに関しては同データを用いた．

21) 表 1-1 の 20 変数に関して，ln（*ME*）と *Assets* の間で相関が高く，表 1-3 (a) で VIF（variance inflation factor；分散拡大要因）による多重共線性のチェックを行った結果，これらの 2 変数を同時に用いた多重共線性の可能性が示されたため，表 1-1 の 20 変数から *Assets* を除いた 19 変数による重回帰モデルを考えた．

(モデル2：Beta/Size/BM) $\quad R_{i,t} - r_{f,t} = a_{0,t} + a_{1,t} Beta_{i,t} + a_{2,t} Size_{i,t}$
$$+ a_{3,t} BM_{i,t} + \epsilon_{i,t} \quad (15)$$

(モデル3：19変数)
$$R_{i,t} - r_{f,t} = a_{0,t} + a_{1,t} Beta_{i,t} + a_{2,t} Size_{i,t} + a_{3,t} BM_{i,t} + \cdots + a_{18,t} Cap\_Intensity_{i,t}$$
$$+ a_{19,t} \mathrm{abs}(MFE)_{i,t} + a_{20,t} EDP_{i,t} + \epsilon_{i,t} \quad (16)$$

$R_{i,t}$：i銘柄のt期末時点での推定資本コスト

$r_{f,t}$：t期末時点でのリスクフリーレート

$a_{0,t}$：t期末時点での切片，$a_{1,t}, \ldots, a_{20,t}$：$t$期末時点での回帰係数

$\epsilon_{i,t}$：i銘柄のt期末時点での残差項

そして比較のため，(14)，(15)式の分析も行った．「モデル1：Beta」はCAPMに対応するモデルであり，60カ月市場ベータによるクロスセクション単回帰モデルである．これは，実際には(13)式のクロスセクション単回帰分析に含まれるが，資本コストの説明要因としてBetaはもっともベーシックな説明変数と考えられるため，別途取り上げたものである．「モデル2：Beta/Size/BM」は，60カ月市場ベータと併せて，規模（時価総額）と割安性（簿価時価比率）も考慮したFama-Frenchの3ファクターに対応するモデルである．なお，これらの(13)～(16)式によるクロスセクション回帰分析を行う際のデータの処理として，資本コストと各変数はそれぞれ回帰分析に際して分析対象ユニバース[22]をクロスセクションで5，95％点で異常値処理[23]した．

単回帰分析に加えて重回帰分析を行った理由は以下である．まず単回帰分析により各変数と資本コストのシンプルな関係を検討した．そして重回帰分析のケースでも，変数と資本コストの関係にどの程度の強さがあるかを検討した．単回帰，重回帰分析はいずれも，説明変数，被説明変数がすべて揃うサンプルを対象に行なった．したがって，妥当資本コストの推計および，それを用いて推計した妥当株価によるV/Pレシオの銘柄選択効果の分析も同じサンプルを対象に行なった．

---

[22] 東証1部上場の3月期決算企業で，東証33業種における銀行，証券，保険業とその他金融業を除く．

[23] 5％以下（95％以上）のデータはその5％（95％）の値で置換した．

4 分析データ

4.1 EBO モデルの算出に用いたデータ

本研究に用いた EBO モデルに関するデータは以下で示した．実績の財務データは日経 Financial Quest を用いた．ユニバースは東証1部（除く銀行業，証券・先物取引業，保険業，その他金融業，以下これら4業種を金融業という）の3月期決算企業とした．分析サイクルは年度ベースとした．なお本稿は年度の扱いに関しては毎年7月から翌年6月までを1年度とした．6月には3月期決算企業の本決算発表が出揃うため，株主資本の前期の実績や利益などの期初の予想データが入手できるからである．そして以下，本稿では時期の特定には年度と表記した．たとえば2009年度のケースは2010年6月時点でのデータを用いた分析とした．

利益や配当などの予想は東洋経済新報社の予想を用いた．そして今期予想が取得できない場合は前期実績で補完し，さらに来期予想が取得できない場合は今期予想で補完[24]した．配当性向は税引利益がプラスの場合には配当÷税引利益により算出した[25]．また税引利益がマイナスの場合は配当性向=0とし，予想配当が欠損で取得できない場合でも株価が取得できれば配当性向=0とした．また，決算データは連結決算優先とした．さらに，東証1部クロスセクションで95%点で丸める異常値処理を行った（ただし，上限=1）．予想ROEも東証1部クロスセクションで5，95%点で丸める異常値処理を行った（来期のROEを算出する際の分母の株主資本の簿価はクリーンサープラス[26]により算出）．

本稿では4つのパターンでEBOモデルを推計したが，内在する資本コストの推計は，毎年6月末時点で取得できるEBO入力値（税引利益，株主資本，ROE）に対して，6月末時点の発行済時価総額を対応させ，以下の目的関数が

---

[24] 来期予想情報が取得できない場合に，補完に用いた今期予想に関しては，その今期予想値が取得できない場合には前期実績で補完した後のデータを使った．

[25] 単体配当÷連結優先の税引利益．

[26] ROEの分母に関して今期のROEを算出する場合には前期実績の株主資本を用いた．来期のROEを算出する場合に前期実績の株主資本に，(2)式を使って今期の予想税引利益から予想配当を引いた，予想内部留保を合算した．

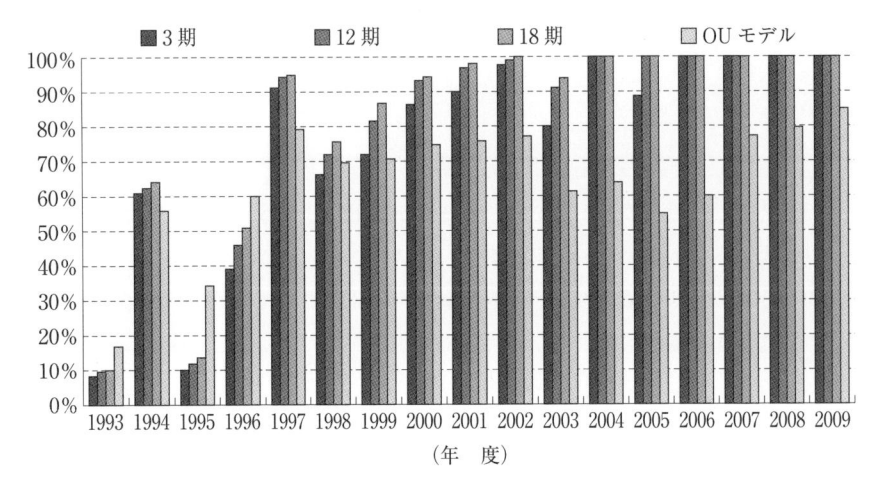

図1-1 内在する資本コストがリスクフリーレートを上回る銘柄の割合

最小化するように最適化した．

$$\min_{R_t}\{V_t(R_t)-P_t\}^2 \qquad (17)$$

R_t：t 期末時点での資本コスト
$V_t(R_t)$：t 期末時点での資本コスト R_t に対応する EBO モデルの株価価値
P_t：t 期末時点での発行済時価総額

　さらに，内在する資本コストに対して，東証1部クロスセクションで5, 95%点で丸める異常値処理を行った（ただし，最低でも直近月末によるリスクフリーレートを上回ると仮定した）．なお，株主資本がプラスの企業のみを算出対象とした．4つのモデルで推計した内在する資本コストに関して，分析ユニバースのなかで，資本コストが計測時点のリスクフリーレートを上回る銘柄の割合を図1-1で示した．

　分析ユニバースの70%以上の銘柄で内在する資本コストが算出可能となったのは，1997年度以降である．これまで我が国では，こうした株式評価モデルを用いた内在する資本コストの現実的な推計は困難となっていた．これは以前の我が国の株価が過大な期待を背景に形成されてきた可能性を示唆するものである．そのため，運用実務において内在する資本コストを用いた分析は近年になって可能となった手法である．本稿でも分析期間は分析ユニバースの70%以上

で内在する資本コストの推計が可能となった1997年度から2009年度の13年間とした[27].

4.2 資本コストの要因に関する変数のデータの基本統計量

本稿における分析ユニバースは東証1部（除く金融業）の3月期決算企業とし，対象期間も1997年度から2009年度までとした．13年間の延べサンプル数は9444であった[28]．実績の財務データは日経 Financial Quest を用いた．分析サイクルは年度ベースである．データは連結決算優先の本決算データを用いた．

本稿で資本コストの説明要因として用いた候補データに加えて，資本コスト（実際には，リスクフリーレートを減じたリスクプレミアム）データの基本統計量を表1-2で示した．平均値と標準偏差は過去13年のユニバースのプールドデータで求めた．相関係数は年ごとにクロスセクションで算出した値の過去13年平均を示した．対角線上部はピアソンの積率相関，対角線下部はスピアマンの順位相関を示したものである．

表1-2の最上行から2行目までに示した．資本コスト（CAPM）と，資本コスト（FF3）はそれぞれ，ヒストリカルアプローチにより算出した資本コストである．具体的な算出方法は6節で示した．これらの資本コストは月次サイクルで算出し，毎年6月末時点のものを分析に用いた．このヒストリカルアプローチによる資本コストは，60カ月市場ベータ，$Predictability$, $Smoothness$ などと比較的の相関が高かった．インプライドアプローチによる資本コストは，時価総額の対数との負相関，簿価時価比率との正の相関関係が見られた．$Accrual$ $Quality$ に関しては，$Predictability$ と営業キャッシュフローのボラティリティ $\sigma(CFO)$ との相関が他の指標と比べて比較的高かった．

本研究は資本コストを被説明変数として，クロスセクション重回帰分析を行ったが，係数の推計精度における多重共線性の観点からモデルの説明変数に設定した変数間の相関係数の水準に注意が必要である．$\ln(ME)$ と $Assets$ の間

---

27) たとえば2009年度のデータは2010年6月末時点で取得可能なデータを用いて算出した．対応させた発行済時価総額についても2010年6月末時点での株価から算出した．
28) 分析対象ユニバースはすべての変数が欠損でない銘柄とした．

表 1-2 推計された資本コストとその

指標	平均値	標準偏差	相関係数											
			資本コスト (CAPM)	資本コスト (FF3)	資本コスト (T=3)	資本コスト (T=12)	資本コスト (T=18)	資本コスト (OUモデル)	β	$\ln(ME)$	$\ln(BM)$	Accrual Quality	Persistence	Predictability
資本コスト (CAPM)	0.169	0.131	1.000	0.883	−0.275	−0.205	−0.143	−0.001	0.551	0.104	−0.384	0.099	−0.118	0.288
資本コスト (FF3)	0.215	0.136	0.881	1.000	−0.190	−0.128	−0.073	0.069	0.635	−0.093	−0.254	0.064	−0.092	0.292
資本コスト (T=3)	0.029	0.026	−0.297	−0.208	1.000	0.948	0.865	0.006	−0.080	−0.310	0.699	−0.056	0.045	−0.149
資本コスト (T=12)	0.030	0.021	−0.216	−0.133	0.947	1.000	0.977	−0.028	−0.052	−0.252	0.581	−0.043	0.003	−0.124
資本コスト (T=18)	0.031	0.020	−0.152	−0.076	0.862	0.977	1.000	−0.043	−0.022	−0.204	0.459	−0.029	−0.026	−0.093
資本コスト (OUモデル)	0.092	0.180	−0.076	−0.039	0.103	0.140	0.160	1.000	0.227	−0.271	0.026	0.025	0.060	0.107
β	1.012	0.441	0.540	0.629	−0.108	−0.066	−0.034	0.029	1.000	−0.208	−0.083	0.062	0.002	0.362
$\ln(ME)$	11.051	1.453	0.100	−0.092	−0.310	−0.254	−0.207	−0.082	−0.210	1.000	−0.458	0.036	−0.137	−0.091
$\ln(BM)$	−0.154	0.556	−0.361	−0.231	0.746	0.593	0.465	0.073	−0.077	−0.472	1.000	−0.115	0.100	−0.171
Accrual Quality	0.018	0.008	0.076	0.048	−0.052	−0.039	−0.030	0.003	0.058	0.017	−0.103	1.000	0.008	0.302
Persistence	−0.352	0.336	−0.093	−0.077	0.045	0.000	−0.029	−0.068	0.007	−0.134	0.095	0.008	1.000	0.020
Predictability	0.013	0.007	0.263	0.277	−0.160	−0.124	−0.094	−0.017	0.356	−0.098	−0.159	0.285	0.026	1.000
Smoothness	0.374	0.196	0.238	0.226	−0.160	−0.119	−0.087	0.005	0.253	0.062	−0.196	0.078	−0.259	0.652
Value Relevance	−0.144	0.280	−0.140	−0.094	0.037	−0.006	−0.014	−0.033	−0.006	−0.137	0.108	−0.019	0.107	0.040
Timeliness	−0.128	0.321	−0.056	−0.049	0.027	0.004	−0.012	−0.038	0.003	−0.073	0.073	−0.004	0.070	0.047
Conservatism	−0.178	5.723	−0.052	−0.052	0.008	−0.009	−0.020	−0.014	−0.043	−0.026	0.026	−0.015	0.038	−0.036
Assets	11.993	1.244	−0.019	−0.149	−0.178	−0.132	−0.099	−0.045	−0.163	0.880	−0.278	−0.076	−0.076	−0.207
$\sigma(CFO)$	0.044	0.016	0.048	0.079	−0.005	0.004	0.010	−0.002	0.121	−0.159	0.025	0.275	0.048	0.333
$\sigma(sales)$	0.110	0.060	0.172	0.220	−0.044	0.012	0.050	0.110	0.289	−0.174	−0.040	0.156	−0.063	0.295
OperCycle	4.831	0.461	0.090	0.147	−0.024	−0.084	−0.117	0.006	0.202	−0.193	0.173	0.037	0.012	0.141
NegEarn	0.134	0.173	0.184	0.265	−0.133	−0.134	−0.128	−0.025	0.428	−0.303	−0.065	0.078	−0.009	0.480
Int_Intensity	0.024	0.027	0.096	0.010	−0.107	−0.108	−0.104	−0.036	0.017	0.274	−0.181	0.157	−0.045	0.250
Int_Dummy	0.153	0.360	−0.078	−0.051	0.026	0.036	0.038	0.013	−0.076	−0.082	−0.015	−0.070	0.012	−0.125
Cap_Intensity	0.201	0.111	−0.006	−0.052	−0.058	−0.049	−0.041	−0.059	−0.111	0.179	−0.134	−0.065	−0.028	0.007
abs(MFE)	0.149	0.194	0.099	0.211	0.032	0.050	0.060	0.060	0.410	−0.405	0.125	0.057	0.092	0.354
EDP	0.156	0.172	0.021	0.169	0.081	0.094	0.097	0.047	0.382	−0.434	0.189	−0.129	0.126	−0.009

過去 13 年間のプールデータより平均値,標準偏差を算出.相関係数は年ごとに算出した値の過去 13 年平均.対角線上部はピアソンの積率相関,対角線下部はスピアマンの順位相関を示す.すべての変数が欠損でないサンプルを対象に算出した.延べサンプル数は 9444.

で積率(順位)相関係数が最大値の 0.888 (0.880) となった[29].$\ln(ME)$ と Assets はともに企業の規模に関する代理変数であるため相関が高かった.した

---

29) 次いで積率(順位)相関係数が高かったのは Predictability と Smoothness の 0.627 (0.652) であった.一方,逆相関がもっとも強かったのが,積率(順位)相関係数では $\ln(ME)$ と $\ln(BM)$ で −0.458 (−0.472) となった.これらに関しては,多重共線性を懸念する水準とは考え難い.

要因として考える変数の基本統計量

						相関係数							
Smooth ness	Relev ance	Time liness	Conserva tism	Assets	σ (CFO)	σ (sales)	Oper Cycle	NegEarn	Int_ Intensity	Int_ Dummy	Cap_ Intensity	abs (MFE)	EDP
0.271	-0.141	-0.064	-0.015	-0.024	0.049	0.181	0.097	0.184	0.061	-0.059	-0.024	0.048	-0.003
0.247	-0.100	-0.060	-0.029	-0.159	0.080	0.221	0.144	0.265	-0.034	-0.041	-0.061	0.150	0.140
-0.144	0.033	0.027	-0.014	-0.170	-0.009	-0.022	-0.034	-0.102	-0.116	0.029	-0.047	0.031	0.082
-0.110	0.003	0.005	-0.024	-0.121	-0.004	0.030	-0.091	-0.123	-0.104	0.037	-0.041	0.037	0.084
-0.078	-0.016	-0.010	-0.031	-0.086	0.003	0.067	-0.121	-0.120	-0.091	0.039	-0.036	0.050	0.089
0.039	0.042	0.052	0.002	-0.183	0.067	0.087	0.085	0.495	-0.050	0.012	-0.087	0.453	0.335
0.259	0.001	0.003	-0.038	-0.161	0.119	0.285	0.220	0.415	-0.035	-0.077	-0.132	0.352	0.363
0.072	-0.125	-0.065	-0.001	0.888	-0.162	-0.169	-0.171	-0.299	0.304	-0.075	0.168	-0.360	-0.406
-0.198	0.101	0.071	-0.004	-0.263	0.008	-0.054	0.145	-0.097	-0.211	-0.022	-0.127	0.045	0.148
0.088	-0.021	-0.003	-0.018	-0.064	0.273	0.177	0.033	0.085	0.175	-0.063	-0.066	0.057	-0.120
-0.263	0.104	0.068	0.020	-0.074	0.047	-0.071	0.006	-0.012	-0.055	0.017	-0.032	0.060	0.118
0.627	0.035	0.044	-0.031	-0.209	0.333	0.300	0.152	0.442	0.221	-0.111	-0.014	0.261	-0.015
1.000	-0.059	-0.004	-0.028	-0.030	-0.371	0.145	0.084	0.295	0.167	-0.080	0.136	0.106	-0.077
-0.054	**1.000**	0.530	0.044	-0.069	0.071	0.007	0.061	0.072	-0.048	0.033	-0.047	0.048	0.085
-0.011	0.518	**1.000**	0.012	-0.025	0.038	0.015	0.050	0.084	-0.033	0.029	-0.030	0.025	0.052
-0.028	0.082	0.014	**1.000**	-0.002	-0.016	-0.018	-0.016	-0.003	0.023	-0.004	0.020	-0.002	0.000
-0.032	-0.076	-0.034	-0.018	**1.000**	-0.206	-0.158	-0.163	-0.238	0.122	-0.036	0.121	-0.188	-0.078
-0.371	0.071	0.039	-0.023	-0.199	**1.000**	0.224	0.066	0.147	0.081	-0.041	-0.220	0.164	0.027
0.138	0.003	0.010	-0.019	-0.153	0.222	**1.000**	-0.102	0.184	-0.093	0.001	-0.201	0.183	0.176
0.084	0.073	0.055	-0.025	-0.178	0.063	-0.115	**1.000**	0.111	0.174	-0.233	-0.352	0.104	0.082
0.331	0.078	0.089	-0.009	-0.235	0.156	0.175	0.141	**1.000**	-0.025	0.022	-0.017	0.494	0.362
0.205	-0.046	-0.035	0.000	0.105	0.065	-0.096	0.200	0.015	**1.000**	-0.354	-0.032	-0.137	-0.328
-0.093	0.033	0.029	0.000	-0.045	-0.043	-0.023	-0.190	0.009	-0.568	**1.000**	0.097	0.020	0.076
0.160	-0.046	-0.028	0.016	0.113	-0.210	-0.197	-0.318	-0.019	0.071	0.050	**1.000**	-0.150	-0.165
0.180	0.033	0.023	-0.006	-0.238	0.164	0.234	0.152	0.523	-0.115	-0.022	-0.148	**1.000**	0.528
-0.055	0.087	0.072	0.010	-0.089	-0.001	0.188	0.078	0.395	-0.346	0.074	-0.134	0.542	**1.000**

がって，モデル3の重回帰分析では，これらの変数を同時に組み入れた場合に多重共線性の可能性を考える．

そこで20変数のVIF（variance inflation factor；分散拡大要因）を算出して実際に多重共線性のチェックを行った．表1-3（a）は一般に多重共線性が深刻と見られる10以上となるケースを観察した．13年間のすべての年でln（*ME*）と*Assets*でVIFが10を上回った．

表1-3（b）では*Assets*を除いた19変数で同様にVIFを算出した．その結果，VIFが10を上回るケースが見られなかった．そこで以下，本研究は資本

表 1-3(a)　資本コストに影響を与える要因として考える変数の VIF（20 変数）

	β	ln (ME)	ln (BM)	Accrual Quality	Persistence	Predictability	Smoothness	Relevance	Timeliness	Conservatism	Assets	σ (CFO)	σ (sales)	Oper Cycle	NegEarn	Int_Intensity	Int_Dummy	Cap_Intensity	abs (MFE)	EDP
VIF の平均値	1.76	**22.78**	2.16	1.25	1.51	6.18	6.47	1.53	1.48	1.04	**16.32**	4.02	1.45	1.49	1.94	1.66	1.31	1.41	1.92	3.48
10 以上だった年の割合	0%	**100%**	0%	0%	0%	0%	0%	0%	0%	0%	**100%**	0%	0%	0%	0%	0%	0%	0%	0%	0%

上段：資本コストの説明変数の候補 20 変数について年ごとに算出した VIF の過去 13 年平均
下段：過去 13 年間で VIF が 10 を超えた割合
13 年間のすべての年で VIF が 10 を上回った ln(ME) と Assets をボールドで示した

表 1-3(b)　資本コストに影響を与える要因として考える変数の VIF（19 変数）

	β	ln (ME)	ln (BM)	Accrual Quality	Persistence	Predictability	Smoothness	Relevance	Timeliness	Conservatism	σ (CFO)	σ (sales)	Oper Cycle	NegEarn	Int_Intensity	Int_Dummy	Cap_Intensity	abs (MFE)	EDP
VIF の平均値	1.74	1.97	1.61	1.25	1.50	6.14	6.43	1.53	1.48	1.04	3.99	1.45	1.49	1.92	1.61	1.30	1.41	1.86	2.07
10 以上だった年の割合	0%	0%	0%	0%	0%	0%	0%	0%	0%	0%	0%	0%	0%	0%	0%	0%	0%	0%	0%

上段：Assets を除いた資本コストの説明変数の候補 19 変数について年ごとに算出した VIF の過去 13 年平均
下段：過去 13 年間で VIF が 10 を超えた割合

コストに影響を与える要因に関して重回帰分析を行った際の変数は，20 変数から Assets を除いた 19 変数とした[30]．

5　分　析　結　果

5.1　単回帰分析の結果

まず，シンプルにクロスセクション単回帰分析を使って各変数と資本コストとの関係を検討した．分析を行う上で，各変数が資本コストに与える影響に関して，回帰分析の結果の符号を予想し，分析結果とともに表 1-4 で示した．市場ベータ，時価総額，簿価時価比率については，市場ベータと簿価時価比率は資本コストと正の相関関係が，一方で時価総額に関しては負の相関関係が期待される．市場ベータが高いほど，簿価時価比率が高いほど，そして時価総額が小さいほどリスクがあり，対応する資本コストが高まる関係があると考える．これは Fama and French（1992）の主張に基づいている．Francis et al.（2004）

---

30) 表 1-4 の単回帰分析の結果で Assets は ln(ME) と同様に，マイナス有意の傾向が強かった．しかし adjR^2 の平均は ln(ME) の方が高いことや，前述した先行研究で資本コストに関するモデルとして広く用いられる Fama-French 3 ファクターモデルでも規模の基準として時価総額：ME を用いていることから，重回帰分析の変数として本研究では ln(ME) を用いた．

で提示された7つの会計情報の質に関する変数は，すべて資本コストと正の相関関係があると想定した．質が悪いことはリスクを高め，それが資本コストの増大につながると考えた[31]．さらに，8つの企業の固有ファクターについても表1-4で示す形で符号の方向を想定した．そして経営者予想の利益精度であるabs（MFE）は値が大きい（精度が悪い）方向で資本コストと正の相関があると想定した．これは村宮（2005）に従った．そして倒産確率を示すEDPは，値が大きく倒産確率が高い企業ほど資本コストが高まる関係を考えた．

　分析方法は，EBOモデルから求めた内在する資本コストを被説明変数とし，表1-1で示した20変数を説明変数としたクロスセクションの単回帰分析を行った．TVの設定別のEBOモデルを用いて推計した内在する資本コストを対象に分析を行ったものである．表1-4は，回帰係数と自由度調整済み決定係数（adjR^2）について，分析対象期間の時系列平均値を示した．そして，各年でそれぞれの説明変数の回帰係数＝0として片側t検定を行い，分析対象期間の1997年度から2009年度の13年間で回帰係数がプラスまたはマイナスに有意であった年の割合（以下，有意比率）も示した．$T＝3, 12, 18$とOUモデルの4つの方法で推計した資本コストに対して，説明変数の回帰係数の符号とその有意な関係が，同様の傾向にあるかを見ることで頑健な関係にあるかを検討した．

　まず，Fama and French（1992）の3ファクターである市場ベータ，時価総額の対数と簿価時価比率の対数の回帰係数について観察した．ベータは$T＝3, 12$の2つのケースで事前の想定と反対に回帰係数の符号の平均がマイナスとなった．また5％や10％のマイナス有意比率が大きかった．OUモデルのケースでは5％ですべての年でプラス有意（有意比率が100％）となったものの，ベータの資本コストに与える関係が明確に捉え難い状況であることから，CAPMのモデルの批判にもつながる傾向が示された．時価総額の対数と簿価時価比率の対数に関しては，それぞれ時価総額の対数の符号はマイナス（10％のマイナス有意水準で最低が$T＝18$の85％），簿価時価比率の対数の符号はプラス（OUモデルを除き，13年中すべての年で5％のプラス方向の有意比率が100％）となり，時価総額が小さいほど，また簿価時価比率の対数が高いほど資本コスト

---

[31] 前述したがFrancis et al.（2004）は変数の値が大きい方が，会計情報の質が悪いことを示す形に情報を算出している．

表 1-4　単回帰分析の結果（過去 13 年：1997 年度～2009 年度）

資本コスト（$T=3$）

	β	ln (ME)	ln (BM)	Accrual Quality	Persist ence	Predict ability	Smooth ness	Relev ance	Timeli ness	Conserva tism	Assets	σ (CFO)	σ (sales)	Oper Cycle	Neg Earn	Int_ Intensity	Int_ Dummy	Cap_ Intensity	abs (MFE)	EDP
予想される符号	+	−	+	+	+	+	+	+	+	+	+	+	+	+	+	+	−	+	+	+
回帰係数の平均値	-0.002	-0.004	0.027	-0.158	0.003	-0.411	-0.014	0.002	0.001	0.000	-0.003	-0.008	-0.008	-0.001	-0.009	-0.097	0.002	-0.005	0.007	0.010
プラス有意比率(片側5%)	15%	0%	**100%**	0%	**23%**	0%	0%	**23%**	**31%**	0%	0%	8%	8%	15%	8%	0%	**23%**	8%	**31%**	**54%**
マイナス有意比率(片側5%)	31%	**100%**	0%	46%	8%	**85%**	92%	0%	0%	8%	**85%**	15%	38%	31%	62%	77%	0%	38%	15%	15%
合計	46%	100%	100%	46%	31%	85%	92%	23%	31%	8%	85%	23%	46%	46%	69%	77%	23%	46%	46%	69%
プラス有意比率(片側10%)	15%	0%	**100%**	0%	**31%**	0%	0%	**31%**	**31%**	15%	0%	8%	**23%**	**23%**	8%	0%	**31%**	8%	**46%**	**54%**
マイナス有意比率(片側10%)	31%	**100%**	0%	62%	8%	**92%**	92%	8%	0%	8%	**85%**	31%	38%	31%	62%	85%	0%	38%	15%	15%
合計	46%	100%	100%	62%	38%	92%	92%	38%	31%	31%	85%	38%	62%	54%	69%	85%	31%	46%	62%	69%
adjR^2	0.025	0.110	0.498	0.004	0.006	0.026	0.022	0.005	0.002	0.000	0.038	0.002	0.004	0.009	0.018	0.015	0.001	0.011	0.007	0.016

資本コスト（$T=12$）

	β	ln (ME)	ln (BM)	Accrual Quality	Persist ence	Predict ability	Smooth ness	Relev ance	Timeli ness	Conserva tism	Assets	σ (CFO)	σ (sales)	Oper Cycle	Neg Earn	Int_ Intensity	Int_ Dummy	Cap_ Intensity	abs (MFE)	EDP
予想される符号	+	−	+	+	+	+	+	+	+	+	+	+	+	+	+	+	−	+	+	+
回帰係数の平均値	-0.001	-0.003	0.017	-0.092	0.000	-0.284	-0.009	0.000	0.000	0.000	-0.001	-0.003	0.006	-0.003	-0.009	-0.067	0.002	-0.003	0.004	0.008
プラス有意比率(片側5%)	15%	0%	**100%**	0%	**8%**	0%	0%	**8%**	**8%**	8%	8%	8%	**38%**	**8%**	0%	0%	**23%**	15%	**38%**	**54%**
マイナス有意比率(片側5%)	46%	**92%**	0%	46%	8%	**77%**	85%	15%	0%	23%	**69%**	23%	8%	54%	69%	69%	0%	31%	8%	8%
合計	62%	92%	100%	46%	15%	77%	85%	23%	8%	31%	77%	31%	46%	62%	69%	69%	23%	46%	46%	62%
プラス有意比率(片側10%)	**23%**	0%	**100%**	8%	**15%**	0%	0%	**8%**	**31%**	8%	8%	8%	**38%**	0%	0%	0%	**23%**	**23%**	**46%**	**54%**
マイナス有意比率(片側10%)	46%	**92%**	0%	54%	15%	**92%**	85%	31%	8%	31%	**69%**	31%	8%	69%	69%	69%	0%	31%	15%	15%
合計	69%	92%	100%	62%	31%	92%	85%	38%	38%	38%	77%	38%	54%	69%	69%	69%	23%	54%	62%	69%
adjR^2	0.018	0.081	0.352	0.003	0.001	0.019	0.016	0.005	0.000	0.001	0.027	0.002	0.003	0.020	0.022	0.014	0.002	0.013	0.006	0.015

資本コスト（$T=18$）

	β	ln (ME)	ln (BM)	Accrual Quality	Persist ence	Predict ability	Smooth ness	Relev ance	Timeli ness	Conserva tism	Assets	σ (CFO)	σ (sales)	Oper Cycle	Neg Earn	Int_ Intensity	Int_ Dummy	Cap_ Intensity	abs (MFE)	EDP
予想される符号	+	−	+	+	+	+	+	+	+	+	+	+	+	+	+	+	−	+	+	+
回帰係数の平均値	0.000	-0.002	0.012	-0.060	-0.001	-0.205	-0.006	-0.001	-0.001	0.000	-0.001	0.003	0.014	-0.004	-0.009	-0.055	0.002	-0.003	0.004	0.007
プラス有意比率(片側5%)	15%	8%	**100%**	8%	**8%**	8%	8%	**8%**	**8%**	0%	23%	8%	**54%**	0%	0%	0%	**23%**	**31%**	**31%**	**54%**
マイナス有意比率(片側5%)	31%	**69%**	0%	23%	23%	**62%**	54%	38%	0%	23%	**69%**	15%	8%	69%	62%	69%	0%	31%	0%	0%
合計	46%	77%	100%	31%	31%	69%	62%	46%	8%	23%	92%	23%	62%	69%	62%	69%	23%	62%	31%	54%
プラス有意比率(片側10%)	15%	8%	**100%**	8%	**8%**	8%	**15%**	**15%**	**8%**	0%	23%	**23%**	**62%**	0%	0%	0%	**31%**	**38%**	**46%**	**62%**
マイナス有意比率(片側10%)	38%	**85%**	0%	38%	23%	**69%**	62%	46%	8%	38%	**69%**	23%	8%	69%	85%	69%	0%	31%	0%	0%
合計	54%	92%	100%	46%	31%	77%	77%	62%	15%	46%	92%	46%	69%	69%	85%	69%	31%	69%	46%	62%
adjR^2	0.016	0.062	0.236	0.002	0.003	0.015	0.016	0.005	0.000	0.001	0.021	0.002	0.009	0.027	0.021	0.013	0.003	0.015	0.007	0.015

資本コスト（OJ モデル）

	β	ln (ME)	ln (BM)	Accrual Quality	Persist ence	Predict ability	Smooth ness	Relev ance	Timeli ness	Conserva tism	Assets	σ (CFO)	σ (sales)	Oper Cycle	Neg Earn	Int_ Intensity	Int_ Dummy	Cap_ Intensity	abs (MFE)	EDP
予想される符号	+	−	+	+	+	+	+	+	+	+	+	+	+	+	+	+	−	+	+	+
回帰係数の平均値	0.093	-0.032	0.004	0.244	0.028	3.227	0.047	0.032	0.028	0.000	-0.024	0.733	0.283	0.033	0.487	-0.352	0.008	-0.125	0.512	0.394
プラス有意比率(片側5%)	**100%**	0%	**31%**	**31%**	**54%**	**69%**	**31%**	**31%**	**54%**	0%	0%	**69%**	**77%**	**85%**	**100%**	0%	8%	0%	**100%**	**100%**
マイナス有意比率(片側5%)	0%	**100%**	8%	15%	0%	0%	0%	0%	0%	8%	**100%**	0%	0%	0%	0%	31%	8%	62%	0%	0%
合計	100%	100%	38%	46%	54%	69%	31%	31%	54%	8%	100%	69%	77%	85%	100%	31%	15%	62%	100%	100%
プラス有意比率(片側10%)	**100%**	0%	**38%**	**54%**	**54%**	**92%**	**46%**	**31%**	**69%**	0%	0%	**77%**	**85%**	**92%**	**100%**	0%	15%	0%	**100%**	**100%**
マイナス有意比率(片側10%)	0%	**100%**	8%	15%	0%	0%	0%	0%	8%	8%	**100%**	0%	0%	0%	0%	46%	8%	77%	0%	0%
合計	100%	100%	46%	69%	54%	92%	46%	31%	77%	8%	100%	77%	85%	92%	100%	46%	23%	77%	100%	100%
adjR^2	0.055	0.073	0.004	0.003	0.005	0.013	0.002	0.002	0.005	-0.001	0.033	0.004	0.007	0.006	0.250	0.002	0.000	0.008	0.212	0.117

中の段ではそれぞれ、過去13年間のうち5、10％の水準の片側 t 検定でプラス、マイナスに有意であった年の割合を表示した。とくに、予想される符号で有意であった割合を太字にした。

が高い関係が見られた．これは Fama and French（1992）と整合的である．

Francis et al.（2004）で取り上げられた 7 つの会計情報の質に関しては，*Predictability* と *Smoothness* で 13 年中，両側で 10% の有意水準となった年の割合が多く，統計上の資本コストとの関連性は観察された．しかし OU モデルを除いて事前に想定された正の相関と異なり，負の方向で有意となった（10% のマイナス有意比率が大きかった）．同様に情報の質に関する変数である経営者予想利益誤差については，資本コストと正の相関関係が想定され，結果はすべてのモデルで回帰係数の符号がプラスとなった．しかし，OU モデルを除いて，10% のプラス有意比率は 40% 程度と有意性はあまり高くなかった．ただ，OU モデルでは，5% ですべての年でプラス有意（有意比率が 100%）となった．これらの単回帰ベースの結果から，会計情報の質に関して代理変数の捉え方で資本コストへの影響が異なることは注意点である．

さらに，Francis et al.（2004）で取り上げられた 8 つの銘柄固有のファクターに関しては，*Assets* は，すべてのモデルで回帰係数の符号がマイナスとなった．5% のマイナス有意比率は概ね 70% 以上であり，有意性は高かった．その他，*NegEarn* と *Int_Intensity* では，13 年中，両側で 10% の有意水準となった年の割合が多く，統計上の資本コストとの関連性は観察されたが，事前に想定された正の相関と異なり，負の方向で有意となった（10% のマイナス有意比率が大きかった）．

さらに，信用リスクの代理変数として取り上げた倒産確率（*EDP*）と資本コストの関係について見ると，すべてのモデルで回帰係数の符号はプラスとなった．とくに OU モデルは，13 年中すべての年で 5% のプラス方向の有意比率が 100% となり，統計的な有意性は高かった．

5.2 重回帰分析の結果

つぎに，内在する資本コストを被説明変数とし，表 1-1 で示した 20 変数から *Assets* を除いた 19 変数を説明変数としたクロスセクション重回帰分析を行った．*Assets* を除いたのは，前述の通り，多重共線性の影響を排除するためである．単回帰分析の場合と同様に，推計した資本コストごとに 1997 年度～2009 年度の 13 年間で分析を行った．回帰係数と自由度調整済み決定係数（adjR^2）

表 1-5　重回帰分析の結果（過去 13 年：1997 年度～2009 年度）

資本コスト（$T=3$）

		切片	β	ln (ME)	ln (BM)	Accrual Quality	Persist ence	Predict ability	Smooth ness	Relev ance	Timeli ness	Conserva tism	σ (CFO)	σ (sales)	Oper Cycle	Neg Earn	Int_Inte nsity	Int_ Dummy	Cap_Int ensity	abs (MFE)	EDP	adjR²
	予想される符号		+	−	+	+	+	+	+	+	+	+	+	+	+	+	+	+	−	+	+	
モデル1: Beta	回帰係数の平均値	0.030	-0.002																			0.025
	プラス有意比率(片側5%)	100%	15%																			
	マイナス有意比率(片側5%)	0%	31%																			
	合計	100%	46%																			
	プラス有意比率(片側10%)	100%	15%																			
	マイナス有意比率(片側10%)	0%	31%																			
	合計	100%	46%																			
モデル2: Beta/ Size/ BM	回帰係数の平均値	0.031	0.000	0.000	0.027																		0.509
	プラス有意比率(片側5%)	92%	38%	23%	100%																		
	マイナス有意比率(片側5%)	0%	54%	23%	0%																		
	合計	92%	92%	46%	100%																		
	プラス有意比率(片側10%)	100%	38%	38%	100%																		
	マイナス有意比率(片側10%)	0%	54%	23%	0%																		
	合計	100%	92%	62%	100%																		
モデル3: 19変数	回帰係数の平均値	0.059	0.001	0.000	0.028	0.051	-0.001	-0.081	0.000	-0.001	-0.001	0.000	-0.019	0.002	-0.006	-0.002	0.060	0.002	0.005	0.004	-0.003	0.560
	プラス有意比率(片側5%)	92%	46%	15%	100%	46%	8%	0%	0%	0%	8%	0%	0%	15%	0%	8%	85%	38%	54%	38%	0%	
	マイナス有意比率(片側5%)	0%	23%	38%	0%	0%	0%	8%	0%	0%	8%	15%	23%	15%	92%	31%	0%	15%	46%	0%	8%	
	合計	92%	69%	54%	100%	46%	8%	8%	0%	0%	15%	15%	23%	31%	92%	38%	85%	54%	100%	38%	8%	
	プラス有意比率(片側10%)	92%	46%	15%	100%	46%	8%	0%	8%	0%	8%	0%	8%	31%	0%	15%	85%	54%	54%	46%	0%	
	マイナス有意比率(片側10%)	0%	31%	46%	0%	8%	15%	23%	8%	15%	15%	23%	31%	23%	92%	46%	0%	15%	46%	8%	31%	
	合計	92%	77%	62%	100%	54%	23%	23%	15%	15%	23%	23%	38%	54%	92%	62%	85%	69%	100%	54%	31%	

資本コスト（$T=12$）

		切片	β	ln (ME)	ln (BM)	Accrual Quality	Persist ence	Predict ability	Smooth ness	Relev ance	Timeli ness	Conserva tism	σ (CFO)	σ (sales)	Oper Cycle	Neg Earn	Int_Inte nsity	Int_ Dummy	Cap_Int ensity	abs (MFE)	EDP	adjR²
	予想される符号		+	−	+	+	+	+	+	+	+	+	+	+	+	+	+	+	−	+	+	
モデル1: Beta	回帰係数の平均値	0.030	-0.001																			0.018
	プラス有意比率(片側5%)	100%	15%																			
	マイナス有意比率(片側5%)	0%	46%																			
	合計	100%	62%																			
	プラス有意比率(片側10%)	100%	23%																			
	マイナス有意比率(片側10%)	0%	46%																			
	合計	100%	69%																			
モデル2: Beta/ Size/ BM	回帰係数の平均値	0.030	0.000	0.000	0.017																		0.370
	プラス有意比率(片側5%)	100%	31%	31%	100%																		
	マイナス有意比率(片側5%)	0%	46%	15%	0%																		
	合計	100%	77%	46%	100%																		
	プラス有意比率(片側10%)	100%	31%	31%	100%																		
	マイナス有意比率(片側10%)	0%	46%	38%	0%																		
	合計	100%	77%	69%	100%																		
モデル3: 19変数	回帰係数の平均値	0.060	0.001	0.000	0.018	0.035	-0.002	-0.020	0.000	-0.001	0.000	0.000	-0.019	0.007	-0.006	-0.007	0.053	0.001	0.001	0.004	0.001	0.453
	プラス有意比率(片側5%)	100%	38%	23%	100%	31%	0%	0%	8%	0%	0%	0%	0%	38%	0%	0%	69%	38%	46%	46%	8%	
	マイナス有意比率(片側5%)	0%	23%	46%	0%	8%	38%	8%	8%	8%	8%	15%	31%	8%	92%	85%	0%	8%	38%	0%	8%	
	合計	100%	62%	69%	100%	38%	38%	8%	15%	8%	8%	15%	31%	46%	92%	85%	69%	46%	85%	46%	15%	
	プラス有意比率(片側10%)	100%	46%	23%	100%	46%	8%	8%	8%	0%	15%	0%	8%	38%	0%	8%	85%	62%	46%	46%	15%	
	マイナス有意比率(片側10%)	0%	23%	54%	0%	8%	54%	8%	8%	23%	8%	38%	31%	15%	92%	85%	0%	15%	46%	15%	8%	
	合計	100%	69%	77%	100%	54%	62%	15%	15%	23%	23%	38%	38%	54%	92%	92%	85%	77%	92%	62%	23%	

1 資本コストの決定要因と投資戦略への応用可能性

資本コスト ($T=18$)

		切片	β	ln (ME)	ln (BM)	Accrual Quality	Persistence	Predictability	Smoothness	Relevance	Timeliness	Conservatism	σ (CFO)	σ (sales)	Oper Cycle	Neg Earn	Int_Intensity	Int_Dummy	Cap_Intensity	abs (MFE)	EDP	adjR^2
	予想される符号		+	−	+	+	+	+	+	+	+	+	+	+	+	+	+	−	+	+	+	
モデル1: Beta	回帰係数の平均値	0.030	0.000																			0.016
	プラス有意比率(片側5%)	100%	15%																			
	マイナス有意比率(片側5%)	0%	31%																			
	合計	100%	46%																			
	プラス有意比率(片側10%)	100%	15%																			
	マイナス有意比率(片側10%)	0%	38%																			
	合計	100%	54%																			
モデル2: Beta/Size/BM	回帰係数の平均値	0.031	0.000	0.000	0.012																	0.259
	プラス有意比率(片側5%)	100%	31%	23%	100%																	
	マイナス有意比率(片側5%)	0%	46%	31%	0%																	
	合計	100%	77%	54%	100%																	
	プラス有意比率(片側10%)	100%	31%	31%	100%																	
	マイナス有意比率(片側10%)	0%	46%	31%	0%																	
	合計	100%	77%	62%	100%																	
モデル3: 19変数	回帰係数の平均値	0.061	0.001	0.000	0.013	0.026	−0.002	0.016	0.000	−0.002	0.000	0.000	−0.019	0.009	−0.006	−0.010	0.049	0.001	−0.001	0.005	0.003	0.364
	プラス有意比率(片側5%)	100%	31%	15%	100%	31%	0%	8%	8%	0%	0%	0%	8%	38%	0%	0%	62%	38%	38%	46%	15%	
	マイナス有意比率(片側5%)	0%	31%	54%	0%	8%	62%	0%	15%	23%	8%	8%	31%	0%	92%	85%	0%	15%	38%	0%	0%	
	合計	100%	62%	69%	100%	38%	62%	8%	23%	23%	8%	8%	38%	38%	92%	85%	62%	54%	77%	46%	15%	
	プラス有意比率(片側10%)	100%	38%	23%	100%	38%	8%	8%	15%	0%	0%	8%	38%	0%	0%	62%	46%	46%	54%	38%		
	マイナス有意比率(片側10%)	0%	31%	54%	0%	8%	69%	8%	15%	23%	46%	31%	15%	92%	85%	0%	15%	38%	0%	0%		
	合計	100%	69%	77%	100%	46%	77%	15%	31%	23%	15%	38%	38%	54%	92%	85%	62%	62%	85%	54%	38%	

資本コスト (OU モデル)

		切片	β	ln (ME)	ln (BM)	Accrual Quality	Persistence	Predictability	Smoothness	Relevance	Timeliness	Conservatism	σ (CFO)	σ (sales)	Oper Cycle	Neg Earn	Int_Intensity	Int_Dummy	Cap_Intensity	abs (MFE)	EDP	adjR^2
	予想される符号		+	−	+	+	+	+	+	+	+	+	+	+	+	+	+	−	+	+	+	
モデル1: Beta	回帰係数の平均値	−0.004	0.093																			0.055
	プラス有意比率(片側5%)	38%	100%																			
	マイナス有意比率(片側5%)	23%	0%																			
	合計	62%	100%																			
	プラス有意比率(片側10%)	54%	100%																			
	マイナス有意比率(片側10%)	23%	0%																			
	合計	77%	100%																			
モデル2: Beta/Size/BM	回帰係数の平均値	0.372	0.069	−0.032	−0.031																	0.115
	プラス有意比率(片側5%)	92%	100%	0%	0%																	
	マイナス有意比率(片側5%)	0%	0%	100%	54%																	
	合計	92%	100%	100%	54%																	
	プラス有意比率(片側10%)	100%	100%	0%	0%																	
	マイナス有意比率(片側10%)	0%	0%	100%	62%																	
	合計	100%	100%	100%	62%																	
モデル3: 19変数	回帰係数の平均値	0.111	0.004	−0.007	−0.004	0.485	0.018	−3.621	−0.018	−0.005	0.007	0.000	−0.276	0.017	0.003	0.400	0.317	−0.005	−0.006	0.313	0.046	0.352
	プラス有意比率(片側5%)	31%	0%	0%	23%	15%	38%	0%	0%	0%	0%	0%	0%	8%	0%	100%	62%	8%	0%	100%	31%	
	マイナス有意比率(片側5%)	0%	23%	38%	15%	0%	0%	77%	8%	8%	0%	0%	0%	0%	0%	0%	15%	0%	0%	0%	23%	
	合計	31%	23%	38%	38%	15%	38%	77%	8%	8%	0%	0%	0%	8%	0%	100%	62%	23%	0%	100%	54%	
	プラス有意比率(片側10%)	54%	15%	0%	23%	23%	46%	0%	0%	8%	15%	0%	8%	15%	0%	100%	62%	15%	0%	100%	31%	
	マイナス有意比率(片側10%)	0%	23%	54%	23%	0%	0%	77%	8%	23%	0%	8%	8%	0%	0%	0%	23%	0%	0%	0%	23%	
	合計	54%	38%	54%	46%	23%	46%	77%	8%	31%	15%	8%	15%	15%	0%	100%	62%	38%	0%	100%	54%	

対象期間13年間のうち5, 10%の水準の片側 t 検定でプラス, マイナスに有意であった年の割合を表示した. とくに, 予想される符号で有意であった割合を太字にした.

の平均値を集計した結果が表1-5である．単回帰分析と同様に，各年でそれぞれの説明変数の回帰係数＝0とした場合の片側t検定を行い，回帰係数がプラスまたはマイナスに有意だった年の割合についても集計し，合わせて示した．

情報の質と資本コストの関係に関する議論では，7つの会計情報の質の回帰係数の検討と経営者の利益予想の精度であるabs（MFE）が重要となる．すべての変数を説明変数として加えた「モデル3：19変数」で見ると，単回帰では，OUモデルを除き回帰係数の符号がマイナスとなった$Accrual\ Quality$の符号がすべての資本コストでプラスとなった．ただ10%のプラス有意比率は40%前後と有意性はあまり高くなかった．$Persistence$（持続性）は，OUモデルを除き回帰係数の符号がマイナスとなった．また，$Predictability$（予測可能性）は，$T=18$のみ回帰係数の符号がプラスとなった．

$Smoothness$（平準化）は，OUモデルを除き回帰係数の符号がプラスとなった．$Value\ Relevance$（価値関連性）は，すべての資本コストで回帰係数の符号がマイナスとなった．これは，株式リターンに対する利益の水準・変化の説明力が高い企業の資本コストが高い傾向を示唆する．また，$Timeliness$（適時性），$Conservatism$（保守性）は，回帰係数の符号に傾向は見られなかった．これらの統計的な有意性も高くなかった．ただ経営者予想利益誤差については，単回帰の結果と同様，すべてのモデルで回帰係数の符号がプラスとなった．とくにOUモデルにおいて，13年中すべての年で5%のプラス方向の有意比率が100%となり，統計的な有意性が高い点には留意したい．

さらに，Francis et al.（2004）で取り上げた銘柄固有の8ファクターに関しても単回帰分析の結果と比較して，統計的な有意性は低下したものも見られた．

倒産確率（EDP）については，単回帰では，すべてのモデルで回帰係数の符号がプラスとなったが，重回帰においても$T=3$を除いて回帰係数の符号はプラスとなった．ただし，10%のプラス有意比率は30%以下と有意性は高くなかった．表1-2の相関マトリクスで示されたように，倒産確率（EDP）は経営者予想利益誤差とのピアソンの相関係数が0.528と比較的高いことがこうした影響につながった可能性がある．

さらに，図1-2は，$T=3$のケースに関して「モデル3：19変数」における倒産確率の回帰係数とそのp値（回帰係数＝0を仮定した場合のプラス方向の

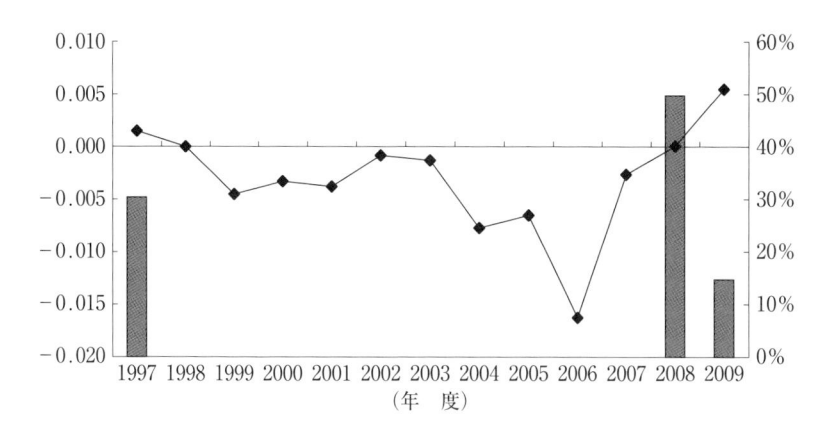

図1-2 資本コスト（$T=3$）の倒産確率の回帰係数とp値
1998年度〜2007年度の係数は負のためp値は出力していない.

片側t検定）の推移を示した．6節で示すが，4通りのパターンのTVの設定別のEBOモデルを用いて推計した内在する資本コストのうち，$T=3$のケースがもっとも妥当株価と実際の株価の差が小さく，モデルの説明力が高かったため取り上げたものである．倒産確率の回帰係数は2008年度にプラスとなったが，それ以前は1997年度を除きマイナスの領域で推移していた．近年，世界的に信用リスクが意識されるなかで，足元はその資本コストがプラスとなったことは注目できるが，ヒストリカルでは安定していないことは注意したい．

しかし，これらの変数を加えたモデルは，個々の変数は統計的な有意性が見られないものも多かった．しかし$T=3, 12, 18$とOUモデルの4つのいずれのパターンにおいても，市場ベータのみの単回帰である「モデル1：Beta」や，「モデル2：Beta/Size/BM」と比べて，「モデル3：19変数」の自由度調整済み決定係数が高い．資本コストの推計に関しては，これらの変数を考慮する必要性が指摘できる．

5.3 頑健性の検証

前節では，全期間13年（1997年度〜2009年度）の平均で資本コストとその要因の傾向を検討したが，本節では結果の頑健性を見るため13年を2期間に分

表 1-6(a) 頑健性の検証結果（前半8年：1997年度～2004年度）

資本コスト（$T=3$）

		切片	β	ln (ME)	ln (BM)	Accrual Quality	Persist ence	Predict ability	Smooth ness	Relev ance	Timeli ness	Conserva tism	σ (CFO)	σ (sales)	Oper Cycle	Neg Earn	Int_Inte nsity	Int_ Dummy	Cap_Int ensity	abs (MFE)	EDP	adjR²
	予想される符号		+	−	+	+	+	+	+	+	+	+	+	+	+	+	+	−	+	+	+	
モデル1: Beta	回帰係数の平均値	0.021	-0.002																			0.022
	プラス有意比率(片側5%)	100%	13%																			
	マイナス有意比率(片側5%)	0%	25%																			
	合計	100%	38%																			
	プラス有意比率(片側10%)	100%	13%																			
	マイナス有意比率(片側10%)	0%	25%																			
	合計	100%	38%																			
モデル2: Beta/ Size/ BM	回帰係数の平均値	0.025	-0.002	0.000	0.019																	0.446
	プラス有意比率(片側5%)	88%	25%	25%	100%																	
	マイナス有意比率(片側5%)	0%	75%	38%	0%																	
	合計	88%	100%	63%	100%																	
	プラス有意比率(片側10%)	100%	25%	38%	100%																	
	マイナス有意比率(片側10%)	0%	75%	38%	0%																	
	合計	100%	100%	75%	100%																	
モデル3: 19変数	回帰係数の平均値	0.059	-0.001	0.000	0.020	0.080	0.000	-0.124	-0.002	-0.001	-0.001	0.000	-0.036	-0.008	-0.006	-0.001	0.054	0.000	-0.003	0.006	-0.003	0.509
	プラス有意比率(片側5%)	88%	25%	25%	100%	63%	13%	0%	0%	0%	13%	0%	0%	0%	0%	13%	75%	25%	25%	50%	0%	
	マイナス有意比率(片側5%)	0%	38%	50%	0%	0%	0%	13%	0%	13%	0%	38%	25%	100%	38%	0%	25%	75%	0%	0%	0%	
	合計	88%	63%	75%	100%	63%	13%	13%	0%	13%	13%	38%	25%	100%	38%	13%	100%	100%	25%	50%	0%	
	プラス有意比率(片側10%)	88%	25%	25%	100%	63%	13%	0%	0%	13%	13%	0%	13%	0%	0%	25%	75%	25%	25%	50%	0%	
	マイナス有意比率(片側10%)	0%	50%	63%	0%	0%	13%	25%	25%	13%	25%	50%	38%	100%	50%	0%	25%	75%	0%	0%	25%	
	合計	88%	75%	88%	100%	63%	25%	25%	13%	25%	38%	50%	50%	100%	50%	25%	100%	100%	25%	50%	25%	

資本コスト（$T=12$）

		切片	β	ln (ME)	ln (BM)	Accrual Quality	Persist ence	Predict ability	Smooth ness	Relev ance	Timeli ness	Conserva tism	σ (CFO)	σ (sales)	Oper Cycle	Neg Earn	Int_Inte nsity	Int_ Dummy	Cap_Int ensity	abs (MFE)	EDP	adjR²
	予想される符号		+	−	+	+	+	+	+	+	+	+	+	+	+	+	+	−	+	+	+	
モデル1: Beta	回帰係数の平均値	0.023	-0.002																			0.017
	プラス有意比率(片側5%)	100%	0%																			
	マイナス有意比率(片側5%)	0%	50%																			
	合計	100%	50%																			
	プラス有意比率(片側10%)	100%	13%																			
	マイナス有意比率(片側10%)	0%	50%																			
	合計	100%	63%																			
モデル2: Beta/ Size/ BM	回帰係数の平均値	0.027	-0.003	0.000	0.013																	0.352
	プラス有意比率(片側5%)	100%	0%	25%	100%																	
	マイナス有意比率(片側5%)	0%	75%	25%	0%																	
	合計	100%	75%	50%	100%																	
	プラス有意比率(片側10%)	100%	0%	25%	100%																	
	マイナス有意比率(片側10%)	0%	75%	50%	0%																	
	合計	100%	75%	75%	100%																	
モデル3: 19変数	回帰係数の平均値	0.066	-0.001	0.000	0.014	0.073	-0.001	-0.033	-0.002	-0.001	-0.001	0.000	-0.041	-0.007	-0.007	-0.005	0.057	0.000	-0.006	0.006	0.001	0.444
	プラス有意比率(片側5%)	100%	13%	25%	100%	50%	0%	0%	0%	0%	0%	0%	0%	0%	0%	0%	75%	25%	25%	50%	0%	
	マイナス有意比率(片側5%)	0%	38%	50%	0%	0%	38%	0%	13%	13%	13%	0%	50%	13%	100%	75%	0%	13%	63%	0%	0%	
	合計	100%	50%	75%	100%	50%	38%	0%	13%	13%	13%	0%	50%	13%	100%	75%	75%	38%	88%	50%	0%	
	プラス有意比率(片側10%)	100%	25%	25%	100%	63%	13%	13%	0%	0%	13%	0%	0%	0%	0%	13%	75%	38%	25%	50%	0%	
	マイナス有意比率(片側10%)	0%	38%	63%	0%	0%	50%	13%	25%	13%	25%	25%	50%	25%	100%	75%	0%	25%	75%	0%	0%	
	合計	100%	63%	88%	100%	63%	63%	25%	25%	13%	25%	25%	50%	25%	100%	88%	75%	63%	100%	50%	0%	

1 資本コストの決定要因と投資戦略への応用可能性　57

資本コスト（$T=18$）

		切片	β	ln (ME)	ln (BM)	Accrual Quality	Persist ence	Predict ability	Smooth ness	Relev ance	Timeli ness	Conserva tism	σ (CFO)	σ (sales)	Oper Cycle	Neg Earn	Int_Int nsity	Int_Int Dummy	Cap_Int ensity	abs (MFE)	EDP	adjR^2
	予想される符号		+	−	+	+	+	+	+	+	+	+	+	+	+	+	+	+	−	+	+	
モデル1: Beta	回帰係数の平均値	0.024	-0.002																			0.012
	プラス有意比率(片側5%)	100%	0%																			
	マイナス有意比率(片側5%)	0%	38%																			
	合計	100%	38%																			
	プラス有意比率(片側10%)	100%	0%																			
	マイナス有意比率(片側10%)	0%	50%																			
	合計	100%	50%																			
モデル2: Beta/ Size/ BM	回帰係数の平均値	0.029	-0.003	0.000	0.010																	0.267
	プラス有意比率(片側5%)	100%	0%	13%	100%																	
	マイナス有意比率(片側5%)	0%	75%	38%	0%																	
	合計	100%	75%	50%	100%																	
	プラス有意比率(片側10%)	100%	0%	25%	100%																	
	マイナス有意比率(片側10%)	0%	75%	38%	0%																	
	合計	100%	75%	63%	100%																	
モデル3: 19変数	回帰係数の平均値	0.069	-0.001	-0.001	0.011	0.065	-0.002	0.025	-0.003	-0.002	-0.001	0.000	-0.045	-0.006	-0.008	-0.006	0.056	0.000	-0.008	0.007	0.003	0.377
	プラス有意比率(片側5%)	100%	0%	13%	100%	50%	0%	13%	0%	0%	0%	0%	13%	0%	0%	0%	75%	38%	13%	50%	0%	
	マイナス有意比率(片側5%)	0%	50%	63%	0%	0%	50%	0%	25%	25%	13%	0%	50%	0%	100%	75%	0%	25%	63%	63%	0%	
	合計	100%	50%	75%	100%	50%	50%	13%	25%	25%	13%	0%	63%	0%	100%	75%	75%	63%	75%	50%	0%	
	プラス有意比率(片側10%)	100%	13%	25%	100%	63%	13%	13%	0%	0%	0%	13%	0%	0%	0%	0%	75%	38%	25%	63%	38%	
	マイナス有意比率(片側10%)	0%	50%	63%	0%	0%	63%	13%	25%	25%	13%	25%	50%	25%	100%	75%	0%	25%	63%	0%	0%	
	合計	100%	63%	88%	100%	63%	75%	25%	25%	25%	13%	38%	50%	25%	100%	75%	75%	63%	88%	63%	38%	

資本コスト（OUモデル）

		切片	β	ln (ME)	ln (BM)	Accrual Quality	Persist ence	Predict ability	Smooth ness	Relev ance	Timeli ness	Conserva tism	σ (CFO)	σ (sales)	Oper Cycle	Neg Earn	Int_Int nsity	Int_Int Dummy	Cap_Int ensity	abs (MFE)	EDP	adjR^2
	予想される符号		+	−	+	+	+	+	+	+	+	+	+	+	+	+	+	+	−	+	+	
モデル1: Beta	回帰係数の平均値	-0.021	0.119																			0.072
	プラス有意比率(片側5%)	25%	100%																			
	マイナス有意比率(片側5%)	38%	0%																			
	合計	63%	100%																			
	プラス有意比率(片側10%)	25%	100%																			
	マイナス有意比率(片側10%)	38%	0%																			
	合計	63%	100%																			
モデル2: Beta/ Size/ BM	回帰係数の平均値	0.403	0.083	-0.036	-0.036																	0.128
	プラス有意比率(片側5%)	88%	100%	0%	0%																	
	マイナス有意比率(片側5%)	0%	0%	100%	63%																	
	合計	88%	100%	100%	63%																	
	プラス有意比率(片側10%)	100%	100%	0%	0%																	
	マイナス有意比率(片側10%)	0%	0%	100%	63%																	
	合計	100%	100%	100%	63%																	
モデル3: 19変数	回帰係数の平均値	0.105	0.005	-0.009	-0.002	0.612	0.013	-3.661	-0.036	-0.006	0.007	0.000	-0.449	0.017	0.010	0.373	0.270	-0.001	-0.005	0.375	0.003	0.355
	プラス有意比率(片側5%)	13%	0%	0%	38%	25%	25%	0%	0%	0%	0%	0%	0%	13%	0%	100%	50%	13%	0%	100%	25%	
	マイナス有意比率(片側5%)	0%	25%	50%	13%	0%	0%	63%	13%	13%	13%	0%	13%	0%	0%	0%	0%	13%	0%	0%	38%	
	合計	13%	25%	50%	50%	25%	25%	63%	13%	13%	13%	0%	13%	13%	0%	100%	50%	25%	0%	100%	63%	
	プラス有意比率(片側10%)	25%	13%	0%	38%	38%	38%	0%	13%	25%	13%	0%	0%	25%	0%	100%	50%	25%	0%	100%	25%	
	マイナス有意比率(片側10%)	0%	25%	63%	25%	0%	0%	63%	25%	13%	13%	13%	25%	0%	0%	0%	0%	13%	0%	0%	38%	
	合計	25%	38%	63%	63%	38%	38%	63%	38%	38%	25%	13%	25%	25%	0%	100%	50%	38%	0%	100%	63%	

対象期間8年間のうち5，10％の水準の片側t検定でプラス，マイナスに有意であった年の割合を表示した．
とくに，予想される符号で有意であった割合を太字にした．

表 1-6(b)　頑健性の検証結果（後半 5 年：2005 年度〜2009 年度）

資本コスト（$T=3$）

		切片	β	ln (ME)	ln (BM)	Accrual Quality	Persist ence	Predict ability	Smooth ness	Relev ance	Timeli ness	Conserva tism	σ (CFO)	σ (sales)	Oper Cycle	Neg Earn	Int_Inte nsity	Int_ Dummy	Cap_Int ensity	abs (MFE)	EDP	adjR²
	予想される符号		+	−	+	+	+	+	+	+	+	+	+	+	+	+	+	+	−	+	+	+	
モデル1: Beta	回帰係数の平均値	0.045	-0.003																			0.028
	プラス有意比率(片側5%)	100%	20%																			
	マイナス有意比率(片側5%)	0%	40%																			
	合計	100%	60%																			
	プラス有意比率(片側10%)	100%	20%																			
	マイナス有意比率(片側10%)	0%	40%																			
	合計	100%	60%																			
モデル2: Beta/Size/BM	回帰係数の平均値	0.041	0.003	0.000	0.039																	0.610
	プラス有意比率(片側5%)	100%	60%	20%	100%																	
	マイナス有意比率(片側5%)	0%	20%	0%	0%																	
	合計	100%	80%	20%	100%																	
	プラス有意比率(片側10%)	100%	60%	40%	100%																	
	マイナス有意比率(片側10%)	0%	20%	0%	0%																	
	合計	100%	80%	40%	100%																	
モデル3: 19変数	回帰係数の平均値	0.058	0.004	0.000	0.041	0.005	-0.002	-0.012	0.002	-0.001	0.000	0.000	0.008	0.019	-0.004	-0.004	0.068	0.005	0.017	0.001	-0.004	0.643
	プラス有意比率(片側5%)	100%	80%	0%	100%	20%	0%	0%	0%	0%	0%	0%	0%	40%	0%	0%	100%	60%	100%	20%	0%	
	マイナス有意比率(片側5%)	0%	0%	20%	0%	0%	0%	20%	0%	0%	0%	40%	0%	0%	80%	20%	0%	0%	0%	0%	20%	
	合計	100%	80%	20%	100%	20%	0%	20%	0%	0%	0%	40%	0%	40%	80%	20%	100%	60%	100%	20%	20%	
	プラス有意比率(片側10%)	100%	80%	0%	100%	20%	0%	0%	20%	0%	0%	0%	0%	80%	0%	0%	100%	100%	100%	40%	0%	
	マイナス有意比率(片側10%)	0%	0%	20%	0%	20%	20%	20%	0%	0%	0%	40%	0%	0%	80%	40%	0%	0%	0%	20%	40%	
	合計	100%	80%	20%	100%	40%	20%	20%	20%	0%	0%	40%	0%	80%	80%	40%	100%	100%	100%	60%	40%	

資本コスト（$T=12$）

		切片	β	ln (ME)	ln (BM)	Accrual Quality	Persist ence	Predict ability	Smooth ness	Relev ance	Timeli ness	Conserva tism	σ (CFO)	σ (sales)	Oper Cycle	Neg Earn	Int_Inte nsity	Int_ Dummy	Cap_Int ensity	abs (MFE)	EDP	adjR²
	予想される符号		+	−	+	+	+	+	+	+	+	+	+	+	+	+	+	+	−	+	+	+	
モデル1: Beta	回帰係数の平均値	0.042	0.001																			0.020
	プラス有意比率(片側5%)	100%	40%																			
	マイナス有意比率(片側5%)	0%	40%																			
	合計	100%	80%																			
	プラス有意比率(片側10%)	100%	40%																			
	マイナス有意比率(片側10%)	0%	40%																			
	合計	100%	80%																			
モデル2: Beta/Size/BM	回帰係数の平均値	0.036	0.005	0.000	0.023																	0.399
	プラス有意比率(片側5%)	100%	80%	40%	100%																	
	マイナス有意比率(片側5%)	0%	0%	0%	0%																	
	合計	100%	80%	40%	100%																	
	プラス有意比率(片側10%)	100%	80%	40%	100%																	
	マイナス有意比率(片側10%)	0%	0%	20%	0%																	
	合計	100%	80%	60%	100%																	
モデル3: 19変数	回帰係数の平均値	0.052	0.004	0.000	0.025	-0.025	-0.003	0.000	0.004	-0.002	0.000	0.000	0.015	0.028	-0.004	-0.011	0.046	0.004	0.012	0.001	0.001	0.467
	プラス有意比率(片側5%)	100%	80%	20%	100%	0%	0%	0%	20%	0%	0%	0%	0%	100%	0%	0%	60%	60%	80%	40%	20%	
	マイナス有意比率(片側5%)	0%	0%	40%	0%	20%	40%	0%	0%	0%	40%	0%	0%	0%	80%	100%	0%	0%	0%	0%	20%	
	合計	100%	80%	60%	100%	20%	40%	0%	20%	0%	40%	0%	0%	100%	80%	100%	60%	60%	80%	40%	40%	
	プラス有意比率(片側10%)	100%	80%	20%	100%	20%	0%	20%	20%	0%	0%	0%	0%	100%	0%	0%	100%	100%	80%	40%	40%	
	マイナス有意比率(片側10%)	0%	0%	40%	0%	40%	60%	0%	0%	0%	60%	0%	0%	0%	100%	100%	0%	0%	0%	40%	20%	
	合計	100%	80%	60%	100%	40%	60%	20%	20%	0%	60%	0%	0%	100%	100%	100%	100%	100%	80%	80%	60%	

1 資本コストの決定要因と投資戦略への応用可能性

資本コスト（T=18）

		切片	β	ln (ME)	ln (BM)	Accrual Quality	Persist ence	Predict ability	Smooth ness	Relev ance	Timeli ness	Conserva tim	σ (CFO)	σ (sales)	Oper Cycle	Neg Earn	Int_Inte nsity	Int_ Dummy	Cap_Int ensity	abs (MFE)	EDP	adj.R²
	予想される符号		+	−	+	+	+	+	+	+	+	+	+	+	+	+	+	−	+	+	+	
モデル1: Beta	回帰係数の平均値	0.040	0.003																			0.022
	プラス有意比率(片側5%)	100%	40%																			
	マイナス有意比率(片側5%)	0%	20%																			
	合計	100%	60%																			
	プラス有意比率(片側10%)	100%	40%																			
	マイナス有意比率(片側10%)	0%	20%																			
	合計	100%	60%																			
モデル2: Beta/ Size/ BM	回帰係数の平均値	0.035	0.005	0.000	0.016																		0.247
	プラス有意比率(片側5%)	100%	80%	40%	100%																		
	マイナス有意比率(片側5%)	0%	0%	20%	0%																		
	合計	100%	80%	60%	100%																		
	プラス有意比率(片側10%)	100%	80%	40%	100%																		
	マイナス有意比率(片側10%)	0%	0%	20%	0%																		
	合計	100%	80%	60%	100%																		
モデル3: 19変数	回帰係数の平均値	0.050	0.005	0.000	0.017	−0.036	−0.003	0.001	0.005	−0.002	0.000	0.000	0.021	0.034	−0.004	−0.014	0.037	0.003	0.011	0.002	0.003	0.343
	プラス有意比率(片側5%)	100%	80%	20%	100%	0%	0%	0%	20%	0%	0%	0%	100%	0%	0%	40%	40%	80%	40%	40%		
	マイナス有意比率(片側5%)	0%	0%	40%	0%	20%	80%	0%	0%	20%	0%	20%	0%	80%	100%	0%	0%	0%	0%	0%		
	合計	100%	80%	60%	100%	20%	80%	0%	20%	20%	0%	20%	100%	80%	100%	40%	40%	80%	40%	40%		
	プラス有意比率(片側10%)	100%	80%	20%	100%	0%	0%	40%	20%	0%	20%	0%	100%	0%	0%	40%	60%	80%	40%	40%		
	マイナス有意比率(片側10%)	0%	0%	40%	0%	20%	80%	0%	0%	20%	0%	20%	0%	80%	100%	0%	0%	0%	0%	0%		
	合計	100%	80%	60%	100%	20%	80%	40%	20%	20%	20%	20%	100%	80%	100%	40%	60%	80%	40%	40%		

資本コスト（OUモデル）

		切片	β	ln (ME)	ln (BM)	Accrual Quality	Persist ence	Predict ability	Smooth ness	Relev ance	Timeli ness	Conserva tim	σ (CFO)	σ (sales)	Oper Cycle	Neg Earn	Int_Inte nsity	Int_ Dummy	Cap_Int ensity	abs (MFE)	EDP	adj.R²
	予想される符号		+	−	+	+	+	+	+	+	+	+	+	+	+	+	+	−	+	+	+	
モデル1: Beta	回帰係数の平均値	0.024	0.052																			0.027
	プラス有意比率(片側5%)	60%	100%																			
	マイナス有意比率(片側5%)	0%	0%																			
	合計	60%	100%																			
	プラス有意比率(片側10%)	100%	100%																			
	マイナス有意比率(片側10%)	0%	0%																			
	合計	100%	100%																			
モデル2: Beta/ Size/ BM	回帰係数の平均値	0.322	0.046	−0.026	−0.022																		0.093
	プラス有意比率(片側5%)	100%	100%	0%	0%																		
	マイナス有意比率(片側5%)	0%	0%	100%	40%																		
	合計	100%	100%	100%	40%																		
	プラス有意比率(片側10%)	100%	100%	0%	0%																		
	マイナス有意比率(片側10%)	0%	0%	100%	60%																		
	合計	100%	100%	100%	60%																		
モデル3: 19変数	回帰係数の平均値	0.121	0.002	−0.004	−0.006	0.283	0.026	−3.558	0.012	−0.003	0.008	0.000	0.001	0.018	−0.008	0.442	0.392	−0.012	−0.008	0.214	0.115	0.348
	プラス有意比率(片側5%)	60%	0%	0%	0%	60%	0%	0%	0%	0%	0%	0%	0%	0%	0%	100%	80%	0%	0%	100%	40%	
	マイナス有意比率(片側5%)	0%	20%	20%	20%	0%	0%	100%	0%	0%	0%	0%	0%	0%	0%	0%	20%	0%	0%	0%	0%	
	合計	60%	20%	20%	20%	60%	0%	100%	0%	0%	0%	0%	0%	0%	0%	100%	80%	20%	0%	100%	40%	
	プラス有意比率(片側10%)	100%	20%	0%	0%	60%	0%	0%	0%	0%	0%	0%	0%	0%	0%	100%	80%	0%	0%	100%	40%	
	マイナス有意比率(片側10%)	0%	20%	40%	20%	0%	0%	100%	0%	0%	0%	0%	0%	0%	20%	0%	40%	0%	0%	0%	0%	
	合計	100%	40%	40%	20%	60%	0%	100%	0%	0%	0%	0%	0%	0%	20%	100%	80%	0%	0%	100%	40%	

対象期間5年間のうち5，10%の水準の片側 t 検定でプラス，マイナスに有意であった年の割合を表示した．とくに，予想される符号で有意であった割合を太字にした．

けて，前半 8 年（1997 年度～2004 年度）と後半 5 年（2005 年度～2009 年度）でそれぞれ平均した結果を表 1-6 に示した．期間を 2 つに分けた場合でも，全期間と同様の分析結果となるかを調べた．

ここでは 7 つの会計利益の質と資本コストの関係に関して，すべての変数を説明変数として加えた「モデル 3：19 変数」で観察した．*Accrual Quality* は，4 通りの TV の設定別の EBO モデルを用いて推計した内在する資本コストのうち，前半の 8 年間はいずれも回帰係数はプラスであった．一方で後半の 5 年間は全期間と同様，$T=3$，OU モデルでプラスとなった．また，5％のプラス有意比率は小さく，近年においてとくに会計発生高の質が悪い（情報の質が悪い）ほど資本コストが高まる傾向は見られなかった．*Persistence*（持続性）は，前半，後半といった期間ごとの傾向は全期間と変わらず，OU モデルを除き回帰係数の符号がマイナスとなった．前年と当年を比較した利益の持続性が高い企業やその説明力が高い企業の資本コストは高い傾向が見られた．ただ，OU モデルでは，5％のプラス有意比率が 25％から 60％に上昇しており，統計的な有意性が高まっている可能性がある．その他，*Predictability*（予測可能性），*Value Relevance*（価値関連性），*Timeliness*（適時性），*Conservatism*（保守性）に関しても *Persistence* 同様，回帰係数の符号に関して分析期間による違いは見られなかった．*Smoothness*（平準化）は，前半では，すべての資本コストで回帰係数の符号がマイナスであったが，後半はすべて符号がプラスとなった．統計的な有意性は高くないが，わが国においても，近年は利益の平準化の程度が小さい（情報の質が悪い）ほど資本コストが高いことが示唆される．

そして，自由度調整済み決定係数（$\mathrm{adj}R^2$）の点に関しても，前半 8 年間と後半 5 年間は，全期間と同様の傾向となった．$T=3, 12, 18$ と OU モデルの 4 つのすべてのパターンで，19 変数を使ったモデル 3 の自由度調整済み決定係数（$\mathrm{adj}R^2$）が大きかった．資本コストの推計のモデル化では，会計情報の質や倒産リスクなどを変数に加える有用性が，ある程度は認められたと考える．

以上の分析結果から，本稿で設定した「我が国でも情報の質が資本コストに与える影響が大きい」との仮説に関して以下で検討した．13 年間の検証では，経営者予想の精度以外の情報の質に関する変数は資本コストに有意とはいえない結果が見られた．しかし自由度調整済み決定係数からモデル全体の説明力は，

シンプルなCAPMをベースとしたモデルや，時価総額の対数と簿価時価比率の対数を加えた3ファクターモデルより有効性が高かった．そして近年である過去5年の検証では，情報の質に関する変数では統計的な有意性が確認されるものも増えたことは留意したい．

5.4 AICで選別した変数の変遷

これまでの分析に関して「モデル3：19変数」では表1-1で示した20変数から$Assets$を除いた19変数と資本コストとの関連性を分析した．19変数の中には13年の分析期間の中で予想された符号が5％の有意水準で支持される年数が少なく，統計的に資本コストとの関連性が乏しい変数もあった．ただ「モデル1：Beta」や，「モデル2：Beta/Size/BM」と比べると，「モデル3：19変数」の自由度調整済み決定係数がもっとも高かったことから，倒産リスクも含めた情報の質に関する変数を加えた場合のモデルの説明力が高いと考えた．

さらに追加的な分析として，ここではAIC（Akaike's information criteria）を用いて変数の選択を検討した．年度ごとに総当り法ですべての説明変数の組み合わせで回帰分析を行い，AICがもっとも高い変数の組み合わせを観察した[32]．

そして，AICがもっとも高い変数に関して，時系列での違いを検討するため3時点である1997年度，2004年度，2009年度における結果を表1-7で示した．

表1-7(a)　AICで選別した変数の結果（1997年度）

		切片	β	ln (ME)	ln (BM)	Accrual Quality	Persist ence	Predict ability	Smooth ness	Relev ance	Timeli ness	Conserva tism	σ (CFO)	σ (sales)	Oper Cycle	Neg Earn	Int_Inte nsity	Int Dummy	Cap_Int ensity	abs (MFE)	EDP	adjR²	AIC
	予想される符号		+	−	+	+	+	+	+	+	+	+	+	+	+	+	+		+	+	+		
T=3	回帰係数	0.062	−0.006	−0.001	0.023	0.218	0.004						−0.096	−0.017	−0.002	−0.008	0.048	0.002	−0.013			0.655	−4857.6
	p値	0.000	0.000	0.003	0.000	0.001	0.017						0.004	0.019	0.027	0.002	0.016	0.055	0.001				
T=12	回帰係数	0.057	−0.005	−0.001	0.018	0.186	0.003						−0.074	−0.012	−0.003	−0.010	0.053	0.002	−0.015			0.616	−5016.9
	p値	0.000	0.000	0.011	0.000	0.001	0.020						0.009	0.055	0.002	0.000	0.002	0.053	0.000				
T=18	回帰係数	0.055	−0.004	−0.001	0.015	0.176	0.003						−0.062	−0.010	−0.003	−0.011	0.053	0.002	−0.017			0.550	−5025.0
	p値	0.000	0.001	0.033	0.000	0.001	0.034						0.027	0.113	0.001	0.000	0.002	0.077	0.010				
OUモデル	回帰係数	0.148		−0.010	0.017			−2.925		−0.034	0.021				0.086	0.376	0.017			0.644	−0.055	0.241	−2632.7
	p値	0.000		0.004	0.038			0.002		0.048	0.099				0.003	0.028	0.054			0.000	0.014		

p値は回帰係数=0を仮定した場合の両側t検定

---

[32] それぞれに関して，$2^{19}-1=524287$個の変数の組み合わせパターンの中で，もっともAICが小さいモデルを選別．

表 1-7(b)　AIC で選別した変数の結果（2004 年度）

	切片	β	ln(ME)	ln(BM)	Accrual Quality	Persistence	Predictability	Smoothness	Relevance	Timeliness	Conservatism	σ(CFO)	σ(sales)	Oper Cycle	Neg Earn	Int_Intensity	Int_Dummy	Cap_Intensity	abs(MFE)	EDP	adjR²	AIC
予想される符号	+	−	+	+	+	+	+	+	+	+	+	−	−	−	−	−	−	−	−	+		
T=3 回帰係数	0.078	−0.002		0.021		−0.002	−0.182							−0.010	0.080			0.004			0.476	−6842.6
p値	0.000	0.028		0.000		0.087	0.007							0.000	0.000			0.078				
T=12 回帰係数	0.085			0.013	−0.005					−0.050				−0.011	−0.010	0.059	−0.006		0.008		0.287	−6807.9
p値	0.000			0.000	0.000					0.065				0.000	0.001	0.000	0.122		0.002			
T=18 回帰係数	0.081			0.008	−0.006					−0.044				−0.010	−0.011	0.050			0.011		0.198	−6753.4
p値	0.000			0.000	0.000					0.114				0.000	0.000	0.001			0.000			
OUモデル 回帰係数	0.049	−0.017		0.023	0.882	0.039	−4.294	0.045			−0.029		0.354	0.359				0.094	0.195		0.304	−3484.4
p値	0.001	0.068		0.006	0.056	0.001	0.000	0.135			0.026		0.000	0.006				0.000	0.000			

p 値は回帰係数＝0 を仮定した場合の両側 t 検定

表 1-7(c)　AIC で選別した変数の結果（2009 年度）

	切片	β	ln(ME)	ln(BM)	Accrual Quality	Persistence	Predictability	Smoothness	Relevance	Timeliness	Conservatism	σ(CFO)	σ(sales)	Oper Cycle	Neg Earn	Int_Intensity	Int_Dummy	Cap_Intensity	abs(MFE)	EDP	adjR²	AIC
予想される符号	+	−	+	+	+	+	+	+	+	+	+	−	−	−	−	−	−	−	−	+		
T=3 回帰係数	0.059	0.004		0.050	0.150							0.016	−0.004	−0.009				0.017	0.007		0.709	−6896.3
p値	0.000	0.013		0.000	0.025							0.075	0.000	0.052				0.001	0.033			
T=12 回帰係数	0.060	0.004	−0.001	0.028	0.095			−0.003				0.028	−0.003	−0.020				0.014	0.006	0.008	0.574	−7253.0
p値	0.000	0.003	0.099	0.000	0.087			0.044				0.000	0.002	0.000				0.001	0.025	0.047		
T=18 回帰係数	0.060	0.005	−0.001	0.019				−0.003				0.036	−0.003	−0.024				0.013	0.008	0.008	0.450	−7254.0
p値	0.000	0.000	0.029	0.000				0.027				0.000	0.007	0.000				0.002	0.005	0.039		
OUモデル 回帰係数	0.059						−3.830					0.118	0.491					0.088			0.301	−3621.5
p値	0.000						0.056					0.000	0.000					0.000				

p 値は回帰係数＝0 を仮定した場合の両側 t 検定

それぞれ，12 年前，5 年前，足元の 3 時点である．3 時点のすべてで *Conservatism* は変数として説明力が弱い傾向が見られた．近年は我が国でも会計情報の保守性が注目されているなかで，資本コストとの関係が小さいことは意外である．近年は，会計情報の国際化などの流れもあるため，保守性などの変数の計量化が難しいのかもしれない．それ以外では，1997 年度では *Smoothness* が，2004 年度では，時価総額の対数，*Value Relevance*，σ(*sales*)，*Int_Dummy* が，2009 年度では *Persistence*，*Smoothness*，*Timeliness*，σ(*CFO*)，*Int_Intensity*，*Int_Dummy* の説明力が弱い傾向であった．

6　内在する資本コストを利用した妥当株価と実際の株価の検証

6.1　比較とした手法

本節は，資本コストの推計に関して，表 1-1 で示した 20 変数から *Assets* を

除いた19変数を用いて個別銘柄の妥当な資本コストを推計してEBOモデルに適用することで,妥当株価の推計を行った.本稿の目的の1つはこの妥当株価を使った投資戦略を考案するものである.その前提として,妥当株価がどの程度,市場価格を説明するか,分析した.実際の検証には妥当株価に対して,市場価格で除したV/Pレシオを用いた.

資本コストの推計に関しては,(16)式である「モデル3：19変数」を使って内在する超過資本コスト[33]を被説明変数とした.一方,19指標を説明変数として,回帰分析を行い,個別銘柄において,その回帰モデルから求めた期待値[34]にリスクフリーレートを合算した.こうして求めた資本コストをEBOモデルに適用することで妥当株価を求めた.比較のために「モデル1：Beta」や「モデル2：Beta/Size/BM」により資本コストの推計を行い算出した妥当株価も分析した.さらに,ヒストリカルアプローチによる推計資本コストをEBOモデルに適用して求めた妥当株価も比較した.分析に用いたCAPM, Fama-French3ファクターモデルを使ったヒストリカルアプローチによる資本コストの算出方法を以下に示した.

CAPMを用いたヒストリカルアプローチでは(18)式に示すように,市場リターン(R_m)からリスクフリーレート(R_f)を引いたリスクプレミアムを用いて資本コストを推計した.市場リターンはTOPIXの月次リターンを用いた.算出の詳細は付録に示した.

$$R_{i,s} - r_{f,s} = \alpha_i + \beta_i(R_{m,s} - r_{f,s}) + \epsilon_{i,s} \tag{18}$$

$R_{i,s}$：i銘柄のs期月次リターン,　$R_{m,s}$：s期の市場月次リターン

$r_{f,s}$：s期の月次リスクフリーレート,　α_i：i銘柄の切片項

β_i：i銘柄の市場超過リターンの回帰係数,　$\epsilon_{i,s}$：i銘柄の残差項

一方,Fama-Frenchの3ファクターを用いたヒストリカルアプローチでは,(19)式に示すように,リスクプレミアムファクターに加えて時価総額を基準に求めた規模ファクター(SMB；small minus big),簿価時価比率を基準とした割安性ファクター(HML；high minus low)を用いて市場から見た資本コストを推計した.

---

33) 内在する資本コストからリスクフリーレートを引いた値.
34) (16)式の右辺の残差項を除いた部分.

$$R_{i,s} - r_{f,s} = \alpha_i + \beta_i(R_{m,s} - r_{f,s}) + s_i SMB_s + h_i HML_s + \epsilon_{i,s} \tag{19}$$

$R_{i,s}$：i 銘柄の s 期月次リターン，$R_{m,s}$：s 期の市場月次リターン

$r_{f,s}$：s 期の月次リスクフリーレート，α_i：i 銘柄の切片項

β_i：i 銘柄の市場超過リターンの回帰係数

s_i：i 銘柄の SMB ファクターの回帰係数

h_i：i 銘柄の HML ファクターの回帰係数，$\epsilon_{i,s}$：i 銘柄の残差項

SMB と HML に関しては，Fama and French（1993）を我が国の市場に適用した久保田・竹原（2007）をベースに用いた．同論文ではまず毎年 8 月末時点の東証 1 部上場企業の時価総額と簿価時価比率を，それぞれクロスセクションに捉えて銘柄の閾値を決定した．そして，その閾値をもとに，今度は東証 1 部と東証 2 部企業をユニバースにグルーピングを行った時価加重ポートフォリオのリターンを使って SMB と HML を算出するものである．しかし本研究は，毎年 6 月末時点の東証 1 部上場企業の時価総額と簿価時価比率を基準にグルーピングを行い，同ユニバースの時価総額加重リターンをもとに SMB と HML を計測した．6 月末を基準とした理由は，本研究における年度データの基準を 6 月末としたため，これにそろえる目的からである．

(19) 式の切片項や回帰係数を求めるにあたって，市場リターンは TOPIX の月次リターン，SMB と HML に関しては Fama and French（1993）で示された方法を東証 1 部に置きなおして算出した．具体的には，毎年 6 月末時点の時価総額と株主資本の簿価時価比率を基準に分位ポートフォリオを作成し，それぞれのポートフォリオの 6 月末時点時価総額加重平均月次リターンを計測した[35]．

そして，市場超過リターン，SMB，HML の当該月末までの過去 60 ヵ月で時系列回帰分析を行い求めた．期待市場超過リターンは 1965 年から当該月末までの TOPIX 平均超過リターン，また SMB，HML の期待値は回帰係数の推定で使用したものの 1984 年から当該月末までの平均値を (19) 式に代入して資本コストを算出した．なお，超過リターンを算出する際に必要なリスクフリーレー

---

35) 加重した時価総額は TOPIX 算出に用いられる時価総額とした．これは運用実務を視野にいれたシミュレーションであるからである．以下，加重する時価総額はすべて同時価総額とした．

トは 10 年国債の利回りを用いた．

　これらのヒストリカルアプローチによる妥当資本コスト推計は，3 節の（14）式，（15）式でそれぞれ示した「モデル 1：Beta」，「モデル 2：Beta/Size/BM」に対応するものである．モデル 1，2 では被説明変数を内在する超過資本コストとして分析を行ったが，比較のために過去の株式リターンから推計した資本コストも分析に加えたものである．

6.2　妥当株価と実際の株価の検証結果

　妥当資本コストの妥当性について，妥当資本コストから推計した妥当株価と実際の株価の差を（20）式で捉えた．これは推計した妥当株価と実際の株価の差の絶対値を実際の株価で除したものを期間ごとにクロスセクションで単純平均したものと同じものである．すなわち，内在する資本コストの説明力が高ければ，それに基づく妥当株価は実際の株価に近づき，V/P レシオは 1 に近くなる．この（20）式の値が大きいと妥当株価と実際の株価の差が大きいことを示す．なお，妥当株に関して，分析ユニバースで 95% で丸める異常値処理を行った後に（20）式を適用した．

$$\frac{1}{N_t}\sum_{i=1}^{N_t}\left|\frac{V_{i,t}}{P_{i,t}}-1\right| \tag{20}$$

　$V_{i,t}$：i 銘柄の t 期末時点での妥当資本コストによる妥当株主資本価値
　$P_{i,t}$：i 銘柄の t 期末時点での発行済時価総額
　N_t：t 期末時点での分析ユニバース数

　TV の設定別の 4 通りの内在する資本コストのうち，各資本コストに対する当てはまりを比較するために，（20）式による妥当株価と実際の株価の差に関する検証結果を表 1-8 で示した．表 1-8 の平均値は（20）式をクロスセクションで集計したものである．そして，その平均 = 0 を帰無仮説とした場合の t 値を示した．なお（20）式はクロスセクションの平均値を示すものだが，この標準偏差と中央値も示した．全期間平均はこれらをヒストリカルに平均したものである[36]．

　まず，$T=3, 12, 18$ においては，ヒストリカルアプローチによる妥当株価と実際の株価の差はモデル 1-3 と比べて大きく，モデル 1-3 の中では「モデル

表 1-8(a)　妥当株価と実際の株価の差（$T=3$）

	CAPM				FF3				モデル1：Beta				モデル2：Beta/Size/BM				モデル3：19変数			
【$T=3$】	平均値	t値	標準偏差	中央値	平均値	t値	標準偏差	中央値	平均値	t値	標準偏差	中央値	平均値	t値	標準偏差	中央値	平均値	t値	標準偏差	中央値
1997	0.86	47.69	0.41	0.86	0.85	114.53	0.17	0.91	0.41	30.12	0.31	0.34	0.24	29.52	0.18	0.19	0.22	28.92	0.17	0.17
1998	0.78	77.25	0.23	0.87	0.85	119.54	0.17	0.91	0.42	35.44	0.27	0.37	0.28	29.74	0.22	0.22	0.27	29.21	0.22	0.21
1999	0.96	40.29	0.61	0.88	0.84	109.17	0.20	0.91	0.47	39.41	0.31	0.43	0.29	34.15	0.22	0.24	0.27	32.55	0.21	0.23
2000	1.04	35.66	0.79	0.87	0.85	133.02	0.17	0.90	0.44	39.19	0.30	0.38	0.28	31.56	0.24	0.20	0.25	29.30	0.23	0.18
2001	0.93	46.68	0.55	0.87	0.85	100.56	0.23	0.89	0.46	35.80	0.35	0.38	0.37	34.65	0.29	0.31	0.37	32.92	0.31	0.30
（年度）2002	0.91	65.02	0.38	0.90	0.88	82.10	0.29	0.90	0.47	36.39	0.35	0.40	0.41	37.12	0.31	0.37	0.40	34.85	0.32	0.34
2003	0.82	115.48	0.19	0.88	0.81	105.67	0.21	0.88	0.39	39.07	0.27	0.35	0.32	38.42	0.23	0.28	0.29	35.69	0.22	0.24
2004	0.85	150.45	0.16	0.90	0.80	104.58	0.21	0.86	0.35	40.00	0.24	0.30	0.27	39.20	0.19	0.23	0.24	37.02	0.18	0.20
2005	0.80	116.62	0.19	0.87	0.77	98.52	0.22	0.85	0.35	39.89	0.24	0.30	0.23	36.91	0.17	0.18	0.21	34.78	0.16	0.16
2006	0.75	96.91	0.22	0.82	0.75	96.07	0.22	0.82	0.33	39.12	0.24	0.29	0.19	34.34	0.16	0.14	0.19	36.90	0.14	0.15
2007	0.97	26.69	1.03	0.71	0.78	42.01	0.53	0.74	0.36	41.33	0.25	0.33	0.26	36.21	0.16	0.16	0.20	38.40	0.15	0.17
2008	0.91	26.55	0.97	0.72	0.70	79.49	0.25	0.77	0.36	37.36	0.27	0.29	0.20	39.18	0.15	0.17	0.20	37.70	0.15	0.17
2009	1.23	19.83	1.78	0.72	0.67	80.66	0.24	0.73	0.35	38.01	0.26	0.30	0.18	39.73	0.13	0.15	0.17	38.07	0.13	0.14
平均	0.91	66.55	0.58	0.84	0.80	97.38	0.24	0.85	0.40	37.78	0.28	0.34	0.27	35.44	0.20	0.22	0.25	34.33	0.20	0.20

t値は平均値＝0を仮定した場合のt値，各年は6月末で評価
平均は各項目の1997年度から2009年度の平均値

表 1-8(b)　妥当株価と実際の株価の差（$T=12$）

	CAPM				FF3				モデル1：Beta				モデル2：Beta/Size/BM				モデル3：19変数			
【$T=12$】	平均値	t値	標準偏差	中央値	平均値	t値	標準偏差	中央値	平均値	t値	標準偏差	中央値	平均値	t値	標準偏差	中央値	平均値	t値	標準偏差	中央値
1997	0.90	50.73	0.40	0.90	0.88	124.60	0.16	0.93	0.39	29.60	0.30	0.32	0.26	28.84	0.20	0.20	0.23	28.82	0.19	0.18
1998	0.82	82.16	0.23	0.91	0.89	132.97	0.16	0.94	0.41	34.80	0.27	0.37	0.28	29.79	0.22	0.23	0.26	30.06	0.21	0.21
1999	1.07	37.19	0.73	0.92	0.88	124.59	0.18	0.95	0.44	38.75	0.29	0.39	0.28	33.15	0.21	0.22	0.26	31.81	0.20	0.20
2000	1.18	32.40	0.98	0.91	0.88	151.51	0.15	0.93	0.40	36.83	0.29	0.33	0.30	32.12	0.25	0.23	0.28	31.33	0.24	0.21
2001	1.01	43.06	0.65	0.91	0.89	100.38	0.24	0.92	0.43	35.13	0.34	0.35	0.38	35.16	0.30	0.32	0.36	32.21	0.31	0.29
（年度）2002	0.97	55.11	0.48	0.92	0.95	61.44	0.43	0.92	0.45	36.47	0.34	0.38	0.43	39.08	0.30	0.37	0.40	35.01	0.31	0.32
2003	0.86	134.00	0.18	0.92	0.85	121.20	0.19	0.92	0.38	37.32	0.28	0.35	0.36	37.12	0.26	0.30	0.30	35.43	0.24	0.25
2004	0.89	172.77	0.14	0.94	0.87	91.90	0.26	0.91	0.34	36.88	0.25	0.28	0.31	35.82	0.24	0.25	0.27	36.08	0.21	0.23
2005	0.85	132.10	0.18	0.91	0.83	111.34	0.21	0.91	0.33	35.90	0.26	0.28	0.27	33.10	0.20	0.20	0.25	33.88	0.20	0.20
2006	0.82	116.79	0.20	0.89	0.82	113.67	0.20	0.89	0.31	36.00	0.23	0.25	0.25	36.21	0.19	0.19	0.23	36.15	0.18	0.19
2007	1.19	24.09	1.40	0.81	0.91	38.64	0.67	0.83	0.34	40.20	0.24	0.30	0.26	39.43	0.19	0.21	0.24	38.52	0.18	0.20
2008	1.06	25.64	1.17	0.82	0.80	96.26	0.24	0.86	0.35	37.09	0.27	0.29	0.25	38.14	0.18	0.20	0.23	38.49	0.17	0.19
2009	1.46	18.84	2.22	0.81	0.76	96.26	0.22	0.83	0.32	39.53	0.23	0.29	0.22	39.88	0.16	0.19	0.20	39.77	0.14	0.18
平均	1.01	71.14	0.69	0.89	0.86	104.98	0.25	0.90	0.38	36.65	0.28	0.32	0.29	35.22	0.23	0.24	0.27	34.43	0.21	0.22

t値は平均値＝0を仮定した場合のt値，各年は6月末で評価
平均は各項目の1997年度から2009年度の平均値

3：19変数」による株価の差がもっとも小さく，株価推計の精度が高いことが示された．ただ，OUモデルでは，妥当株価と実際の株価の差が「モデル3：19

---

36) なお分析サンプルに関しては，年度の期間平均は726社．年度別には，1997年度が516社，1998年度が544社，1999年度が649社，2000年度が731社，2001年度が766社，2002年度が757社，2003年度が753社，2004年度が755社，2005年度が765社，2006年度が784社，2007年度が804社，2008年度が802社，2009年度が818社とした．

表 1-8(c) 妥当株価と実際の株価の差 ($T=18$)

【$T=18$】	CAPM				FF3				モデル1:Beta				モデル2:Beta/Size/BM				モデル3:19変数			
	平均値	t値	標準偏差	中央値	平均値	t値	標準偏差	中央値	平均値	t値	標準偏差	中央値	平均値	t値	標準偏差	中央値	平均値	t値	標準偏差	中央値
1997	0.92	47.54	0.44	0.91	0.89	129.65	0.16	0.94	0.38	30.03	0.29	0.32	0.28	28.73	0.22	0.22	0.26	27.98	0.21	0.20
1998	0.84	82.89	0.24	0.92	0.90	138.86	0.15	0.94	0.40	34.30	0.27	0.37	0.29	29.68	0.23	0.23	0.28	30.76	0.21	0.22
1999	1.14	34.40	0.68	0.91	0.89	134.45	0.17	0.95	0.44	37.44	0.30	0.39	0.29	32.07	0.23	0.23	0.27	32.41	0.22	0.21
2000	1.27	30.62	1.12	0.92	0.89	157.23	0.15	0.94	0.39	35.87	0.29	0.32	0.33	33.04	0.27	0.25	0.31	32.77	0.25	0.23
2001	1.07	39.22	0.75	0.92	0.89	106.07	0.23	0.93	0.43	35.77	0.33	0.36	0.40	35.76	0.31	0.33	0.37	33.09	0.31	0.29
2002	1.01	48.72	0.57	0.92	0.97	58.42	0.46	0.92	0.46	37.46	0.34	0.39	0.45	39.61	0.31	0.38	0.41	35.85	0.31	0.34
2003	0.87	144.97	0.16	0.93	0.86	127.59	0.18	0.93	0.40	35.43	0.31	0.33	0.39	34.72	0.31	0.31	0.33	34.81	0.26	0.27
2004	0.90	185.09	0.13	0.94	0.92	71.54	0.35	0.92	0.36	33.97	0.29	0.28	0.35	34.74	0.27	0.27	0.30	35.61	0.23	0.25
2005	0.86	140.89	0.17	0.92	0.84	117.56	0.20	0.92	0.34	32.80	0.29	0.26	0.31	31.98	0.27	0.23	0.28	33.06	0.23	0.22
2006	0.84	124.47	0.19	0.91	0.87	94.33	0.26	0.91	0.31	37.06	0.23	0.26	0.29	36.96	0.22	0.23	0.27	36.78	0.20	0.23
2007	1.33	22.18	1.70	0.83	0.99	32.66	0.86	0.85	0.34	39.70	0.24	0.30	0.30	38.38	0.22	0.25	0.27	37.89	0.20	0.23
2008	1.15	24.15	1.34	0.85	0.83	104.51	0.23	0.88	0.36	36.99	0.28	0.30	0.28	36.48	0.22	0.22	0.26	36.74	0.20	0.22
2009	1.61	17.89	2.57	0.83	0.78	124.80	0.21	0.85	0.33	39.16	0.24	0.27	0.26	38.19	0.19	0.21	0.23	38.18	0.17	0.20
平均	1.06	72.55	0.79	0.90	0.89	105.82	0.28	0.91	0.38	35.84	0.29	0.32	0.32	34.64	0.25	0.26	0.30	34.30	0.23	0.24

t値は平均値$=0$を仮定した場合のt値,各年は6月末で評価
平均は各項目の1997年度から2009年度の平均値

表 1-8(d) 妥当株価と実際の株価の差(OU モデル)

【OUモデル】	CAPM				FF3				モデル1:Beta				モデル2:Beta/Size/BM				モデル3:19変数			
	平均値	t値	標準偏差	中央値	平均値	t値	標準偏差	中央値	平均値	t値	標準偏差	中央値	平均値	t値	標準偏差	中央値	平均値	t値	標準偏差	中央値
1997	1.10	26.38	0.95	0.92	0.86	102.80	0.19	0.93	0.59	38.98	0.34	0.58	0.63	34.59	0.41	0.59	0.95	20.57	1.05	0.69
1998	0.92	50.41	0.43	0.93	0.89	124.87	0.17	0.95	0.84	42.59	0.46	0.83	0.84	41.72	0.47	0.82	1.18	26.12	1.05	0.93
1999	1.57	21.74	1.84	0.97	0.91	108.46	0.21	0.96	0.92	38.92	0.60	0.88	0.93	37.96	0.62	0.87	1.22	25.83	1.20	0.94
2000	1.58	22.41	1.90	0.96	0.91	137.52	0.18	0.96	0.80	87.51	0.25	0.89	1.06	31.54	0.91	0.90	1.55	22.66	1.85	0.95
2001	1.21	33.65	0.99	0.97	0.96	73.66	0.36	0.96	0.94	76.26	0.34	0.95	1.20	29.68	1.12	0.95	1.78	22.66	2.17	0.98
2002	1.15	31.13	1.01	0.96	1.02	51.39	0.54	0.96	0.85	107.38	0.22	0.94	1.50	19.49	2.11	0.95	2.19	18.16	3.30	0.98
2003	0.89	136.01	0.18	0.96	0.90	131.26	0.19	0.96	0.81	97.94	0.23	0.89	0.99	42.18	0.64	0.92	1.20	29.96	1.09	0.96
2004	0.92	210.21	0.12	0.96	0.91	128.80	0.19	0.95	0.70	69.54	0.28	0.78	0.93	32.73	0.78	0.83	1.45	20.44	1.95	0.91
2005	0.90	163.88	0.15	0.95	0.90	159.88	0.16	0.95	0.68	66.95	0.28	0.73	0.86	40.38	0.58	0.80	1.07	28.89	1.03	0.88
2006	0.89	157.82	0.16	0.94	0.89	149.86	0.17	0.95	0.68	68.07	0.28	0.74	0.90	40.40	0.62	0.82	1.24	25.98	1.33	0.90
2007	0.89	70.13	0.36	0.89	0.86	104.73	0.23	0.92	0.68	77.71	0.25	0.70	0.91	38.01	0.68	0.83	1.72	21.29	2.29	0.96
2008	0.89	76.75	0.33	0.91	0.87	134.15	0.18	0.92	0.72	80.31	0.25	0.78	0.87	41.70	0.59	0.84	1.52	26.31	1.64	0.96
2009	1.01	34.66	0.84	0.88	0.82	115.73	0.20	0.89	0.60	57.88	0.30	0.61	0.76	38.27	0.56	0.71	1.65	19.08	2.47	0.85
平均	1.07	79.63	0.71	0.94	0.90	117.16	0.23	0.94	0.75	70.00	0.31	0.79	0.95	36.05	0.78	0.83	1.44	23.69	1.72	0.91

t値は平均値$=0$を仮定した場合のt値,各年は6月末で評価
平均は各項目の1997年度から2009年度の平均値

変数」でもっとも大きかった.

そこで,「モデル3:19変数」で見ると,(20)式による妥当株価と実際の株価の差の全期間平均は,$T=3$で0.25,$T=12$で0.27,$T=18$で0.30と0.25－0.30の水準であるのに対してOUモデルでは1.44であり,OUモデルの方が妥当株価と実際の株価の差が大きい結果となった.TVの設定に関してEBOモデルにおける超過利益の経路をシンプルに捉えた方が,実際の株価との関係が

強くなる傾向が示された．

7 内在する資本コストを利用した投資戦略

7.1 投　資　戦　略

　本節は，妥当資本コストをEBOモデルに適用して算出した妥当株価と市場価格との比較であるV/Pレシオを投資尺度とした投資戦略を考案した．前節における妥当株価と実際の株価の検証結果から示唆される通り，妥当資本コストを用いて真の内在価値が推計できると仮定すれば，妥当株価と市場価格の差は投資機会に繋がる可能性がある．すなわち，V/Pレシオが相対的に高い，市場価格が妥当株価に比べて相対的に低い銘柄への投資を検討した．具体的な投資戦略の手順を以下に示した．

　　手順1　妥当な資本コストによる妥当株価の推計
　　手順2　妥当株価と市場価格の比較であるV/Pレシオの算出
　　手順3　V/Pレシオが相対的に高い銘柄群への時価総額加重投資

　手順1は，前節の結果から，超過資本コストの説明力がもっとも高かった$T=3$と，反対にもっとも低かったOUモデルを用いてモデル1-3により妥当資本コストを推計する．そして，EBOモデルに推計した妥当資本コストを入力し妥当株価を推計する．本節でも比較のためにCAPM, Fama-French 3ファクターモデル（FF3）の2通りによるヒストリカルアプローチで算出した資本コストを，EBOモデルに入力して推計した妥当株価も取り上げた．

　手順2では，妥当株価÷市場価格でV/Pレシオを算出した．V/Pレシオが相対的に高い銘柄は，市場価格が妥当株価に比べて相対的に過小評価されていることを示唆する．

　最後に，手順3ではV/Pレシオが相対的に高い銘柄群へ時価総額加重投資する．V/Pレシオに加えてシンプルな乗数アプローチのバリュエーションであるPBR, PER[37]も取り上げ，銘柄選択効果を比較した．

---

[37]　PBRは実績の株主資本の簿価，PERは6月末時点での東洋経済新報社による今期予想税引利益と6月末時点の時価総額から算出．

7.2 投資戦略への応用に関する分析結果

本節は妥当資本コストをEBOモデルに適用して算出した妥当株価と市場価格との比較であるV/Pレシオを基準としたグルーピングシミュレーションを行った．具体的には分析ユニバースを10個のグループに分けて，それぞれのグループごとに当月リターンを6月末の時価総額で加重したリターンを算出した．なお，各グループのリターンは，分析ユニバースの6月末の時価総額加重リターンに対する超過リターンで示した．

表1-9は，過去1～5年，過去12年，過去6～12年の年度リターン（7月から翌6月までの累計超過リターン）の集計結果を示した．表1-9で上段は平均値，下段は平均値＝0%とした場合の両側 t 検定の p 値を示した．SPはV/Pレシオがもっとも大きい第10分位の平均リターンからV/Pレシオがもっとも小さい第1分位の平均リターンを引いたスプレッドリターン（以下，SP）を表した．前節の妥当株価と実際の株価の検証と同様に，ヒストリカルアプローチによるV/Pレシオを用いたCAPM，FF3と，内在する資本コストから推計した

表 1-9(a)　10分位集計：過去1～5年（2005年度～2009年度）

【OUモデル】

Portfolio Ranking		CAPM	FF3	モデル1: Beta	モデル2: Beta/Size/BM	モデル3: 19変数	PBR	PER
1	平均	-6.67%	-7.32%	-8.53%	-7.47%	-8.72%	-2.59%	3.06%
	p 値	0.143	0.101	0.113	0.117	0.101	0.166	0.123
2	平均	-1.87%	-1.04%	-0.06%	1.92%	-1.33%	-0.95%	3.09%
	p 値	0.606	0.692	0.984	0.611	0.552	0.584	0.537
3	平均	-0.66%	-1.63%	3.48%	-2.50%	-1.17%	3.11%	2.02%
	p 値	0.880	0.665	0.540	0.636	0.709	0.348	0.408
4	平均	2.63%	-2.97%	-1.02%	-5.85%	5.22%	3.24%	-3.54%
	p 値	0.686	0.534	0.797	0.169	0.344	0.248	0.308
5	平均	1.80%	1.55%	-2.81%	2.64%	4.96%	0.96%	-4.68%
	p 値	0.729	0.786	0.287	0.594	0.305	0.706	0.169
6	平均	0.27%	1.64%	3.82%	1.49%	-2.58%	-0.16%	-2.23%
	p 値	0.917	0.682	0.179	0.750	0.220	0.937	0.155
7	平均	6.82%	4.06%	-1.60%	0.46%	-1.85%	0.44%	-2.35%
	p 値	0.248	0.286	0.470	0.917	0.116	0.924	0.298
8	平均	1.79%	1.33%	-3.12%	3.95%	3.49%	0.17%	-3.09%
	p 値	0.635	0.581	0.620	0.281	0.168	0.969	0.195
9	平均	0.99%	0.84%	6.47%	-0.81%	-0.23%	1.53%	4.77%
	p 値	0.711	0.782	0.227	0.641	0.921	0.794	0.069
10	平均	0.31%	0.04%	-0.70%	0.26%	-0.04%	-0.52%	4.12%
	p 値	0.926	0.990	0.741	0.901	0.979	0.955	0.560
SP (10-1)	平均	6.98%	7.37%	7.83%	7.73%	8.67%	2.07%	1.06%
	p 値	0.239	0.162	0.154	0.084	0.141	0.832	0.895

【$T=3$】

Portfolio Ranking		CAPM	FF3	モデル1: Beta	モデル2: Beta/Size/BM	モデル3: 19変数	PBR	PER
1	平均	-2.83%	-3.87%	-0.35%	0.85%	1.00%	-2.40%	3.06%
	p 値	0.486	0.378	0.870	0.866	0.808	0.214	0.123
2	平均	3.46%	0.04%	2.47%	2.18%	-0.21%	-1.34%	3.20%
	p 値	0.579	0.994	0.466	0.632	0.961	0.409	0.522
3	平均	4.94%	3.42%	0.62%	1.29%	3.45%	3.55%	2.04%
	p 値	0.079	0.027	0.819	0.757	0.266	0.265	0.409
4	平均	3.70%	2.70%	-3.20%	0.09%	1.99%	3.27%	-3.51%
	p 値	0.174	0.615	0.200	0.960	0.391	0.241	0.308
5	平均	1.73%	1.09%	-0.61%	4.51%	-0.67%	0.93%	-4.74%
	p 値	0.662	0.732	0.691	0.123	0.592	0.706	0.167
6	平均	0.46%	-3.25%	2.92%	2.99%	3.32%	-0.53%	-2.21%
	p 値	0.914	0.378	0.242	0.596	0.249	0.908	0.161
7	平均	0.22%	2.00%	1.62%	-2.98%	-0.23%	1.27%	-2.35%
	p 値	0.950	0.485	0.650	0.325	0.877	0.753	0.297
8	平均	4.12%	2.35%	0.78%	-2.74%	-0.18%	0.05%	-3.11%
	p 値	0.210	0.153	0.716	0.320	0.749	0.991	0.193
9	平均	2.88%	-0.66%	-1.42%	-2.23%	-4.21%	-0.28%	4.89%
	p 値	0.381	0.888	0.719	0.380	0.112	0.965	0.061
10	平均	1.43%	1.22%	1.33%	-1.26%	-2.67%	2.54%	3.94%
	p 値	0.748	0.812	0.757	0.458	0.279	0.737	0.575
SP (10-1)	平均	4.26%	5.09%	1.68%	-2.11%	-3.66%	4.94%	0.88%
	p 値	0.607	0.574	0.778	0.702	0.370	0.575	0.913

p 値は平均＝0を仮定した場合の両側 t 検定

表 1-9(b)　10 分位集計：過去 12 年（1998 年度～2009 年度）

【OU モデル】

Portfolio Ranking		CAPM	FF3	モデル1: Beta	モデル2: Beta/Size/BM	モデル3: 19変数	PBR	PER
1	平均	-1.72%	0.38%	-0.54%	-2.10%	0.01%	-4.29%	-0.83%
	p値	0.758	0.939	0.930	0.713	0.999	0.079	0.818
2	平均	1.75%	-1.06%	-3.43%	1.42%	-2.02%	-0.27%	0.59%
	p値	0.620	0.691	0.085	0.646	0.447	0.864	0.839
3	平均	-0.89%	-0.53%	0.13%	-3.98%	2.87%	2.28%	0.51%
	p値	0.664	0.865	0.977	0.168	0.352	0.281	0.864
4	平均	-0.45%	-1.87%	0.76%	-3.20%	0.82%	0.61%	-1.97%
	p値	0.871	0.445	0.796	0.403	0.804	0.673	0.378
5	平均	3.41%	2.19%	-0.50%	1.36%	3.77%	4.80%	-1.28%
	p値	0.230	0.348	0.688	0.552	0.124	0.113	0.580
6	平均	4.04%	3.48%	2.78%	1.87%	-0.07%	5.69%	2.19%
	p値	0.088	0.137	0.146	0.455	0.975	0.252	0.319
7	平均	4.25%	3.84%	-0.62%	-0.69%	-1.38%	5.32%	1.52%
	p値	0.300	0.249	0.722	0.793	0.299	0.313	0.587
8	平均	1.63%	1.16%	5.34%	0.46%	4.01%	5.09%	-0.75%
	p値	0.752	0.653	0.175	0.825	0.006	0.277	0.811
9	平均	1.92%	2.75%	2.90%	2.07%	-1.46%	6.22%	7.19%
	p値	0.677	0.494	0.343	0.174	0.272	0.251	0.141
10	平均	1.26%	1.12%	0.51%	-0.33%	-2.69%	8.03%	5.79%
	p値	0.809	0.826	0.863	0.906	0.393	0.272	0.400
SP (10-1)	平均	2.98%	0.74%	1.05%	1.78%	-2.70%	12.31%	6.62%
	p値	0.395	0.802	0.827	0.698	0.655	0.187	0.263

【T=3】

Portfolio Ranking		CAPM	FF3	モデル1: Beta	モデル2: Beta/Size/BM	モデル3: 19変数	PBR	PER
1	平均	-1.93%	-2.12%	-2.30%	-2.32%	-1.59%	-4.23%	-0.44%
	p値	0.537	0.558	0.261	0.531	0.641	0.085	0.898
2	平均	1.56%	-0.15%	1.09%	0.21%	-0.56%	-0.41%	0.41%
	p値	0.606	0.965	0.734	0.924	0.777	0.804	0.887
3	平均	1.76%	0.72%	0.29%	0.41%	3.85%	2.53%	-0.09%
	p値	0.305	0.699	0.895	0.882	0.161	0.219	0.973
4	平均	4.38%	2.68%	-1.60%	3.72%	0.22%	0.75%	-1.68%
	p値	0.049	0.338	0.250	0.073	0.887	0.583	0.469
5	平均	3.56%	3.92%	1.30%	1.74%	0.47%	4.30%	-1.27%
	p値	0.248	0.055	0.552	0.470	0.854	0.149	0.584
6	平均	0.60%	-0.95%	3.23%	2.74%	2.68%	5.64%	2.12%
	p値	0.869	0.839	0.299	0.236	0.072	0.257	0.337
7	平均	3.69%	2.93%	2.06%	1.24%	0.74%	5.46%	1.59%
	p値	0.425	0.397	0.568	0.669	0.764	0.290	0.547
8	平均	3.94%	4.85%	3.62%	-3.29%	3.10%	5.74%	-0.93%
	p値	0.460	0.139	0.459	0.106	0.407	0.227	0.767
9	平均	4.39%	2.01%	5.91%	-0.19%	-3.14%	5.28%	7.13%
	p値	0.331	0.642	0.196	0.943	0.233	0.348	0.104
10	平均	2.34%	2.18%	4.32%	4.41%	3.04%	9.33%	5.73%
	p値	0.691	0.694	0.417	0.331	0.518	0.178	0.404
SP (10-1)	平均	4.27%	4.29%	6.62%	6.73%	4.64%	13.56%	6.17%
	p値	0.628	0.628	0.328	0.356	0.540	0.135	0.288

p 値は平均=0 を仮定した場合の両側 t 検定

表 1-9(c)　10 分位集計：過去 6～12 年（1998 年度～2004 年度）

【OU モデル】

Portfolio Ranking		CAPM	FF3	モデル1: Beta	モデル2: Beta/Size/BM	モデル3: 19変数	PBR	PER
1	平均	1.82%	5.88%	5.17%	1.73%	6.24%	-5.49%	-3.60%
	p値	0.847	0.467	0.607	0.857	0.536	0.187	0.563
2	平均	4.33%	-1.07%	-5.83%	1.06%	-2.51%	0.22%	-1.20%
	p値	0.451	0.811	0.030	0.831	0.581	0.930	0.760
3	平均	-1.06%	0.26%	-2.26%	-5.03%	5.75%	1.70%	-0.57%
	p値	0.637	0.958	0.750	0.181	0.245	0.582	0.910
4	平均	-2.66%	-1.08%	2.03%	-1.30%	-2.32%	-1.26%	-0.84%
	p値	0.246	0.717	0.655	0.834	0.601	0.418	0.794
5	平均	4.57%	2.65%	1.15%	0.45%	2.91%	7.55%	1.14%
	p値	0.218	0.116	0.309	0.851	0.322	0.132	0.728
6	平均	6.74%	4.80%	2.03%	2.14%	1.72%	9.86%	5.33%
	p値	0.066	0.132	0.473	0.508	0.643	0.227	0.126
7	平均	2.41%	3.68%	0.08%	-1.51%	-1.03%	8.81%	4.28%
	p値	0.695	0.498	0.976	0.683	0.645	0.319	0.355
8	平均	1.51%	1.04%	11.39%	-2.03%	4.38%	8.61%	0.92%
	p値	0.866	0.812	0.074	0.423	0.025	0.266	0.864
9	平均	2.59%	4.11%	0.35%	4.13%	-2.34%	9.57%	8.91%
	p値	0.751	0.553	0.929	0.068	0.189	0.277	0.299
10	平均	1.93%	1.90%	1.38%	-0.74%	-4.58%	14.13%	6.98%
	p値	0.832	0.832	0.789	0.876	0.405	0.210	0.542
SP (10-1)	平均	0.11%	-3.99%	-3.79%	-2.47%	-10.82%	19.62%	10.59%
	p値	0.981	0.221	0.614	0.738	0.247	0.193	0.237

【T=3】

Portfolio Ranking		CAPM	FF3	モデル1: Beta	モデル2: Beta/Size/BM	モデル3: 19変数	PBR	PER
1	平均	-1.29%	-0.86%	-3.69%	-4.59%	-3.44%	-5.53%	-2.94%
	p値	0.793	0.882	0.268	0.416	0.527	0.186	0.617
2	平均	0.19%	-0.29%	0.11%	-1.20%	-0.80%	0.26%	-1.58%
	p値	0.954	0.957	0.984	0.612	0.706	0.925	0.687
3	平均	-0.50%	-1.21%	0.05%	-0.22%	4.14%	1.81%	-1.62%
	p値	0.815	0.688	0.989	0.957	0.356	0.548	0.729
4	平均	4.87%	2.66%	-0.46%	6.31%	-1.05%	-1.05%	-0.38%
	p値	0.172	0.448	0.795	0.055	0.632	0.432	0.913
5	平均	4.86%	5.94%	2.67%	-0.24%	1.29%	6.70%	1.21%
	p値	0.314	0.033	0.478	0.950	0.777	0.178	0.713
6	平均	0.69%	0.69%	3.45%	2.61%	2.21%	10.05%	5.21%
	p値	0.906	0.932	0.519	0.167	0.227	0.217	0.140
7	平均	6.17%	3.60%	2.37%	4.24%	1.43%	8.46%	4.41%
	p値	0.436	0.545	0.695	0.355	0.740	0.337	0.307
8	平均	3.81%	6.64%	5.65%	-3.68%	5.52%	9.80%	0.63%
	p値	0.684	0.248	0.514	0.244	0.404	0.209	0.907
9	平均	5.47%	3.92%	11.15%	1.72%	-2.37%	9.25%	8.71%
	p値	0.485	0.579	0.131	0.770	0.588	0.307	0.255
10	平均	2.99%	2.86%	6.46%	8.46%	7.12%	14.19%	7.01%
	p値	0.485	0.579	0.131	0.770	0.588	0.307	0.255
SP (10-1)	平均	4.28%	3.72%	10.15%	13.05%	10.57%	19.73%	9.94%
	p値	0.774	0.801	0.374	0.287	0.419	0.188	0.257

p 値は平均=0 を仮定した場合の両側 t 検定

妥当株価によるV/Pレシオを用いた「モデル1：Beta」，「モデル2：Beta/Size/BM」，「モデル3：19変数」と，シンプルな乗数アプローチのバリュエーションであるPBR，PERの全7通りのV/Pレシオによる10分位ポートフォリオの結果の比較を行った．これらの10分位ポートフォリオのパフォーマンスの集計も「モデル3：19変数」による妥当株価が推計可能な銘柄に限って行っているため，分析ユニバースはすべて同一とした．

SP結果を見ると，OUモデルの「モデル3：19変数」は足元の過去1～5年では他のモデルと比べて相対的にSPの平均が8.67％と高く，p値は0.141と他のモデルと比べて0から離れており，他のいずれの手法と比べても銘柄選択効果が高い結果となった．ただ，このOUモデルの「モデル3：19変数」は過去6～12年ではSPは10.82％マイナスとなっていた．分析期間を通した過去12年でもSPが2.70％マイナスと低かった．同モデルはとくに近年有効性が高い結果となった．

そして，この近年である足元5年に関しては，PBRやPER等のシンプルな株式評価手法のパフォーマンスが悪い状況の中でパフォーマンスが優れている点は注目したい．

8　ま　と　め

本稿は，代表的な株式評価モデルであるEBOモデルを用いて，株価に内在する資本コストの推計を行い，その資本コストの決定要因を検討した．とくに近年，議論が高まる情報の質が資本コストに有意に影響を与えるという仮説を設定して検証を行った．この結果，我が国でもFama and French（1992）の資本コストに与える3つの要因である市場ベータ，時価総額と株主資本の簿価時価比率の3つのファクターだけでなく，情報の質や倒産リスクが資本コストに与える影響が高まっている可能性が示された．実際には，情報の質に関しては個々の変数で統計的な有意性が高くないものも少なくなかった．さらに倒産リスクなど足元では資本コストへの影響が見られたが，時系列には安定していない変数も存在した．しかし資本コストを説明する面では，これらの情報の質や倒産リスクを加えることでモデル全体の説明力を高めることができた．

さらに，こうした資本コストに与える影響が大きいと見られる要因を用いた線形結合のモデルで妥当な資本コストを推計して株式評価を行うと，従来のヒストリカルアプローチで資本コストを推計した方法や，Fama and French (1992) の資本コストに与える 3 つの要因のみでの線形結合により推計したモデルと比べて市場価格との乖離が小さい理論価格の推計が可能となった．そして，具体的な投資戦略への応用を検討するにあたり，グルーピングシミュレーションを行った分析では，TV の算出における将来の ROE の経路に OU モデルを用いた EBO モデルを使って，情報の質や倒産リスクなどの変数を含めた線形結合による資本コストの推計を使った方法の銘柄選択効果が，CAPM や Fama-French3 ファクターモデルを使ったヒストリカルアプローチだけでなく，シンプルな PBR や PER の銘柄選択効果を上回った．OU モデルは TV を算出する上で $T=3, 12, 18$ と設定したケースと比べて妥当株価と市場価格の乖離は相対的に大きかったが，銘柄選択効果が高かったことには留意したい．株式評価モデルに関しては現実の株価の説明力が高いと，逆に妥当な株価が示唆できていない可能性もある．妥当な株価を推計することは，現実の株価とむしろ乖離が大きくなる可能性があり，OU モデルを用いたモデルの銘柄選択効果が高かったのは，この点が背景にあると考える．

そして，資本コストの推計に関して，本稿では複数の情報の質を変数として取り上げた．ただ近年議論される情報の質に関して，資本コストとの関係で統計的な有意性があるものや，そうでないものが混在していた．情報の質を表す変数のなかでも，実際には資本コストとの関連に関してさらに，議論や整理が必要と考えており，これを今後の課題としたい．

付　録

【β】

ベータは 60 カ月 TOPIX ベータとした．6 月末時点で取得した過去 60 カ月のサンプルを用いて，個別銘柄の月次リターンを被説明変数，TOPIX リターンを説明変数として時系列単回帰したときの回帰係数を求めた．

【$\ln(ME)$】

6 月末時点の株式時価総額の自然対数を求めた．

【ln（*BM*）】

6月末時点での実績決算の株主資本簿価と，同じく6月末時点の株式時価総額から算出した株主資本の簿価時価比率の自然対数を求めた．

【*Accrual Quality*】

Dechow and Dichev（2002）に基づき（21）式に示すように，流動資産会計発生高を被説明変数，前々期，前期，今期の営業キャッシュフローを説明変数として時系列重回帰した残差を用いて会計発生高の質を測定している．左辺の流動資産会計発生高[38]は野間（2005）の定義に準じた．右辺のCFOは岡田・山崎（2008）の会計発生高[39]の定義を用いて，税引き後経常利益－会計発生高で算出した．そして，税引き後経常利益は当期純利益－特別利益＋特別損失で算出した．なお，本稿は投資戦略の検討も目的とするため，予想の営業キャッシュフローは今期経常利益予想×（1－実効税率[40]）－会計発生高で算出した．

$$\frac{TCA_{i,t}}{Assets_{i,t-1}} = \varphi_{0,i} + \varphi_{1,i}\frac{CFO_{i,t-1}}{Assets_{i,t-1}} + \varphi_{2,i}\frac{CFO_{i,t}}{Assets_{i,t-1}} + \varphi_{3,i}\frac{CFO_{i,t+1}}{Assets_{i,t-1}} + v_{i,t}$$

(21)

$TCA_{i,t}$：i銘柄のt期流動資産会計発生高

$Assets_{i,t-1}$：i銘柄の$t-1$期末総資産

$CFO_{i,t}$：i銘柄のt期営業キャッシュフロー

$\varphi_{0,i}, \ldots, \varphi_{3,i}$：$i$銘柄の$t$期の切片項および回帰係数

$v_{i,t}$：i銘柄のt期の残差項

具体的に，2009年6月末時点での（21）式への入力データは以下の通りである．被説明変数である流動資産会計発生高と，説明変数のうち，前期CFOは2009年6月末時点で取得できる2008年度実績データを用いて算出した．その

---

[38] 流動資産会計発生高（*TCA*）=（Δ流動資産－Δ現金預金）－（Δ流動負債－Δ短期借入金(CP含む)－Δ一年以内返済長期借入金－Δ一年以内償還社債）

[39] 会計発生高=（Δ流動資産－Δ現金預金）－（Δ流動負債－Δ資金調達項目）－（Δ貸倒引当金＋Δ賞与引当金・未払賞与＋Δその他の短期引当金＋Δ退職給付引当金＋Δその他の長期引当金＋減価償却費）

　　資金調達項目＝短期借入金＋コマーシャル・ペーパー＋一年内返済の長期借入金＋一年内返済の社債・転換社債

[40] 実効税率に関しては，たとえば2010年6月末の推計では40.87%を用いた．

他の説明変数は，前々期CFOは2007年度実績データから算出し，今期CFOは2009年6月末時点で取得できる2009年度予想経常利益をベースに計算した．

(21) 式の各変数は前期末総資産でデフレートしている．回帰ユニバースは東証1部3月決算企業（金融業，変則決算を除く）．説明変数，被説明変数ともにユニバースクロスセクションで5, 95％点で丸める異常値処理を行った．回帰は年度・業種ごとに行なった．業種分類は東証17業種分類を用いた．

最終的に，(21) 式の回帰残差の過去5年の標準偏差を $Accrual\ Quality$ と定義した（$AccrualQuality_i = \sigma(\hat{v}_{i,t})$）．

【$Persistence$】

(22) 式を企業ごとに過去10年のサンプルを用いて時系列回帰を行った．すなわち，t期の利益 $X_{i,t}$ を被説明変数，$t-1$期の利益 $X_{i,t-1}$ を説明変数として時系列回帰した回帰係数として算出される．

具体的に，2009年6月末時点での (22) 式への入力データは以下の通りである．被説明変数である税引き後経常利益は，2009年6月末時点で取得できる2008年度実績データを用いて算出した．説明変数の税引き後経常利益のラグは，2007年度実績データから算出した．

実際には，利益は前期末総資産でデフレートした税引き後経常利益を用いた．回帰ユニバースおよび，異常値処理は $Accrual\ Quality$ の算出と同じである．

$$X_{i,t} = \varphi_{0,i} + \varphi_{1,i} X_{i,t-1} + v_{i,t} \tag{22}$$

$X_{i,t}$：i 銘柄の t 期税引き後経常利益

$\varphi_{0,i}$，$\varphi_{1,i}$：i 銘柄の t 期の切片項および回帰係数

$v_{i,t}$：i 銘柄の t 期の残差項

回帰係数 φ_1 が1に近いほど利益の持続性が強く，0に近いほど一時的な利益であることを示唆する．Francis et al. (2004) にしたがって，回帰係数 φ_1 にマイナスを乗じた $-\varphi_1$ を Persistence 指標と定義した（$Persistence_i = -\varphi_{1,i}$）．

【$Predictability$】

(22) 式の時系列回帰の誤差分散（error variance）の平方根で算出した（$Predictability_i = \sqrt{\sigma^2(\hat{v}_{i,t})}$）．

【$Smoothness$】

利益の10年標準偏差÷CFOの10年標準偏差で算出した（$Smoothness_{i,t} =$

$\sigma(NIBE_{i,t})/\sigma(CFO_{i,t})$). 利益は税引き後経常利益（$NIBE_{i,t}$），CFO は $Accrual\ Quality$ の算出で用いたものと同じであり，いずれも6月末時点で取得できる前期実績データから算出した．そして，利益，CFO ともに前期末総資産でデフレートしたものを用いた．

【$Value\ Relevance$】

（23）式を企業ごとに過去10年のサンプルを用いて時系列回帰を行った．すなわち，Value Relevance は株式の年度リターンを被説明変数，利益の水準と変化を説明変数として時系列回帰した回帰の自由度調整済み決定係数にマイナスを乗じたものとして算出した（$Relevance = -\mathrm{adj}R^2$）．回帰ユニバースは $Accrual\ Quality$ の算出と同じである．

$$RET_{i,t} = \delta_{0,i} + \delta_{1,i} EARN_{i,t} + \delta_{2,i} \Delta EARN_{i,t} + \zeta_{i,t} \tag{23}$$

$RET_{i,t}$：i 銘柄の t 期末の3カ月後までの15カ月リターン
$EARN_{i,t}$：i 銘柄の t 期税引き後利益
$\Delta EARN_{i,t}$：i 銘柄の t 期税引き後利益の変化
　　　　　（$t-1$ 期の時価総額でデフレート）
$\delta_{0,i}, \ldots, \delta_{2,i}$：$i$ 銘柄の t 期の切片項および回帰係数
$\zeta_{i,t}$：i 銘柄の t 期の残差項

具体的に，2009年6月末時点での（23）式への入力データは以下の通りである．被説明変数である株式の年度リターンは，2008年4月から2009年6月末までの15カ月の累積リターン，説明変数のうち，利益の水準は2009年6月末時点で取得できる2008年度実績データ，利益の変化は2008年度実績データと2007年度実績データを用いて算出した．

利益は税引き後経常利益，利益の水準と変化は，ともに前期末の発行済時価総額でデフレートしたものを用いた．説明変数（利益の水準と変化）は分析ユニバース（東証1部3月決算企業，除く金融業）で5，95％点で丸める異常値処理を行った．

【$Timeliness$】

（24）式を企業ごとに過去10年のサンプルを用いて時系列回帰を行った．これは $Value\ Relevance$ 指標を捉える際の（23）式の説明変数と被説明変数を逆にしたものである．したがって，（24）式への入力データの定義は（23）式と同

じである．*Timeliness* は利益の水準を被説明変数，株式の年度リターンを説明変数として時系列回帰した回帰の自由度調整済み決定係数にマイナスを乗じたものとして算出した（$Timeliness = -\mathrm{adj}R^2$）．

$$EARN_{i,t} = \alpha_{0,i} + \alpha_{1,i}NEG_{i,t} + \beta_{1,i}RET_{i,t} + \beta_{2,i}NEG_{i,t}RET_{i,t} + \varsigma_{i,t} \quad (24)$$

$NEG_{i,t}$：$RET_{i,t} < 0$ の場合に 1，それ以外は 0

$\alpha_{0,i}$，$\alpha_{1,i}$，$\beta_{1,i}$，$\beta_{2,i}$：i 銘柄の t 期の切片項および回帰係数

$\varsigma_{i,t}$：i 銘柄の t 期の残差項

【*Conservatism*】

Timeliness と同じ (24) 式で示す回帰式を用いて，*Conservatism* 指標は－（マイナス利益感応度÷プラス利益感応度）で算出した．

$$(Conservatism = -(\beta_{1,i} + \beta_{2,i})/\beta_{1,i})$$

以下では，7 つの利益属性のコントロールに用いられている 8 つの企業固有のファクターの算出方法の詳細について示した．財務データは利益属性の算出と同様，毎年 6 月末で取得できる本決算データを用いている．

【*Assets*】

6 月末時点の前期総資産の自然対数で算出した．

【$\sigma(CFO)$】

6 月末時点の前期 CFO の 10 年標準偏差で算出した．CFO は *Accrual Quality* 算出で用いた定義に準じた．CFO は 6 月末時点で取得した前期実績総資産でデフレートしたものを用いた．

【$\sigma(sales)$】

6 月末時点で取得した前期売上高の 10 年標準偏差で算出した．売上高は前期実績総資産でデフレートしたものを用いた．

【*OperCycle*】

［(前期) 売上債権回収期間 ＋ (前期) 在庫回転期間］の自然対数で算出した．売上債権回収期間，在庫回転期間の定義は以下の通りである．

売上債権回収期間 ＝ 360 ÷ (売上高 ÷ 売上債権)

在庫回転期間 ＝ 360 ÷ (売上高 ÷ 在庫)

【*NegEarn*】

10 年間で損失が発生した割合．具体的には，10 年間のうち，*Accrual Quality*

算出で使用した前期税引き後経常利益がマイナスとなった割合として算出した.

【*Int_Intensity*】

［(前期)研究開発費＋(前期)広告宣伝費］/(前期)売上高で算出した. 研究開発費, 広告宣伝費が欠損の場合はゼロとして算出した.

【*Int_Dummy*】

Int_Intensity＝0の場合に1, それ以外＝0と定義した.

【*Cap_Intensity*】

(前期)償却性固定資産÷(前期)総資産で算出した.

【abs（*MFE*）】

経営者が公表する予想利益（経営者予想利益）の精度の算出は, 村宮（2005）に依拠した. 利益の予想誤差とは, 決算発表時に公表される実績利益と, その1年前の決算発表時に公表される予想利益の差である. 予測誤差の大きさを捉えるため絶対値をとり, 1年前の決算期末の株価でデフレートして基準化した.

具体的には, 経営者利益予想誤差は（25）式で算出した. 毎年6月末時点で判明しているt期の実績の税引利益と, $t-1$期末（6月末）時点におけるt期の会社予想税引利益を比較し, その差の絶対値を$t-1$期末時点（前年の3月末時点）の時価総額で除した.

$$MFE_{i,t} = \frac{eps_{i,t} - Feps_{i,t}^{t-1}}{P_{i,t-1}} \tag{25}$$

$eps_{i,t}$：i銘柄のt期の実績利益

$Feps_{i,t}^{t-1}$：i銘柄の$t-1$期の決算単信で公表されたt期予想税引利益

$P_{i,t-1}$：i銘柄の$t-1$期末の発行済時価総額

ただし, 単年度での変動を排除するため, （26）式で示すように, 過去3期間の経営者予想利益誤差の絶対値の総和として経営者予想利益の精度を算出した.

$$\text{abs}(MFE)_{i,t} = \sum_{\tau=0}^{2} |MFE_{i,t-\tau}| \tag{26}$$

具体的に, 2009年6月末時点での（26）式への入力データは以下の通りである. 2009年6月末時点で判明している2008年度実績の税引利益と, 2008年6月末時点における2008年度の会社予想税引利益を比較し, その差の絶対値を2007年度末時点（2008年3月末時点）の時価総額で除した.

【*EDP*】

　本研究の倒産確率は，株式市場の評価が迅速に反映される，Merton（1974）の（ヨーロピアン）オプション・アプローチにより推計した．オプション・アプローチは，株式を，企業資産を原資産，負債価値を行使価格とするコール・オプション価値とみなして，倒産確率を推定するものである．具体的には，将来の企業の資産価値が負債価値以下となる（債務超過）となる可能性を倒産確率と定義する．本稿は，企業の資本が資産価値を原資産とするヨーロピアン型のコールオプションであると見なして推定を行った．具体的には，このオプション・アプローチはあらかじめ設定された時点で債務超過になる確率を求めるものである．現時点を$t=0$時点とすると，将来$t=T$時点での資産価値が負債を下回る（$A_T<B_T$）状態を倒産と考える．

　安藤・丸茂（2001）に依拠してヨーロピアンオプションアプローチによる倒産確率の定式化を行った．まず，企業の資産価値$A_t(0 \leq t \leq T)$が（27）式に従うと仮定する．

$$dA_t = \mu_A A_t dt + \sigma_A A_t dW_t \tag{27}$$

　　A_t：時刻tの資産価値，μ_A：資産価値の期待収益率
　　σ_A：資産価値のボラティリティ，W_t：ウィナー過程

　一方，負債価値B_t（$0 \leq t \leq T$）は簡単のために将来も一定という前提を置くと$B_t \equiv B_0$となる．

　この場合の倒産確率（EDP）は（28）式で示される．

$$\begin{aligned} EDP &= \Pr(A_T < B_T) \\ &= \Pr(\log A_T < \log B_T) \\ &= 1 - \Phi\left(\frac{\log(A_0/B_T) + (\mu_A - \sigma_A^2/2)T}{\sigma_A \sqrt{T}} \right) \end{aligned} \tag{28}$$

　　B_t：時刻tの企業の負債価値，r：リスクフリーレート

　ただし，Φは標準正規分布関数を表す．ここで，将来の$T=1$とした．つまり1年後に倒産する確率を試算した．また，rはリスクフリーレートである．1年物日本国債から算出したスポットレートを用いた[41]．さらに，現時点である

41）　したがって，ここではリスク中立の世界における EDP が算出される．

$t=0$ 時点の資産価値 A_0 は本来，資産の時価を使う必要があるが，このデータは取得できない．そこで，資産の時価＝負債の時価＋資本の時価の関係で，負債の時価＝負債の帳簿価格，資本の時価＝株式の時価総額 $E_t (0 \leq t \leq T)$ とみなして (29) 式を考える．

$$A_0 = E_0 + B_0 \tag{29}$$

E_t：時刻 t の企業の時価総額

資産価値のボラティリティである σ_A は (30) 式を前提として，(31) 式の最小化による最小二乗法で求めた．

$$\sigma_E E_0 = \Phi(x) \sigma_A A_0 \tag{30}$$

$$\min_{\sigma_A} \{\sigma_E E_0 - \Phi(x) \sigma_A A_0\}^2, \quad \text{ただし } x = \frac{\log(A_0/B_T) + (r - \sigma_A^2/2)T}{\sigma_A \sqrt{T}} \tag{31}$$

ボラティリティは，Nelson (1991) の EGARCH (1,1) モデルを用いた．

本研究に用いた倒産確率に関するデータは以下で示した．実績の財務データである前期実績負債，時価総額，およびリターンデータは日経 Financial Quest を用いた．分析サイクルは月次ベースである．なお，ボラティリティは EGARCH (1,1) に従った．

〔注釈の補足〕

†1) 資本コスト (p.25)：　資本コストは広くは企業の総資本コスト (cost of capital) を指す場合がある．この総資本コストは，負債コスト (cost of debt) と株主資本コスト (cost of equity, equity cost of capital) で構成されるものだが，とくに株式市場をメインに研究する場合には，株主資本コストをシンプルに「資本コスト」と言うケースが少なくないため，本稿も資本コストと表記した．

†2) 株主資本 (p.25)：　2006 年 5 月の会社法施行に伴い，純資産の項目が変更された．従来は純資産＝株主資本であったが，会社法施行後の株主資本は，純資産から評価・換算差額等，新株予約権，少数株主持分を除いた部分となった．2006 年 4 月に金融庁と東京証券取引所は株主資本の連続性の観点から，純資産から，新株予約権，少数株主持分を差し引いたものを自己資本と呼び，それまでの株主資本（純資産）と対応する概念を打ち出した（従来，負債の部に計上されていた繰延ヘッジ利益の一部が評価・換算差額等に繰延ヘッジ損益として組み入れられていることから完全な連続性はない）．本稿では，この自己資本の定義を用いて

ROEや簿価時価比率を算出した．ただし，文中では簡潔のため従来の表記である株主資本の呼称を用いた．

†3) 会計情報の質 (p.27)： Pownall and Schipper (1999) は，会計情報の質 (quality of accounting information) とは，財務諸表の背後にある事象や取引，判断，見積もりや，それらに関するインプリケーションを明らかにする基準 (standard) と定義した．しかし Kothari (2000) は誰もが同意する正確な定義は難しいとした．

〔参考文献〕

安藤啓・丸茂幸平（2001）「ノックアウトオプションアプローチを用いたデフォルト率の推定方法」『IMES Discussion Paper Series 2001-J-4』，1-39，日本銀行金融研究所．

岡田克彦・山崎尚志（2008）「上場変更企業における Managers Opportunism の検証　裁量的会計発生高と Post-Listing Return」『現代ファイナンス』，23，109-130．

音川和久・村宮克彦（2005）「企業情報の開示，アナリストの情報精度と資本コスト」『神戸大学大学院経営学研究科ディスカッション・ペーパー』，第 2005・34 号．

久保田敬一・竹原均（2007）「Fama-French ファクターモデルの有効性の再検証」『現代ファイナンス』，22，3-23．

小守林克哉・剣義隆・飯田貴史（1998）「将来の利益と割引率に不確実性を持たせた株式評価モデル」『証券アナリストジャーナル』，36(6)，55-67．

斎藤啓幸・森平爽一郎（1998）「銀行の債務超過（倒産）確率　オプションアプローチによる推定」『日本金融・証券計量・工学学会 1998 年度夏季大会予稿集』，228-245．

竹原均（2007）「アナリストの情報精度と株式資本コスト」『証券アナリストジャーナル』，45，67-79．

野間幹晴（2005）「会計発生高の質に対する資本市場の評価」『會計』，168(1)，15-28．

蜂谷豊彦・中野誠（2004）「企業価値創造のマネジネント」『一橋ビジネスレビュー 2004 年 SUM』，98-113，東洋経済新報社．

村宮克彦（2005）「経営者が公表する予想利益の精度と資本コスト」『証券アナリストジャーナル』，43(9)，83-97．

山口勝業（2005）「わが国産業の株式期待リターンのサプライサイド推計」『証券アナリストジャーナル』，43(9)，45-59．

渡部敏明 (1998)「ボラティリティ変動モデルの発展と株式収益率データへの応用」『現代ファイナンス』, **3**, 15-41.

Akaike, H. (1973) "Information theory and an extension of the maximum likelihood principle," *2nd International Symposium on Information Theory*, B. N. Petrov and F. Csaki, eds., Academica Kiado, Budapest.

Ball, R., S. Kothari and A. Robin (2000) "The effect of international institutional factors on properties of accounting earnings," *Journal of Accounting and Economics*, **29**(1), 1-51.

Ball, R., A. Robin and J. Wu (2003) "Incentive versus standards: properties of accounting income in four East Asian countries," *Journal of Accounting and Economics*, **36**(1-3), 235-270.

Barron, O. E., O. Kim, S. C. Lim and D. E. Stevens (1998) "Using analysts' forecasts to measure properties of analysts' information environment," *The Accounting Review*, **73**(4), 421-433.

Barth, M., D. P. Cram and K. Nelson (2001) "Accruals and the prediction of future cash flows," *The Accounting Review*, **76**(1), 27-58.

Botosan, C. A. (1997) "Disclosure level and the cost of equity capital," *The Accounting Review*, **72**(3), 323-349.

Botosan, C. A. and M. A. Plumlee (2003) "Are information attributes priced?," *Working Paper*, University of Utah.

Chaney, P. and C. Lewis (1995) "Earnings management and firm valuation under asymmetric information," *Journal of Corporate Finance : Contracting, Governance and Organization*, **1**(3-4), 319-345.

Chiang, R., I. Davidson and J. Okunev (1997) "Some further theoretical and empirical implications regarding the relationship between earnings, dividends and stock prices," *Journal of Banking & Finance*, **21**(1), 17-35.

Cohen, D. A. (2008) "Does information risk really matter? An analysis of the determinants and economic consequences of financial reporting quality," *Asia-Pacific Journal of Accounting and Economics*, **15**(2), 69-90.

Collins, D., E. Maydew and I. Weiss (1997) "Changes in the value-relevance of earnings and book values over the past forty years," *Journal of Accounting and Economics*, **24**(1), 39-67.

Dechow, P. and I. Dichev (2002) "The quality of accruals and earnings : The role of accrual estimation errors," *The Accounting Review*, **77** (Supplement),

35-59.

Demski, J. (1998) "Performance measure manipulation," *Contemporary Accounting Research*, **15**(3), 261-285.

Diamond, D. W. and Robert E. Verrecchia (1991) "Disclosure, liquidity and the cost of capital," *The Journal of Finance*, **46**(4), 1325-1359.

Dichev, I. D. (1998) "Is the risk of bankruptcy a systematic risk," *Journal of Finance*, **53**(3), 1131-1147.

Easley, D. and M. O'Hara (2004) "Information and the cost of capital," *The Journal of Finance*, **59**(4), 1553-1583.

Fama, E. F. and K. R. French (1992) "The cross-section of expected stock returns," *Journal of Finance*, **47**(2), 427-465.

Fama, E. F. and K. R. French (1993) "Common risk factors in the returns on stocks and bonds," *Journal of Financial Economics*, **33**(1), 3-56.

Fama, E. F. and K. R. French (1995) "Size and book-to-market factors in earnings and returns," *Journal of Finance*, **50**(1), 131-155.

Fama, E. F. and K. R. French (1996) "Multifactor explanations of asset pricing anomalies," *Journal of Finance*, **51**(1), 55-84.

Fama, E. F. and J. D. MacBeth (1973) "Risk, return and equilibrium : empirical tests," *The Jornal of Political Economy*, **81**(3), 607-636.

Francis, J., R. LaFond, P. Olsson and K. Schipper (2004) "Costs of equity and earnings attributes," *The Accounting Review*, **79**(4), 967-1010.

Francis, J., R. LaFond, P. Olsson and K. Schipper (2005) "The market pricing of accruals quality," *Journal of Accounting and Economics*, **39**(2) 295-327.

Francis, J. and K. Schipper (1999) "Have financial statements lost their relevance?" *Journal of Accounting Research*, **37**(2), 319-352.

Gebhardt, William R., Charles M. C. Lee and Bhaskaran Swaminathan (2001) "Toward an implied cost of capital," *Journal of Accounting Research*, **39**(1), 135-176.

Griffin, John M. and Michael L. Lemmon (2002) "Book-to-market equity, distress risk and stock returns," *Journal of Finance,* **57**(5), 2317-2336.

Gu, Z. (2004) "Measuring the precision of analysts'private and common information : Generalization and an application," *Working paper*, Carnegie Mellon University.

Joos, P. and M. Lang (1994) "The effects of accounting diversity : Evidence from the European Union," *Journal of Accounting Research*, **32**(Supplement), 141-175.

Kothari, S. P. (2000) "The role of financial reporting in reducing financial risks in the market," *Federal Reserve Bank of Boston Conference Series*, 89-112.

Lee, Charles M. C., James Myers and Bhaskaran Swaminathan (1999) "What is the intrinsic Value of the dow ? " *The Journal of Finance*, **54**(5), 1693-1741.

Leuz, C., D. Nanda and P. Wysocki (2003) "Earnings management and investor protection : An international comparison," *Journal of Financial Economics*, **69**(3), 505-527.

Lev, B. and P. Zarowin (1999) "The boundaries of financial reporting and how to extend them," *Journal of Accounting Research*, **37**(2), 353-385.

Levitt, A. (1998) "The importance of high-quality accounting standards," *Accounting Horizon*, **12**, 79-82.

Lipe, R. (1990) "The relation between stock returns and accounting earnings given alternative information," *The Accounting Review*, **65**(1), 49-71.

Merton, R. C. (1974) "On the pricing of corporate debt : the risk structure of interest rates," *Journal of Finance*, **29**(2), 449-470.

Nelson, D. B. (1991) "Conditional heteroskedasticity in asset returns," *Econometrica*, **59**(2), 347-370.

Ohlson, J. A. (1980) "Financial ratios, and the probabilistic prediction of bankruptcy," *Journal of Accounting Research*, **18**(1) 109-131.

Ohlson, J. A. (1995) "Earnings, book values and dividends in equity Valuation," *Contemporary Accounting Research*, **11**(2), 661-687.

Penman, S. (2001) *Financial Statement Analysis and Security Valuation*, NY : McGraw-Hill.

Penman, S. and X-J. Zhang (2002) "Accounting conservatism, the quality of earnings and stock returns," *The Accounting Review*, **77**(2), 237-264.

Pownall, G. and K. Schipper (1999) "Implications of accounting research for the SEC's consideration of international accounting standards for U.S. securities offerings," *Accounting Horizons*, **13**(3), 259-280.

Revsine, L., D. Collins and B. Johnson (2002) *Financial Reporting and Analysis*, Second edition. Upper Saddle River, NJ : Prentice Hall.

Richardson, S. (2003) "Earnings surprises and short selling," *Accounting Horizons*, **17** (Supplement 1), 49-61.

Ronen, J. and S. Sadan (1981) *Smoothing Income Numbers : Objectives, Means and Implications*, Reading, MA : Addison Wesley.

Sharpe, W. F. (1964) "Capital asset prices : A theory of market equilibrium under conditions of risk," *Journal of Finance*, **19**(3), 425-442.

Watts, R. (2003) "Conservatism in accounting, Part 1 : Explanations and implications," *Accounting Horizons*, **17**(3), 207-221.

(吉野貴晶:大和証券キャピタル・マーケッツ金融証券研究所)
(斉藤哲朗:大和証券キャピタル・マーケッツ金融証券研究所)
(前山裕亮:大和証券キャピタル・マーケッツ金融証券研究所)

2 構造モデルによるクレジット・スプレッドの推定

成 田 俊 介[*]

概要 本稿では，構造モデルのうち，代表的な Merton モデル，Merton モデルのデフォルト境界線をバリア・オプションタイプに拡張した Black-Cox モデルを取り上げ，クレジット・スプレッドを推定した．データ・サンプルには，1996 年から 2009 年までの 150 カ月間，日本企業により発行された社債 3622 銘柄を利用した．米国における先行研究より，構造モデルはクレジット・スプレッドを過小推定するとの認識が一般的であったが，我が国の社債市場データを用いた実証的な分析の結果，Merton モデルはクレジット・スプレッドを過小評価する一方，Black-Cox モデルは過大評価することが明らかとなった．ただし，推定精度には問題が見られた．また，Merton モデルから Black-Cox へのモデルの拡張，あるいはデフォルト境界の社債額面以下への変更は，推定精度向上にとって有効ではないことが示唆された．プライシング・エラーの要因分解からは，高レバレッジ，高クレジット・スプレッド銘柄，さらに低時価総額，短期債のエラーが大きい傾向が明らかとなった．さらに，Merton モデルによる理論スプレッドと市場スプレッドの差を捉えた投資戦略はリターン獲得に有効であり，モデルによるバリュエーションが有用であることが示された．

1 は じ め に

現代の資産運用に求められているのは，何よりリスク・コントロールである．その目指すところは，リスクあたりリターンの最大化であり，必要とされるのはリスクの定量化である．信用リスクは，リターンの源泉として重要な位置を占めるが，実証的な研究の蓄積が不足しており，池田 (2000) が指摘するように，未だにその構造に明らかになっていない部分が大きい．そのため社債市場では株式市場と比較して，バリュエーションあるいは理論価格の概念が極端に

---

[*] 本稿の意見，内容は筆者個人に属するものであり，企業年金連合会の公式見解を示すものではない．また，本文中の誤りはすべて筆者に属するものである．

希薄である．プライシングの不備は，投資家のリスクテイクを阻害する．我が国でハイ・イールド市場が発展しない理由の1つはそこにある．信用リスク・プライシングのフレームワークとして，代表的なものが Merton (1974) の条件付請求権アプローチ（以下，構造モデル）であるが，理論は豊富に紹介されても実装した例はほとんど見られない．市場データ不足もあって，その有効性・信頼性に関してはコンセンサスが醸成されていない．そこで本稿では，Merton モデル，さらに拡張モデルである Black-Cox モデルを実装し，クレジット・スプレッドの推定とその精度の検証に取り組む．構造モデルの特徴は，シンプルだが強力な論理と，企業価値とデフォルト確率の間にはどのような関係があるかについて，直感的にわかりやすい論理的予想を提供してくれることにある．しかし，残念ながら，おそらくはその簡素さゆえに，このモデルの実証的な裏付けは貧弱であるとの論調がこれまで一般的であった．ただし，それは十分な検証の結果として出された結論とは言えず，実務に応用することが否定されたわけでもない．日本の社債市場を俯瞰すると，我が国ではデフォルト事例が極端に少なく，格付け対比で見たクレジット・スプレッドも平均的に低いという他国にはない特徴がある．これは，間接金融に偏重した我が国の金融システムの特徴であり，デフォルト・リスクとクレジット・スプレッドの関係を非常に見えにくくしている．このような環境下でも有効なモデルの選択に指針を示し，さらにその正確性，信頼性を得ることができれば，実務的にも有用であると考えられる．本稿の取り組みでは，証券会社の店頭時価を用いた信頼性の高い市場データ，および個別企業のバランスシートから取り出した財務データを用いて，企業を個社単位で分析することが特徴である．

本稿の構成は以下の通り．以下，第2節では，構造モデルに関連する先行研究をサーベイする．第3節では，実証に用いたデータについて解説する．第4節では，Merton モデルに加え，その拡張モデルである Black-Cox を取り上げ，モデルの理論的枠組みについて整理する．第5節では，パラメーターの推定方法について述べた後，クレジット・スプレッドの推定，推定誤差の要因分解，理論スプレッドの有用性の観点から実証的な分析を行う．最後に第6節で本稿を総括する．

2 先 行 研 究

本節では，関連する先行研究について考察するとともに，その問題点を指摘する．構造モデルに関する実証研究の大半は欧米市場のものである．米欧の先行研究の多くは，信用スプレッドの変動要因を説明する枠組みとして，構造モデルが妥当であることを概ね支持する内容となっている．ただし，これらの先行研究は，いずれも構造モデルの説明力が低く，構造モデルを構成する説明変数以外の要素が，信用スプレッドの変動に影響している可能性を示唆している．構造モデルの有効性についての実証分析のうち，モデルのデフォルト予測力またはクレジット・スプレッド推定精度が低いとの結論を導くものは以下の通りである．Jones, Mason and Rosenfeld (1984) は，Merton の構造モデルの社債価格予測力は低く，その原因は完備市場，社債価値は企業価値に無関係との前提条件にあり，モデルに考慮すべき要因として税金，確率的に変動する金利を挙げている．Eom, Helwege and Huang (2004) は，Merton によるオリジナルの構造モデルと，ほかに4タイプの拡張モデルをテストした．その結果，表2-1に示す通り，Merton モデルは，クレジット・スプレッドを過小に推定した．Geske (1977) モデルも Merton モデル同様，深刻な過小推定となった．Longstaff and Schwartz (1995) モデルは，リスクの高い社債については，クレジット・スプレッドを過大に推定する一方で，デフォルト・リスクの高い社債については過小推定した．Leland and Toft (1996) モデルは，大半のケースで過大推定したが，原因は単純化し過ぎたクーポンの前提条件にあった．評価にタイプは分かれるものの，新しいモデルほど，スプレッドを過大推定してお

表2-1　EOM, Helwage and Huang (2004) による検証結果

モデル	推定精度
Merton (1974)	50%過小推定
Geske (1977)	30%過小推定
Longstaff and Schwartz (1995)	42%過大推定
Leland and Toft (1996)	115%過大推定
Collin-Dufresne and Goldstein (2001)	269%過大推定

り，いずれのモデルも予測精度が低いと結論付けている．同研究は，1986 年から 1997 年までの長期データを用いているが，年次データであり，銘柄数も延べ 182 と少ない．また回収率を 51.3％，資産ボラティリティの推定に過去 150 日の株価ボラティリティを用いているが，これらパラメーター決定の根拠は希薄であることに留意が必要である．逆に，構造モデルの有効性を支持するものを以下に挙げる．Sarig and Warga（1989）は，社債の利回りと無リスク金利の差を信用リスク・プレミアムと定義し，それが発行体のレバレッジ水準で異なる期間構造をもつことを実データから示したうえで，Merton（1974）の理論との整合性を示した．Anderson and Sundaresan（2000）は，1970 年から 1996 年の米国社債データを用いて，Merton（1974），Leland（1994），および他のモデルのクレジット・スプレッドの説明力について実証分析を行った．その結果，モデルによる推定スプレッドと，市場スプレッドの相関係数は，Merton モデルで 0.48，Leland モデルで 0.51 であり，構造モデルはリスクの順位付けに関してある程度よい結果を出すと述べている．ただし，ここでの資産ボラティリティは，企業固有のものではなく，S&P500 インデックスを代理変数として用いている．さらに，財務レバレッジを含むその他パラメーターをキャリブレーションによって求めていることに注意が必要である．本来，構造モデルのパラメーターはモデルの外部から与えなければならない．

　Davydenko（2007）は，デフォルト境界線および回収率に関して，1997 年から 2005 年の米国企業（除く金融）を対象とし，いつ企業がデフォルトするかを分析した．その結果，資産価値が負債額面の 72％となる水準が，デフォルトか存続かの分水嶺として妥当だとの見方を示した．白田（2003）は，分析対象を我が国の中堅企業にまで拡大して，統計的アプローチによりデフォルト予測モデルを構築したが，そのサンプル・データ分析のなかで，倒産企業の平均的な総資本留保利益率は，平均が－3.9％，中央値で 1.8％であったと述べている．債務超過になるかならないかの状態でデフォルトしていることになり，かなり保守的な印象を受けるが，これは中堅企業を分析対象としたことが大きく影響していると考えられる．社債発行が可能な規模の大企業にのみ焦点を当てた場合，我が国におけるメインバンク制の下では，主力銀行からの融資は，単なる貸し出しの枠を超えており，貸出先企業が経営不振になると，債務免除やデッ

ト・エクイティ・スワップに形を変えることから，大企業向け銀行貸し出しは，その大半が資本化されていると考えられる．藪口・畑・小林（1997）は，貸し手責任を論じた著作のなかで，金融機関の実際の融資の構造を考えた場合に，融資を拒絶した場合（極端なケースでは，それにより倒産することがあるが）を考慮しつつ融資は決定されているのであり，貸し手が単なるアドバイスを超えて借り手企業の経営を支配・コントロールするような事態に至っては，借り手企業の出資者と同様に扱われるべきであると述べている．現に我が国の会社更生の更生計画案や会社整理の整理案においては，そのような取り扱いがなされている．福田・鯉渕（2005）は，1995年3月期から1999年3月期における，我が国の債権放棄事例全35社39事例をリストアップしており，それによれば，メインバンクの債権放棄負担比率は平均で72％であった（集計は筆者による）．同時に債権放棄前のメインバンクの融資比率は平均で40％であった．もし，債権放棄前に貸し出し債権がメイン寄せされており，準メイン以下に貸し倒れが発生していなければ，損失率は平均で72％＊40％＝29％となり，Davydenko（2007）の考察と非常に近い水準となる．これらの事実より，市場参加者は，真のデフォルト境界線は企業のバランスシート上の負債金額よりも大幅に低いと認識している可能性がある．銀行ローンの一部は事実上資本化しており，デフォルトまでの距離が，財務諸表が示すほど近くない可能性については，既に述べたとおりであるが，表2-2は，社債のデフォルト事例からの最終的な弁済率である．稀に高い事例もあるが，10％台が最頻であり，社債保有者の期待値も

表2-2 デフォルト事例

デフォルト時期	企業名	弁済率
1998年12月	日本国土開発	6％
2001年9月	マイカル	10.2％
2008年3月	スルガコーポレーション	3,000万円＋超過額の最低54.2％
2008年7月	ゼファー	14.7％（再生計画）
2008年8月	アーバンコーポレイション	最大15％程度（再生計画）
2008年10月	ニューシティ・レジデンス投資法人	100％（再生計画）
2009年2月	日本総合地所	4％（再生計画）

（新聞報道などを基に筆者集計）

同程度であろう．弁済率にはデフォルト後の企業清算コストが含まれているため，これをもってデフォルト境界線の期待値とするわけにはいかないが，社債保有者にデフォルトを認識させる際，なんらかの影響を与えている可能性はある．この要因を捉えるには，デフォルト境界を社債額面に固定したMertonモデルよりも，デフォルト境界の設定に柔軟性をもたせたBlack-Coxモデルが適しているかもしれない．以上，構造モデルの有効性に関しては，賛否両論あるが，有用性が低いとの結論が優勢を占めるように見える．ただし，その検証に正面から取り組んだ例は，Eom, Helwege and Huang（2004）の他に見当たらず，他はすべて代理変数を用いたもの，あるいは，限られたデータ・サンプルを用いたものが大半であり，実証研究の蓄積を通じたコンセンサスが形成されているとは言い難い．さらに，パラメーター推定の方法論に関する議論は深まっておらず，実証分析の根拠を希薄なものにしている．

3 実証に用いるデータ

以下では，本稿で用いた社債データについて，順次説明する．表2-3，表2-4は基本統計量である．社債の年限は1年〜30年に分布しており，格付けはA〜BBBに偏重している．150カ月に渡るデータ観測期間は，複数回の上昇局面および下降局面を含んでいる．クレジット・スプレッドは1998年のロシア危機，2001年のマイカル，エンロン破綻時，2008年のリーマン・ショック時に急拡大している．その間，2004年から2006年にかけては，のちにクレジット・バブルとよばれるほどの低スプレッド環境が続いた．

3.1 債券データ

本稿で分析対象としている社債は，日本で発行された公募の円建て社債（残存1年以上，残存額面50億円以上）のうち，一般事業会社の発行する満期一括返済型の固定利付き債に限る．したがって，永久劣後債，均等償還債，変動利付債等を除く．一般の事業会社とバランスシートの構造が異なる銀行，証券，保険は除外した．また，公益セクターは，許認可事業であり，事業リスクそのものが他の一般事業会社とは異なるため分析対象から除外した．分析に用いた

表 2-3 基本統計量

	平均	標準偏差	最大	最小
残存年限（年）	4.45	2.93	29.98	1.00
クーポン（%）	2.10	0.86	7.00	0.29
株式時価総額（10億円）	800	1,359	28,952	0.04
自己資本比率（%）	33.58	17.51	98.49	0.04
資産ボラティリティ（%）	13.25	9.19	119.38	0.07
資産成長率（%）	0.27	0.24	0.81	0.01
配当利回り（%）	0.90	5.40	750.00	0.00
クレジット・スプレッド（%）	0.91	2.52	155.29	0.00

格付け別	銘柄数	%サンプル
AAA～AA	40690	23.5%
A～BBB	126911	73.4%
BB～D	3448	2.0%
その他（外国格付けなど）	1818	1.1%
合計	172867	100.0%

サンプルは1996年9月から2009年2月末までの150カ月間の月次データである．1996年の適債基準撤廃直後から，1997年の金融システム不安，2001年のマイカル破綻，2007年の米国サブプライム問題の余波を含んでおり，十分なデータ長を確保している．新規発行債券は発行の翌月に分析対象となる．採用価格は大和証券CM（株）評価算定価格[1]．クレジット・スプレッドは国債の理論イールドカーブとの差で算出される．分析に利用した社債データは，クレジット・スプレッドがマイナスのデータ，欠測値等をクリーニング後の発行体数で449社，個別債券の銘柄数ベースで3622銘柄，述べ17万2867件である．企業

---

[1] 大和証券CM（株）評価算定価格は，大和ボンド・インデックス（DBI）として公開されている．日本証券業協会の公表する公社債基準気配が一般的に高い知名度を有するが，多くの銘柄で実勢を反映しておらず，現実の市場で取引される価格との誤差が無視し得ない大きさにあることは，市場参加者に広く共有される認識である．とくに，本稿で取り上げるクレジット・スプレッドのように100分の1％単位を分析対象とする場合，基準気配と実勢価格との乖離は，分析結果に重大な悪影響を及ぼす可能性があるため採用できない．JSPriceは信頼度の高いデータであるが，2001年以前の時系列データを確保できないと言う制約があるため採用を見送った．

表 2-4 基本統計量 2

暦年末	市場平均スプレッド（％）	短期金利（％）	銘柄数
1996	0.49	0.46	570
1997	1.07	0.55	833
1998	2.12	0.48	1368
1999	1.02	0.14	1520
2000	0.91	0.42	1511
2001	1.53	0.05	1396
2002	1.34	0.03	1225
2003	0.51	0.02	1202
2004	0.27	0.01	1106
2005	0.30	0.06	1033
2006	0.39	0.52	1002
2007	0.58	0.58	1045
2008	2.08	0.33	972

がデフォルトした場合は，直前月末までデータに含め，当月のデータから除外した．企業買収，合併の場合は存続企業のデータを残し，被買収企業のデータは，正式買収の月末時点で除外した．また，無リスク金利として1年国債利回りを利用した．

3.2 企業財務データ

毎月末に更新される社債データに合わせ，財務データも毎月末時点で最新のものに更新した．財務データは日経 NEEDS より取得した．我が国会計基準に基づいた連結本決算を基本とし，連結決算が存在しないケースは，単独本決算データを用いた．2007 年 3 月の会計基準変更により純資産（株主資本）の定義が変わったことに対応するため，変更後も旧基準の株主資本を利用した．資産成長率は，無リスク金利で代替している．

3.3 株式データ

株価は分割等調整済みの月末最終営業日の終値を採用した．株式投資収益率の標準偏差は日次ベース収益率に 250 の平方根を乗じて年率換算した．

表 2-5 デフォルト企業

東証コード	企業名	デフォルト事由	日付
1887	日本国土開発	会社更生法	1998年12月
8269	マイカル	民事再生法→会社更生法	2001年 9月
1880	スルガコーポレーション	民事再生法	2008年 3月
8882	ゼファー	民事再生法	2008年 7月
8868	アーバン・コーポレイション	民事再生法	2008年 8月
8965	ニューシティ投資法人	民事再生法	2008年10月
8878	日本綜合地所	民事再生法	2009年 2月

3.4 格付けデータ

格付けは，毎月末時点で，国内大手格付け会社である，R＆IまたはJCRいずれか低い方（ワースト格付け）を採用した．S＆P, Moody's 等の外国格付けしかもたない銘柄，無格付けの銘柄は，「格付け無し」として分類した．なお，格付けデータも時系列で更新されるため，格付けの変更に伴い，同一銘柄でも異時点間では異なる格付けグループに分類され得る．

表 2-5 に挙げるように，分析期間中には計 7 社のデフォルト事例が含まれる．

4 構造モデル

本稿で使用するモデルは，Merton (1974) によるオリジナルの Merton モデル，Black-Cox (1976) による初期到達時刻モデルである．いずれのモデルも，所与の一株あたり財務データと株価により，観測可能なパラメーターのみを利用して，クローズド・フォームで解を求めることができる．以下では，リスク中立確率を前提とする．

まず条件付請求権とよばれる，具体的なデフォルト確率推定のアプローチについて述べる．Merton (1974) によって提唱された，株主資本価値ならびに社債価値を算出するための基本的なフレームワークが示すところは以下の 3 点である．

- 企業の資本は，原資産に対する条件付請求権とみなす．
- 企業の負債は，原資産に対する条件付請求権とみなす．

- 企業の資本(株式時価総額として観測される)を知ることによって,企業の資産の市場価値と負債の市場価値(直接観測は不可能)を算出することができる.

企業は,時点 T において金額 D の支払い債務を履行しなくてはならない.そのときの資産価値 A が支払い債務未満であれば,同社は倒産し,実質的に債務者の手に委ねられる.楠岡・青沼・中川(2001)によれば,構造モデルのアプローチは,Merton が,債務の満期時点において,資本が負債を下回っている状態をデフォルトと規定したのが始まりと言われている.今日では,そのアイデアを抽象化し,企業価値をある確率過程で記述し,それが前もって定められた水準を下回った時点をデフォルトと定義する立場を総じて構造モデルとよぶことが多い.

構造モデルを説明するため,以下の仮定が成り立つとする.

仮定1. 企業資産価値の取引には,税金や費用が発生せず,資産の独立性に問題はない.
仮定2. 企業資産は,市場価値で無限に分割可能である.
仮定3. 金融市場が存在し,貸し出し金利と借り入れ金利が同一である.
仮定4. 企業資産価値の空売りが可能である.
仮定5. 企業資産価値は,連続的に取引される.
仮定6. Modigliani-Miller 命題が成り立つ(企業資産価値は資本構成に依存しない).
仮定7. 安全資産が存在し,その期間構造は一定であり,周知である.
仮定8. 企業資産価値は,幾何ブラウン運動に従う.

ここで利用する変数は,以下のように定義する.

D_t:負債
A_t:企業資産価値
T:満期までの年限
σ_t:資産価値のボラティリティ
W_t:標準ブラウン運動(ウィナープロセス)
r_t:無リスク金利

b_t：Black-Cox モデルにおけるデフォルト境界
Φ：標準正規分布の分布関数
1_A：定義関数

ある企業の時点 t における資産価値を A_t とし，A_t がある閾値 b_t を下回ったときデフォルトが発生すると定義する．デフォルト・リスクのない割引国債の無リスク金利を r_t とし，ある企業の資産価値 A_t が，

$$\frac{dA_t}{A_t} = r_t d_t + \sigma_t dW_t, \quad t \leq T \tag{1}$$

に従うとする．このフレームワークでは，デフォルト時点 τ は，初期到達時間

$$\tau = \min[t : A_t \leq b_t] \tag{2}$$

で定式化され，満期前にデフォルトした場合には，回収額を信用リスクのない割引国債の利回りで運用するとし，満期時点におけるペイオフは，

- $\tau > T$ かつ $A_T \geq D$ ならば D
- $\tau > T$ かつ $A_T < D$ ならば $\alpha_1 A_T$
- $\tau \leq T$ ならば $\alpha_2 A_\tau / B_0(\tau, T)$

とする．ただし，$\alpha_1, \alpha_2 \in [0, 1]$ は定数，$B_0(\tau, T)$ は満期 T の割引国債の時点 t における価格である．したがって，満期におけるペイオフ X は，

$$X = D1_{\{\tau > T, A_T \geq D\}} + \alpha_1 A_T 1_{\{\tau > T, A_T < D\}} + \frac{\alpha_2 A_\tau}{B_0(\tau, T)} 1_{\{\tau \leq T\}} \tag{3}$$

と表すことができ，割引社債の価格は

$$B(t, T) = E_t^*\left[e^{-H_0(t, T)} X\right], \quad t \leq T \tag{4}$$

で与えられる．ただし，E_t^* はリスク中立確率上の条件付期待値であり，

$$H_0(t, T) = \int_t^T r_u du \tag{5}$$

と置いた．以上が構造モデルの一般的なフレームワークであるが，無リスク金利 r_t や満期でのペイオフに仮定を置くことで，いくつかのモデルが提案されている．次節では，このフレームワークにおける代表的な2つのモデルを取り上げる．

4.1 Merton モデル

本節では,Merton モデルによる社債価格評価のアプローチについて述べる.モデルの詳細および解釈は,Merton (1974),森平 (1997),森平 (2000a),楠岡・中川・青沼 (2001),Giesecke (2004),Lando (2004) に詳しい.Merton はデフォルトは,満期において資産価値が負債額面を下回ったときに発生すると考え,満期時点のペイオフを,

$$\begin{aligned} X &= D1_{\{A_T \geq D\}} + A_T 1_{\{A_T < D\}} \\ &= D - \max\{D - A_T, 0\} \\ &= A_T - \max\{A_T - D, 0\} \end{aligned} \quad (6)$$

と置いた.さらに,無リスク金利を一定 ($r_t = r$),資産価値 A_t のボラティリティも一定 ($\sigma_t = \sigma$) と仮定した.このとき式 (1) から,資産価値は幾何ブラウン運動

$$\frac{dA_t}{A_t} = rdt + \sigma dW_t, \quad t \leq T \quad (7)$$

に従い,このフレームワークでは,ヨーロピアン・プット・オプション価格は

$$p = De^{-rT}\Phi(-d_2) - A\Phi(-d_1)$$

$$d_1 = \frac{\log(A/D) + (r + 1/2\sigma^2)T}{\sigma\sqrt{T}}$$

$$d_2 = d_1 - \sigma\sqrt{T}$$

である.ただし,$A = A_0$ である.以上から Merton モデルによる割引社債価格は,

$$B(0, T) = De^{-rT}\left(\Phi(h_2) + \frac{1}{d}\Phi(h_1)\right) \quad (8)$$

で与えられる.

ここで $d \equiv \dfrac{De^{-rT}}{A_T}$

$$h_1 \equiv -\frac{1/2\sigma^2 T - \log(d)}{\sigma\sqrt{T}}$$

$$h_2 \equiv -\frac{1/2\sigma^2 T + \log(d)}{\sigma\sqrt{T}} \quad \text{である.}$$

4.2 Black-Cox モデル

前節で示した Merton モデルは，あらかじめ与えられた満期時点 T における当該企業の資産価値が，負債価値を下回る確率を求めた．この場合，満期 T 以前の資産価値と負債の関係は，明示的に考慮されていない．企業の負債は，借り入れ時の契約により返済期限が決められており，通常の企業であれば返済日以前に債権者により元本の返済を要求されることは稀である．つまり，社債の償還日あるいは借入金の返済期日に返済できなければデフォルトせざるを得ない．ここでは，社債の償還日の一時点のみが重要である．デフォルトするか否かは，当日になって決まるためである．このような考え方から推定デフォルト率の算出にあたっても，上記の考え方を用いるのは決して不自然とは言えない．
これに対し，本稿で取り扱う Black-Cox のモデルでは，現時点 $t=0$ から時点 T までの期間中資産価値が一回でも閾値を下回ったら，デフォルト発生とみなす，初期到達時刻タイプとよばれる．つまり時点 T 以前の資産価値と負債の関係も考慮され，期間中すべての時点でデフォルトか否かが判断される．上場企業を例にとれば，過去のデータはもちろん業績予想も企業自らが公表している．また最近では四半期決算の開示が義務付けられており，それ以外にも月次の受注・販売動向を，ホームページ等で開示する企業も多く存在する．そのため，銀行や取引先，証券アナリスト，格付け会社のアナリストなどは決算を待たずして，当該企業のおおよその財務状況を知ることが可能である．もし，期中に当該企業が実質的に債務超過の状態にあり，いずれ到来する満期日に負債返済のメドが立たないことが明らかになれば，株価はゼロに近づき，銀行取引は停止され，返済期日を待たずに経営者はデフォルト申請するであろう．あるいは，銀行が貸し出し時の条件として「格付けが一定水準以下に下がったら，借入金の繰り上げ返済義務が生ずる」とのコベナンツを契約に入れるケースもある．さらに金融機関の場合は，格付けが一定以上の水準にないと短期市場からの資金調達が不可能になることから，格下げが事実上の引導となったケースもある．以上のような背景により，デフォルトは期中でも発生し得るのが現状である．
したがって，Merton モデルで仮定したように，デフォルトか否かの判断がされる時点をあらかじめ決めておき，それ以前の資産と負債の関係を考慮しないモデルよりは，Black-Cox 型の初期到達時刻のモデルがより現実の世界に近い

と言える.

Black-Cox は,無リスク金利を一定 ($r_t = r$),資産価値 A_t のボラティリティも一定 ($\sigma_t = \sigma$),デフォルト境界を $b_t = be^{-\alpha_0(T-t)}$ と仮定した.ただし $b < D$ であり,$\alpha_0 \geq 0$ は定数である.このモデルでは,満期におけるペイオフ式 (6) は,

$$X = D1_{\{\tau > T, A_T \geq D\}} + \alpha_1 A_T 1_{\{\tau > T, A_T < D\}} + \alpha_2 be^{(r-\alpha_0)(T-\tau)} 1_{\{\tau \leq T\}} \tag{9}$$

で与えられる.

割引社債の価格は以下により与えられる.

$$\begin{aligned} B(0, T) = &De^{-rT}\left[\Phi(z_1) - y^{2(\theta-1)}\Phi(z_2)\right] + A\alpha_1\left[\Phi(z_3) + y^{2\theta}\Phi(z_4)\right] \\ &+ A(\alpha_2 - \alpha_1)\left[\Phi(z_5) + y^{2\theta}\Phi(z_6)\right] \end{aligned} \tag{10}$$

ただし,$A_0 = A$ で,

$$K = \log \frac{d}{A} - \alpha_0 T$$

$$y = e^K = \frac{de^{-\alpha_0 T}}{A}, \quad \theta = \frac{\nu - \alpha_0}{\sigma^2} + 1$$

$$z_1 = \frac{\log(A/F) + \nu T}{\sigma\sqrt{T}}, \quad z_2 = \frac{\log(A/F) + 2K + \nu T}{\sigma\sqrt{T}}$$

$$z_3 = -\frac{\log(A/F) + (\nu + \sigma^2)T}{\sigma\sqrt{T}}, \quad z_4 = \frac{\log(A/F) + 2K + (\nu + \sigma^2)T}{\sigma\sqrt{T}}$$

$$z_5 = \frac{K - \theta\sigma^2 T}{\sigma\sqrt{T}}, \quad z_6 = \frac{K + \theta\sigma^2 T}{\sigma\sqrt{T}}$$

と置いた[2].

5 実 証 分 析

構造モデルのアプローチには,そもそも企業の資産価値とは何か,デフォルト境界をどのように設定するか,また未知のパラメーターをどのように推定するか,などの問題点が指摘されている.以下では,本稿で用いたパラメーターの推定方法,クレジット・スプレッド推定結果,および社債投資への応用につ

---

[2] Black and Cox (1976) には誤植があることが知られているため,Lin (2007),木島・小守林 (1999) を参照した.

いて考察する．

5.1 パラメーター推定

ここでは，4.1 項，4.2 項で紹介したモデルのパラメーター推定方法について述べる．構造モデルに必要なインプットのうち，株式価値 S，負債 D，無リスク金利 r，残存年限 T は公表データから観察される．資産価値 A，およびそのボラティリティ σ は観察できないため，推定が必要となる．また，Black-Cox モデルにおけるデフォルト境界 b，デフォルト境界の傾き α_0，デフォルト時の回収率 α_1, α_2 は任意の設定が可能であるが，可能な限り現実に近い形での設定を目指した．本稿で採用したパラメーター推定方法は以下の通りである．

5.1.1 資産価値期待収益率

本稿では，リスク中立をベースとしているため，資産価値期待収益率＝無リスク金利 r とする[3]．

5.1.2 残存年限 T

社債の残存年数とする．本稿では社債の銘柄毎に異なった残存年数に対応し，銘柄毎に異なる T に対応した推定デフォルト率を算出する．

5.1.3 負　債　D

本稿では Merton（1974）を踏襲し，企業の負債構造を一種類の割引社債のみと仮定している．その際，負債額はバランスシートに記載された金額であり，社債の償還日に一括返済を求められるとの前提を置いている．社債の返済義務は，ほぼ例外なく負債の額面であるため妥当な選択と思われる．ただし，現実には普通社債のほか，劣後社債，転換社債，ワラント付き社債，銀行借入れ，シンジケート・ローン，コミットメント・ライン等，負債のバリエーションが存在する．さらに，企業は繰り上げ返済，買い入れ償却などの手段も有することから，現実の負債状況を精緻にモデル化することは現実的に困難である．この負債構造の前提は，構造モデルのもつ強い仮定の１つであり，現実の企業の資産・負債構成とのズレが指摘される部分でもある[4]．しかし，我が国のデータによる実証分析にほとんど前例が存在しないことから，本稿では，まずナイ

---

[3] 実確率の資産価値期待収益率 μ_A に企業の実績値を用いた場合の分析は成田（2005）を参照．

ーブなモデルによる分析から始めることとする.

5.1.4 資産価値 A

Merton が提唱したように,株主は企業資産を原資産とし,負債を行使価格とするコール・オプションを保有している.このコール・オプションの現在時点の価値が株式価格となる.同時に,バランスシートの定義から資産＝資本＋負債である.この関係を生かして,後述の方程式より資産価値と資産ボラティリティを同時推定する.

5.1.5 資産価値ボラティリティ σ

時価ベースの企業の資産価値は観測できない.株価と簿価ベースの資産・負債だけが観測可能である.そこで,資産価値 A およびそのボラティリティ σ は,以下の方法により推定する.この手法は,Lando (2004) に詳しい.S を観察された企業の自己資本時価(時価総額)とする.構造モデルでは,S をつぎの関数として表すことができる.

$$S = C^{BS}(A, \sigma, r, T, D) \tag{11}$$

ただし,C^{BS} はコール・オプションの価値を求めるブラック・ショールズ価格評価式.

つぎに,株式のボラティリティ σ_S は観察可能であると仮定すれば,つぎの式が成り立つ.

$$dS \approx (\cdots)dt + S\sigma_S dW \tag{12}$$

一方,伊藤の補題を式 (11) に適用すれば,株価の変動はつぎのように表される.

$$dS = (\cdots)dt + C_A^{BS}(A, \sigma, \cdots)A\sigma dW \tag{13}$$

ただし,$C_A^{BS}(\cdot)$ はコール・オプションの公式 (11) の A に関する一階の導関数である.式 (12) と式 (13) の dW の項は等しいため,

$$S\sigma_S = A\sigma C_A^{BS} \tag{14}$$

が得られる.

本稿では,式 (11),式 (14) を使い,σ_S を所与としたうえで,A, σ を同時

---

4) 今村 (1999) は,倒産企業のバランスシートを精査した結果,資産価値に水増しが認められるケースがあるが,負債サイドは,原則として簿価を信用してよいと指摘している.

推定した.

さて，本来，推定すべき資産ボラティリティは，将来のインプライド・ボラティリティでなければならない．さらに，大半の銘柄においてディープ・アウト・オブ・ザ・マネー，かつ長期のものであるため，理論的な推定がきわめて困難である．そのため，資産ボラティリティ σ には，EWMA[5]，60日，120日，250日，500日，750日，1000日，1250日，1500日，以上9つの異なるインターバルの株価ヒストリカル・ボラティリティを用意し，これらのすべてについて検証した．なお，先行研究では，Finger (2002)，Duarte, Longstaff and Yu (2005) は，ともに過去1000日の株価ボラティリティを，Eom, Helwege and Huang (2004) は150日を用いている．

5.1.6 デフォルト境界 b

Mertonモデルにおいて，デフォルト境界＝負債 D とした．また，Black-Coxモデルにおいても，$b=D$．さらに $b=D\times100\%$ から $b=D\times70\%$ まで10%ずつ変化させた場合を追加で検証した．70%の由来は，Davydenko (2007) による過去のデフォルト事例研究を反映したものである．我が国のデフォルト事例を見ると，企業がデフォルトした時点で，負債価値もゼロ近辺まで毀損しているケースが大半を占める．この事実に対応するため，デフォルト後の外生的なコストによって負債価値が失われると想定したり，満期前のデフォルトポイントが額面より低いと想定したりすることがある．本稿では後者の立場をとる[6]．

5.1.7 デフォルト時回収率 α_1, α_2

デフォルト後の回収にかかるコストは考慮しない．$\alpha_1=\alpha_2=1$ と置いた．

5.1.8 デフォルト境界の傾き α_0

$\alpha_0=0$ と置いた．Black and Cox (1976) は，デフォルト境界を債券の満期に関する減少関数とした．これは，企業の価値が下がり，ある一定の水準に近づ

---

5) EWMA (Exponentially weighted moving average) では，各銘柄の日次株価リターン r_t^e が $r_t^e = E_{t-1}[r_t^e] + \epsilon_t^e$ に従うものとし，過去 T 営業日の日次リターンを用いて，直近のデータにウェイトを付けて以下のように時点 t のボラティリティ σ_t^e を推定する．$\sigma_t^{e2} = \alpha\sigma_{t-1}^{e2} + (1-\alpha)\epsilon_{t-1}^{e2} \approx \frac{1-\alpha}{1-\alpha^T}\sum_{i=1}^{T}\alpha^{i-1}\epsilon_{t-i}^{e2}$, $\alpha\in(0,1)$，ここで α は0.94，T は30日とした．

6) Bohn and Stein (2009) では，公表されるバランスシート上に記載される負債額のなかには，必ずしも企業にデフォルトを強制しないものが含まれるとして，繰り延べ税金資産，マイノリティー・インタレストを挙げている．

くと，債券の保有者は企業資産の所有権を主張できるという状況をモデル化したものである．本稿では，この設定は現実的ではないと考え，フラットなデフォルト境界を想定している．

5.2 推定精度の検証

以下では，市場で観測されるスプレッドの実勢値（以下，市場スプレッド）と Merton, Black-Cox, 2つのモデルからの推定値（以下，理論スプレッド）を比較し，モデルの精度を検証する．

割引社債の価格を $B(t, T)$，デフォルト・リスクのない国債の価格を $B_0(t, T)$ とすれば，モデルによるスプレッド CS は

$$CS = Y(0, T) - Y_0(0, T) = -\frac{\log B(0, T) - \log B_0(0, T)}{T}, \quad 0 \leq T \quad (15)$$

と表すことができる．本稿では，これらのモデルによる CS 値を「理論スプレッド」と定義する．以下で行う推定精度の検証には，

$$\text{プライシング・エラー} = (\text{理論スプレッド} - \text{市場スプレッド}) / \text{市場スプレッド}$$

の大きさを比較する．いずれも個別銘柄ベースでスプレッドを推定し，全期間のサンプル平均値を比較している．表2-6に各モデルのパフォーマンスを示す[7]．

両モデルともに大きなプライシング・エラーが発生しているが，方向と大きさはモデルにより異なる．標準偏差の大きさを考慮すれば，平均値ベースのプライシング・エラーの比較は信頼性の高いものとはいえないかもしれないが，Merton のオリジナル・モデルは，明らかにスプレッドを過小推定している．プライシング・エラーが最小となったのは，過去60日の株価ヒストリカル・ボラティリティを採用したケースであり，プライシング・エラーは -40%，標準偏

---

[7] 本稿で取り上げた社債評価モデルは，ナイーブなモデルであり，いずれも評価対象がゼロクーポンの割引債であることを前提としているが，これを利付き債に拡張することも可能である．デフォルトのあるクーポン債の評価は，Merton モデルでは，$B_c(0, T) = e^{-rT}DP^*\{\tau > T\} + c\int_0^T e^{-rs}P^*\{\tau > t\}\, ds$ で，Black-Cox モデルでは，$B_c(0, T) = B(0, T) + c\int_0^T e^{-rs}P^*\{\tau > s\}\, ds = B(0, T) + C(0, T)$ で表される．ただし $C(t, T)$ は将来のクーポンの現在価値．これは Leland (1994), Leland and Toft (1996) モデルの特別な場合に相当する．

2 構造モデルによるクレジット・スプレッドの推定

表 2-6 プライシング・エラー

モデル	デフォルト境界パラメーター	ボラティリティパラメーター	理論スプレッド	標準偏差	サンプル平均 プライシング・エラー	標準偏差
Merton		EWMA	0.25	0.40	−41.45	125.27
Merton		$\sigma = 60$ day	0.29	0.59	−40.36	138.43
Merton		$\sigma = 120$ day	0.27	0.48	−44.98	114.27
Merton		$\sigma = 250$ day	0.24	0.38	−49.50	97.96
Merton		$\sigma = 500$ day	0.22	0.31	−51.70	85.21
Merton		$\sigma = 750$ day	0.20	0.28	−51.87	84.34
Merton		$\sigma = 1000$ day	0.19	0.25	−52.32	89.26
Merton		$\sigma = 1250$ day	0.18	0.24	−52.42	85.21
Merton		$\sigma = 1500$ day	0.18	0.23	−52.38	81.19
Black-Cox	$b = 100$	EWMA	1.13	5.27	84.53	1018.67
Black-Cox	$b = 100$	$\sigma = 60$ day	1.33	5.90	115.23	1142.15
Black-Cox	$b = 100$	$\sigma = 120$ day	1.28	5.68	104.88	1125.63
Black-Cox	$b = 100$	$\sigma = 250$ day	1.17	5.25	82.45	1046.50
Black-Cox	$b = 100$	$\sigma = 500$ day	1.10	5.74	64.32	1011.29
Black-Cox	$b = 100$	$\sigma = 750$ day	1.07	5.58	59.53	956.22
Black-Cox	$b = 100$	$\sigma = 1000$ day	1.05	5.52	54.04	891.95
Black-Cox	$b = 100$	$\sigma = 1250$ day	1.03	5.29	51.62	854.50
Black-Cox	$b = 100$	$\sigma = 1500$ day	1.03	5.45	51.97	832.93
Black-Cox	$b = 90$	EWMA	0.31	2.09	−44.31	632.86
Black-Cox	$b = 90$	$\sigma = 60$ day	0.47	2.92	−26.06	753.07
Black-Cox	$b = 90$	$\sigma = 120$ day	0.40	2.50	−39.79	670.22
Black-Cox	$b = 90$	$\sigma = 250$ day	0.32	2.16	−55.49	634.35
Black-Cox	$b = 90$	$\sigma = 500$ day	0.23	1.93	−69.99	555.84
Black-Cox	$b = 90$	$\sigma = 750$ day	0.18	1.79	−76.60	464.62
Black-Cox	$b = 90$	$\sigma = 1000$ day	0.15	1.71	−81.60	430.44
Black-Cox	$b = 90$	$\sigma = 1250$ day	0.13	1.71	−83.81	394.63
Black-Cox	$b = 90$	$\sigma = 1500$ day	0.12	1.77	−83.45	396.26
Black-Cox	$b = 80$	EWMA	0.05	1.63	−98.76	529.13
Black-Cox	$b = 80$	$\sigma = 60$ day	0.20	2.54	−81.07	639.46
Black-Cox	$b = 80$	$\sigma = 120$ day	0.13	2.14	−96.33	538.00
Black-Cox	$b = 80$	$\sigma = 250$ day	0.05	1.73	−111.92	506.41
Black-Cox	$b = 80$	$\sigma = 500$ day	−0.03	1.54	−124.09	448.75
Black-Cox	$b = 80$	$\sigma = 750$ day	−0.08	1.23	−131.03	329.75
Black-Cox	$b = 80$	$\sigma = 1000$ day	−0.11	1.21	−135.24	311.20
Black-Cox	$b = 80$	$\sigma = 1250$ day	−0.14	1.10	−137.97	272.21
Black-Cox	$b = 80$	$\sigma = 1500$ day	−0.14	1.13	−138.77	250.27
Black-Cox	$b = 70$	EWMA	−0.06	1.44	−127.12	442.28
Black-Cox	$b = 70$	$\sigma = 60$ day	−0.06	1.44	−127.12	442.28
Black-Cox	$b = 70$	$\sigma = 120$ day	0.01	2.01	−123.57	513.46
Black-Cox	$b = 70$	$\sigma = 250$ day	−0.07	1.63	−137.65	487.14
Black-Cox	$b = 70$	$\sigma = 500$ day	−0.14	1.25	−150.02	371.57
Black-Cox	$b = 70$	$\sigma = 750$ day	−0.18	1.14	−155.51	299.42
Black-Cox	$b = 70$	$\sigma = 1000$ day	−0.21	1.04	−159.75	266.22
Black-Cox	$b = 70$	$\sigma = 1250$ day	−0.23	0.96	−162.40	236.35
Black-Cox	$b = 70$	$\sigma = 1500$ day	−0.24	0.92	−163.59	213.23
市場スプレッド			0.91	2.52		

単位%

差は138%であった．これは，平均的に市場スプレッドが1.0%であるのに対して，モデルは0.6%と小さめに推定することを意味する．ボラティリティの選択は，理論スプレッド，およびプライシング・エラーに対してそれほど大きな影響を与えていない．ボラティリティ・パラメーターにEWMAから1500日のいずれをとっても，理論スプレッドは，市場スプレッドの1/3以下の水準にとどまる．

現実的な問題として，デフォルト境界線の設定において，社債の償還日に負債額面を1円でも下回ったら，即デフォルトという条件は，保守的過ぎる可能性がある[8]．では，デフォルト境界やタイミングに柔軟性をもたせることで，推定精度は改善が期待されるであろうか．以下に検証結果を示す．Black-Coxモデルは，デフォルト発生は満期償還時のみというMertonの制約条件を排除し，即時デフォルトを許容するよう拡張されたモデルである．Mertonモデルにおけるデフォルトは，Black-Coxモデルのデフォルトを意味するので，その理論スプレッドはMertonモデル以上になるはずである．ここではノックアウト水準を社債額面の100%から70%まで，10%ずつ段階的に引き下げることで，推定精度の変化を検証する．

まず，デフォルト境界を負債額面の100%（$b=100$），つまり上述のMertonモデルと同じ設定にしたところ，理論スプレッドは市場平均に近付いたが，プライシング・エラーは総じてMertonモデルよりも拡大した．プライシング・エラーを最小にするのは，過去1250日のヒストリカル・ボラティリティを採用したケースであり，プライシング・エラーは52%，標準偏差は854%とともに拡大している．また，ボラティリティ期間が短くなるにつれ，プライシングエラーが拡大する傾向がある．図2-1は左に市場スプレッドとモデルによる理論スプレッドの時系列比較，右にその差をプロットしたものである．中段のグラフに見られるように，Black-Coxモデルの（$b=100$）では，プライシング・エラーの平均は比較的ゼロに近いが，エラーは大きく上下に振れている．また，上段のMertonモデルのエラーが平均的に低い水準で比較的ランダムに発生しているのに比べ，エラーに時系列相関が見られる．

---

8) 実際にKMV（2001）では流動負債＋固定負債×0.5を，Finger（2002）は，流動負債＋固定負債＋0.5×（その他負債）に1/2を乗じたものを負債価値としている．

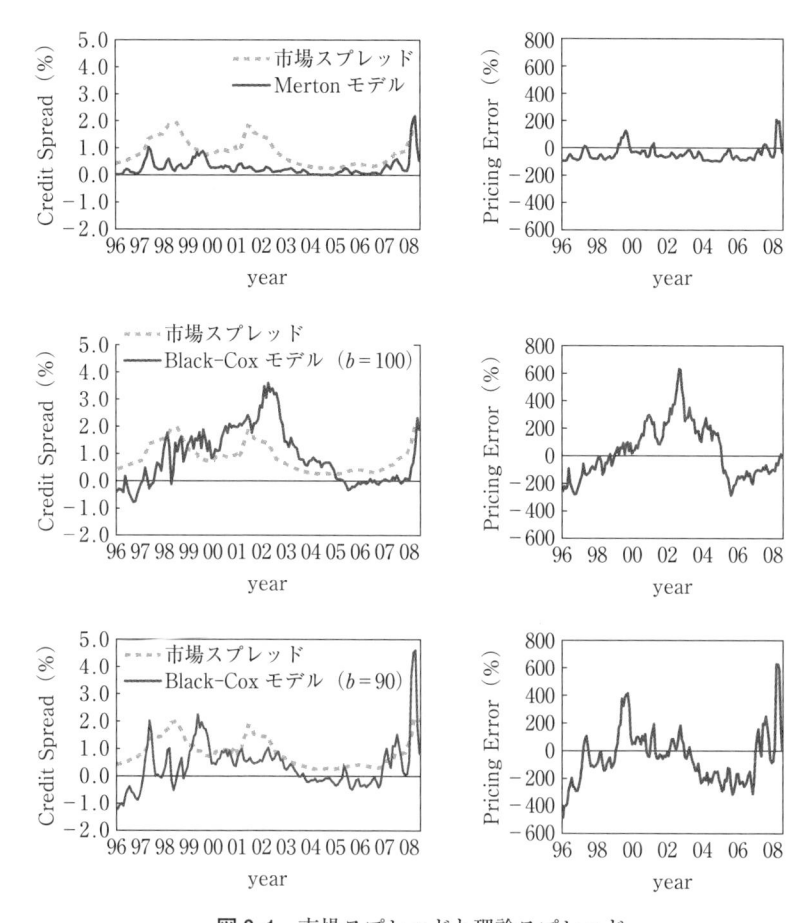

図 2-1　市場スプレッドと理論スプレッド

つぎに，デフォルト境界を負債額面の 90% に引き下げたケース（$b=90$）では，デフォルト境界変更の影響が，理論スプレッドの低下となって顕著に現れている．上述の Merton モデル同様，ボラティリティ・パラメーターに EWMA から 1500 日のいずれをとっても，モデルの推定するスプレッドは，総じて市場スプレッドの半分以下の水準にとどまる．プライシング・エラーを最小にするのは，60 日のボラティリティを用いた場合であり，プライシング・エラーは -26% と Merton モデルと比べて約 1/2 に縮小するが，標準偏差は 753% と逆に大きく拡大する．デフォルト境界を負債額面の 100% から 90% まで引き下げた

ことによって，理論スプレッドは大きく低下し，方向としては市場スプレッドに近づいているものの，プライシング・エラーはボラティリティ・パラメーターに対する依存度を強めており，頑健性は低下している．プライシング・エラーの標準偏差は，Black-Coxモデルの（$b=100$）と比べて低下傾向にあるものの，Mertonモデルとの比較では明らかに拡大している．

さらにデフォルト境界を負債額面の80％に引き下げたケース（$b=80$），70％に引き下げたケース（$b=70$）では，モデルの拡張によるマイナスの効果が顕著である．デフォルト・リスクを反映しているにもかかわらず，社債の国債に上乗せするスプレッドがマイナスと推定されてしまうなど，推定精度は一層低下している．

上記の検証結果から，即時デフォルトを許容しただけでは，モデルの拡張が推定精度の改善に繋がらないことが示された．さらに，デフォルト境界を外性的に与えたことにによる効果は必ずしもプラスではないことが示された．長期の実証結果からはMertonモデルの相対的な推定精度の高さと頑健性が表れている．これ以上の推定精度を求めるならば，パラメーターに対するキャリブレーションが必要と思われるが，パラメーターを外性的に与えるという構造モデルの長所を失うことにも繋がるため，慎重にならざるを得ない．構造モデルの推定精度について，Eom, Helwege and Huang（2004）は，Mertonモデルは，スプレッドを大幅に過小推定してしまい，現実的な水準のスプレッドを作り出すことが，モデルにとってもっとも重要なチャレンジであると述べたが，本稿の取り組みはそれを踏襲する結果となった[9]．また第2節の表2-1で示した通り，同論文における検証の結果得られたMertonモデルのプライシング・エラーは−50％であったのに対して，本稿の結果では−40％とより低かった．これは，日本の金利水準，スプレッド水準が全体的に低いというサンプルデータの質の違い，さらにサンプルデータの量の違いが寄与している可能性がある．日本のデータを用いた分析が，米国市場の分析と非常に近い結果となったことは興味深い．

以下では，表2-6からMertonモデルに過去60日の株価ヒストリカル・ボラ

---

[9] 回収率は額面の51.3％，ボラティリティは150日の前提で182銘柄の年次データによる．

ティリティを採用したケースのプライシング・エラーを取り上げ，エラーの原因を分析する．まず，プライシング・エラーと市場ファクターとの相関を調べたところ，相関係数は 0.26 にとどまった．つぎに要因分解のため，社債の個別銘柄毎に上記プライシング・エラーの絶対値を目的変数とし，自己資本比率，株式時価総額の対数，トリプル A 格の 1 から CCC 格の 23 まで数値換算した格付け，クレジット・スプレッドの対数，満期償還までの残存年限を説明変数として最小二乗法による回帰分析を行った．結果を表 2-7 に示す．格付けを除くすべての変数に統計的な有意性が認められた．要因別に見ると，まず財務レバレッジは自己資本比率の逆数であるが，これが高い銘柄ほど，プライシング・エラーは拡大する．仮に財務レバレッジが 1 であれば，株価ボラティリティと資産ボラティリティは 1 対 1 の関係となることが明らかであるが，財務レバレッジが上がることで，資産ボラティリティの推定精度が低下している可能性がある．ただし，真の資産ボラティリティが観測されない以上，これは確認できない．また，通信業に代表される高レバッジ，高スプレッドの企業群のプライシング・エラーが目立って大きいことから，これら企業の影響も現れている．時価総額が大きいほどエラーは低下する．一般的に大企業ほど社債発行額も大きく，投資家数も多いと言える．カバーするアナリスト数も多いことから，理論値に近いプライシングがされていると解釈できる．クレジット・スプレッドが大きい銘柄ほどエラーは拡大する．高スプレッド銘柄は流動性が低いことに加え，銘柄によってはスプレッドでなく単価で取引されることもエラーの要因

表 2-7 プライシング・エラー要因分解

変数名	係数	標準誤差	t 値	P 値
切片項	5.134	1.507	3.407	0.001
財務レバレッジ	9.555	1.610	5.936	0.000
時価総額（対数）	-1.355	0.208	-6.506	0.000
格付け（AAA=1⋯CCC=23）	-0.024	0.101	-0.242	0.809
スプレッド（対数）	0.765	0.052	14.655	0.000
残存年限	-0.425	0.135	-3.138	0.002
R^2	0.724			

t 値は White の修正済み

と考えられる．格付けは，ほとんど説明力をもたない．年限が長期化するほどエラーは縮小する．直感的には年限が延長されるほど，プライシングは困難となるように思えるが，本稿のケースではむしろ短期債のプライシングが困難なことを示唆している．原因の1つには，Merton モデルの想定する資産価値のプロセスはジャンプを想定しない拡散過程であるのに対し，現実の市場は企業の突然死，すなわち資産価格のジャンプを織り込んでいる可能性がある．これが短期債のスプレッド推定を困難にすることは，Merton モデルの限界であり，先行研究でも指摘される点である．Jones, Mason and Rosenfeld（1984）は，Merton モデルの社債価格予測力は低く，とくに低リスク，短期債のスプレッドを過小評価すると述べた．本稿の分析により得られた結果からは，短期債ほどプライシング・エラーが拡大することについては先行研究の含意に添うが，高リスク債ほどエラーは拡大する傾向にあり，この点は先行研究とは反対の結果となっている．

5.3 社債投資への応用

以下では，前項で求めた理論スプレッドを利用し，バリュエーション・ツールとしての構造モデルの有効性を検証する．構造モデルで推定したスプレッドを理論値として用いることで，市場スプレッドとの差を利用した銘柄選択を試みる．市場スプレッドは，過去の実績デフォルト率と比較して過大であるのはよく知られた事実である．これは，スプレッドに占めるデフォルト由来の部分は一部であり，流動性その他のプレミアムが加算されていると解釈される．仮に，スプレッド変動要因のデフォルト・リスクに由来する割合が50%であれば，スプレッドの過半が投資家の享受できるプレミアムで構成されている可能性を意味する．そこで，本節では「市場スプレッド－理論スプレッド」をリスク・プレミアムと定義し，このプレミアムと投資収益の関係を検証する．検証の方法は，まず毎月末時点で分析対象銘柄のすべてについてリスク・プレミアムを算出する．つぎにリスク・プレミアムの四分位偏差により4ポートフォリオに分類し，保有すると仮定する．つまり毎月末時点で，プレミアムの高低で分類した4ポートフォリオを組成し，1カ月間保有する．そして1カ月後にリバランスすることを繰り返す．こうして得られる各四分位ポートフォリオの累積パ

フォーマンスを比較する．まず，デフォルト・リスクはヘッジが困難である，低流動性のため分散投資が困難である，社債の投資家はリスク回避的である等々，なんらかの理由により市場はリスク・プレミアムを要求するとの仮説を立てる．市場スプレッドが理論スプレッドを上回る部分は，リスクを補って余りあるリターン，つまりリスク・プレミアムとみなすことができる．上記の仮説が正しければ，社債のバリュエーション・ツールとしてのMertonモデルの有効性が示せるものと考える．

スプレッドを源泉とするリターンの算出は以下の手順で行った．たとえば，一年間のスプレッドによるリターン R^{CS} は，時間経過効果＋スプレッド変化分×修正デュレーションで表され，

$$R^{CS} = CS + Dur \times \Delta CS$$

となる．ここで，$P=$ 債券価格，$Dur=$ 修正デュレーション，$Y=$ 社債利回り，$JGB_T=$ 国債利回り，$CS=$ 社債利回りの国債に上乗せするスプレッドである．社債の収益率 $= \Delta P/P \approx -Dur \times \Delta r$ なので，

$$Y = JGB_T + CS$$
$$\Delta Y = \Delta JGB_T + \Delta CS$$
$$\Delta P/P = -Dur \times \Delta JGB_T - Dur \times \Delta CS \tag{16}$$

より，同残存年数（正確には同デュレーション）の国債，事業債の収益率格差は

$$-Dur \times \Delta CS \tag{17}$$

である．同残存年数の国債との収益率比較において，式（16）の右辺第一項がほぼ相殺されることから，事業債が追加的に負担しているリスクは修正デュレーションがスプレッド変化（ΔCS）に対する価格感応度として機能することを示す．

1996年9月から2009年2月までの150カ月間の市場データを用いて検証した結果，リスク・プレミアムとリターンの間には，仮説を裏付けるような関係があることが観測された．表2-8は四分位ポートフォリオのリターンの分布である．月末時点でリスク・プレミアム上位25％の銘柄群が第1四分位ポートフォリオとなり，下位25％の銘柄群が，第4四分位ポートフォリオとなる．銘柄数は各ポートフォリオとも均等になるよう分類した．各四分位ポートフォリオ

表 2-8　四分位ポートフォリオリターン分布

	第1四分位	第2四分位	第3四分位	第4四分位
Merton				
累積リターン	24.71	1.77	−5.38	−12.91
月次平均	0.09	0.03	0.00	−0.04
最大	2.58	1.25	0.72	0.41
最小	−3.04	−1.59	−1.82	−1.76
標準偏差	2.52	1.12	0.86	0.88
Black-Cox $b=100$				
累積リターン	27.44	4.28	−5.95	−12.58
月次平均	0.10	0.03	−0.01	−0.03
最大	2.56	1.05	0.59	0.67
最小	−2.87	−1.47	−1.73	−1.62
標準偏差	2.41	0.96	0.89	1.01

単位（％）

はデュレーションを調整したうえで，パフォーマンスを比較した．両モデルとも良好な結果となっている．第1四分位のポートフォリオはプレミアム最大のグループであるが，両モデルにおいて，累積パフォーマンスはもっとも高く，Mertonの累積リターンは24.71％に達している．また，両モデルとも分位が下がるほどリターンが低下する傾向がある．この結果は，デュレーション調整後であり，さらにリターンと標準偏差の関係を見ても，第1四分位がもっとも優れており，分位が下がるにつれリスクあたりリターンが劣るという傾向が注目される．これは，第4四分位に分類される銘柄群を避けるだけで，市場平均を上回るリターンを獲得できる可能性を示しており，社債ポートフォリオ運用にとってきわめて有用な指標となることが期待される．

6　まとめ

本稿では，構造モデルのうち，代表的なMertonモデル，拡張モデルであるBlack-Coxを取り上げ，クレジット・スプレッドを推定し，市場スプレッドに

対するプライシング・エラーを検証した．また，エラーの原因を探るため要因分析を行った．さらに理論スプレッドの有用性について分析を行った．その結果，両モデルともに大きなプライシング・エラーが発生しているが，Mertonモデルはスプレッドを過小推定し，Black-Coxモデルは過大推定した．Eom, Helwege and Huang（2004）は，Mertonモデルは，クレジット・スプレッドを大幅に過小推定してしまい，現実的な水準のクレジット・スプレッドを作り出すことが，モデルにとってのもっとも重要なチャレンジであると述べたが，我が国のデータを用いた本稿の取り組みでも，Mertonモデルは，クレジット・スプレッドを過小評価することが明らかとなり，先行研究を踏襲する結果となった．即時デフォルトを許容したBlack-Coxモデルへの拡張，およびデフォルト境界の変更は，推定精度の向上に有効ではないことが示された．Eom, Helwege and Huang（2004）は，Mertonモデルの拡張は，必ずしも精度向上に繋がっておらず，新しいモデルほど推定エラーが大きいと指摘した．本稿の取り組みにおいても，Mertonモデルはその拡張版であるBlack-Coxと比較して相対的に優れた推定精度をもつことが示され，これを踏襲する結果となった．プライシング・エラーの要因分解を行ったところ，財務レバレッジと市場スプレッドはエラーの大きさと正の関係が，時価総額と年限は負の関係をもつことが明らかとなった．格付けはほとんど説明力をもたなかった．「市場スプレッド－理論スプレッド」をリスク・プレミアムと定義し，このプレミアムと投資収益の関係を検証したところ，プレミアムがリターンの源泉として有用であることが明らかとなった．これによりバリュエーション・ツールとしてのMertonモデルの有効性が示された．今後のモデルの拡張に際しては，短期，高レバレッジ，高スプレッド銘柄のクレジット・スプレッド推定精度向上が課題となろう．

〔参考文献〕

今村文宣（1999）「倒産企業のバランスシート」『大和証券SMBC, Credit Products Monthly Report』．

池田昌幸（2000）『オプション評価と企業金融の理論』東京大学出版会．

木島正明・小守林克哉（1999）『金融リスク評価の数理モデル』朝倉書店．
白田佳子（2003）『企業倒産予知モデル』中央経済社．
津村英文・榊原茂樹・青山　護（1993）『証券投資論（第3版）』日本経済新聞社．
中川秀敏（2008）「信用リスク・モデルの観望とその新展開―トップダウン・アプローチによるデフォルトの依存関係のモデル化」『現代ファイナンス』，3-33．
成田俊介（2005）「構造モデルによる信用リスクの定量化と社債投資への応用」『日本ファイナンス学会第13回大会予稿集』，11-23．
福田慎一・鯉渕　賢（2006）「不良債権と債権放棄：メインバンクの超過負担」『経済研究』，**57**(2)，110-120．
森平爽一郎（1997）「倒産確率推定のオプション・アプローチ」『証券アナリストジャーナル』，2-9．
藪口康夫・畑宏樹・小林秀之（1997）『貸手責任と金融倒産』清文社．
Anderson, Ronald and Suresh Sundaresan (2000) "A comparative study of structural models of corporate bond yields: An exploratory investigation," *Journal of Banking & Finance*, **24**, 255-269.
Black, Fischer and John C. Cox (1976) "Valuing corporate securities: some effects on bond indenture provisions," *The Journal of Finance*, **31**(2), 351-367.
Collin-Dufresne, Pierre, Robert S. Goldsteinand Spencer J. Martin (2001) "The determinants of credit spread changes," *The Journal of Finance*, **56**(6), 2177-2207.
Davydenko, Sergei A. (2007) "When Do Firms Default? A Stud of The Default BoundaryAFA 2009," *San Francisco Meetings Paper*.
Eom, Young Ho, Jean Helwege and Jing-Zhi Huang (2004) "Structural models of corporate bond pricing: An empirical analysis," *The Review of Financial Studies*, **17**(2), 494-544.
Finger, Christopher C. (2002) "*CreditGrades technical document*," (http://www.riskmetrics.com/publications/techdocs/cmtdovv.html).
Geske, Robert and Johnson E. Herbert (1977) "Valuation of corporate liabilities as compound options: a correction," *Journal of Financial and Quantitative Analysis*, **19**(2), 231-232.
Giesecke, Kay (2004) Credit Risk Modeling and Valuation An Introduction, *Working Paper*, Cornell University.
Jones, Philip E., Mason P. Scott and Eric Rosenfeld (1984) "Contingent claims analysis of corporate capital structures: an empirical investigation," *The Jour-

nal of Finance, **39**(3), 611-627.

KMV Corporation (2001)「デフォルト・リスクのモデル化」(http://www.moodyskmv.com, research and singleObligor wp.html).

Lando, David (2004) "Credit Risk Modeling : Theory and Applications," Princeton University Press.

Leland, Hayne E. (1994) "Corporate debt value, bond covenants, and optimal capital structure," *The Journal of Finance*, **49**(4), 1213-1252.

Leland, Hayne E. and Klaus B. Toft (1996) "Optimal capital structure, endogenous bankruptcy, and the term structure of credit spreads," *The Journal of Finance*, **51**(3), 987-1019.

Lin, Hsuan-Chu (2007) "Valuing corporate securities : some effects of bond indenture provisions-a correction," *Review of Quantitative Finance and Accounting*, **29**(2), 173-180.

Longstaff, Francis A. and Eduardo S. Schwartz (1995) "A simple approach to valuing risky fixed and floating rate Debt," *The Journal of Finance*, **50**(3), 789-819.

Merton, Robert C. (1974) "On the pricing of corporate debt : The risk structure of interest rates," *The Journal of Finance*, **29**(2), 449-470.

Sarig, Oded and Arther Warga (1989) "Some empirical estimates of the risk structure of interest Rates," *The Journal of Finance*, **44**(5), 1351-1360.

(企業年金連合会／筑波大学大学院ビジネス科学研究科)

3 マネジメントの価値創造力とM&Aの評価

中 岡 英 隆

概要 企業の価値創造力はそのマネジメントの質や能力に大きく依存する．本研究は，不確実性下のキャッシュフローとマネジメント能力を状態変数として企業価値のモデル化を行い，Tobin's q ratio を再定義して企業の経営価値創造力と M&A による統合効果につき考察を行う．また，リアルオプションには原資産価値とボラティリティの観測が難しいという問題が存在するため，実際の市場を対象に事業の資産価値や ERM の評価を行うことが容易ではない．本研究は，Merton (1974) の構造型モデルに対してこれらの問題を解決する新たなアルゴリズムを適用することにより，負債を織り込んだ企業の市場価値という文脈における新規事業の ERM 評価や，q レシオによる企業の価値創造力の評価，M&A に対する市場の評価について統合的な考察と実証的検証を試みる．

Keywords：知識資産，無形資産，Tobin's q ratio，バリュエーション，リアルオプション，M&A．

1 はじめに

企業の価値創造力がそのマネジメントの質や能力に大きく依存することは広く知られている．このマネジメントが生み出す企業にとっての付加価値がいわゆる無形資産としての知識資産付加価値であり，知識資産付加価値を経営評価の基準として位置づける代表的な指標が Tobin's q ratio である．しかしながら，q レシオを構成する企業の総資産時価や資産の再取得価値を刻々と変化する市場価格に基づいて評価することは容易ではない．したがって，実際に q レシオを用いて実証分析を行う場合には，代理指標として企業のバランスシートや株式時価総額に基づいて年度末の資産価値を推定し，そうした固定時点における q レシオを評価する手法が広く用いられてきた．多くの先行研究においてもこ

うした手法が一般的であり，q レシオの分析に確率過程を用いた研究は少ない．そうしたなかで，Jose, Lancaster and Stevens（1996）は 1973 年から 20 年間にわたり米国の 1729 社の Tobin's q ratio を推計し，q レシオによる企業の経営力の順位付けが正規分布，自己回帰モデル，またはランダムウォークモデルのいずれかに従って変動することを検証している．しかしながら，彼らも q レシオの推計に際しては，年度ごとの会計情報を基に減価償却やインフレ率などで資産価値，負債価値を調整し，これに年度末の株式時価総額を加味して年度ごとの q レシオを算出しているに止まっている．本研究では，不確実性下のキャッシュフローとマネジメント能力を確率変数としてモデル化し，オプション理論に基づいて導出される企業の市場価値をベースとして q レシオを定義することにより，マーケット・ベースでの企業の経営価値創造力の評価と M&A による統合効果につき理論的な考察と実証的な検証を行う．

一方，リアルオプションでは，原資産価値とボラティリティの観測が難しいという問題が存在するため，実際の市場を対象に事業の資産価値や ERM の評価を行うことが容易ではない．企業の資産価値評価については，Merton（1974）モデルのほか，Black and Scholes（1973），Black and Cox（1976），Longstaff and Schwartz（1995）などのモデルが代表的なものとして取り上げられるが，このリアルオプション特有の問題が障害となり，実際に市場の変動に即応した企業の資産価値評価を行うことが容易ではないからである．この問題を解決するため，中岡（2009）は Merton（1974）の構造型モデルを用いて市場の変動に即応した企業価値を推定する新たなアルゴリズムを提案した．本研究においては，このアルゴリズムを用いて企業の資産価値を測定し，マーケット・ベースでの企業の経営価値創造力の評価と M&A による統合効果につき実証分析を試みる．

サブプライム問題を契機として発生した世界金融恐慌により一時小休止を見せていたグローバルな M&A の潮流は再び活発化の兆しを見せている．低成長時代の今こそむしろグローバル企業にとって M&A は企業のコア成長戦略としてますますその重要性が増していると言っても過言ではない．今後ますます成長が期待される M&A 市場において，企業の価値創造力が果たす役割をより深く定量的に解明するために，本研究でモデル化を行った q レシオとマーケッ

ト・ベースでの企業価値評価アルゴリズムを用いて具体的な事例分析を行い，新たな経営価値分析の手法を提示したい．

このような研究の目的を背景として，まず第2節において経営価値創造力のモデル化を行い，企業の資産価値評価アルゴリズムへと展開する．さらに，マーケット・モデルを用いてqレシオの再定義を行い，新しい事業の統合リスク評価につき整理を行った上で，企業のM&Aによる統合効果について理論的な考察を行う．第3節では，これらのモデルや考察に基づき，具体的な事例を用いて実証的な検証を行う．最後に第4節にて本研究のまとめを報告する．

2 企業の経営価値創造力と統合効果

本節においては，企業のマネジメントが生み出す経営価値創造力のモデル化を行い，中岡（2009）により提案された企業の資産価値評価アルゴリズムへと展開する．さらに，マーケット・モデルを用いてqレシオの再定義を行い，平均・分散モデルとSharpe ratioを用いて事業の統合リスク評価につき理論的な考察を行った上で，企業のM&Aによる統合効果について考察を行う．

2.1 マネジメントが生み出す知識資産付加価値

P. F. Drucker（1954）や野中・紺野（2007）も述べているとおり，企業価値を増大させ，企業間の格差をもたらす決定的に重要な要素がマネジメントの能力・質である．このマネジメントが生み出す企業にとっての付加価値がいわゆる無形資産としての知識資産であり，ここでの文脈では企業の組織・人的資源も含めた無形の経営資源総体としてのマネジメントの能力・質がこれらの知識資産付加価値を生み出すドライビングフォースである．

こうした知識資産付加価値を経営評価の基準として位置づける代表的な指標がTobin's q ratioである．Tobin's q ratioは企業の市場価値を資産の再取得価値で除したレシオとして定義される．本研究では，企業価値の源泉であるキャッシュフローの視点から，このqレシオを以下のように定義する．

企業が投資を行い，ある事業資産を獲得して得られる時点tにおける単位時間当たりの標準的なベーシック・キャッシュフローをX_tとする．X_tは，対象

となる事業資産を再取得する場合に必要となる資機材や原材料などすべての経営資源の市場価格をベースとして生み出される標準的なキャッシュフローであり，資産の再取得価値を構成するベーシックなキャッシュフローである．状態変数 X_t は確率微分方程式

$$\frac{dX_t}{X_t} = \mu dt + v dw_t \tag{1}$$

に従うとする．μ, v は定数，dw_t は標準ブラウン運動の増分である．すると，X_t をドライバーとするこの事業資産の時点 t における標準的でベーシックな基準価値 A_t^X は

$$A_t^X = E\left[\int_t^\infty e^{-r_X(u-t)} X_u du \,\Big|\, X_t = x\right] = \frac{x}{r_X - \mu} \tag{2}$$

と表すことができる．ただし，r_X はリスク調整済み割引率である．この A_t^X は，その定義から資産の再取得価値とみなすことができる．(1), (2) 式より，A_t^X は確率微分方程式

$$\frac{dA_t^X}{A_t^X} = \mu dt + v dw_t \tag{3}$$

に従う．

ここで，企業 i がそのマネジメント能力 Y_t^i によって時点 t における上記事業資産のキャッシュフローを $Y_t^i X_t$ に変換できるものとし，状態変数 Y_t^i が確率微分方程式

$$\frac{dY_t^i}{Y_t^i} = \eta_i dt + \theta_i dW_t^i, \quad dw_t dW_t^i = 0 \tag{4}$$

に従うとする．ただし，η_i, θ_i は定数，dW_t^i は標準ブラウン運動の増分である．すると，時点 t における企業 i の総資産価値 A_t^i は

$$A_t^i = E\left[\int_t^\infty e^{-r_i(u-t)} Y_u^i X_u du \,\Big|\, X_t = x, Y_t^i = y_i\right] = \frac{x y_i}{r_i - \eta_i - \mu} \tag{5}$$

と表される．ただし，r_i はリスク調整済み割引率である．なお，時点 t における企業 i の資本構成は A_t^X の資産価値を実現するための資本構成と同一であるとする．

以上より，企業 i におけるマネジメント能力を表す q レシオ q_i は，企業 i の

市場価値 A_t^i を資産の再取得価値 A_t^X で除したレシオとして

$$q_i = \frac{r_X - \mu}{r_i - \eta_i - \mu} y_i \tag{6}$$

と表される．また，伊藤の公式およびコレスキー分解により，A_t^i は確率微分方程式

$$\frac{dA_t^i}{A_t^i} = (\mu + \eta_i)dt + \sigma_i dz_t^i, \quad \sigma_i^2 = v^2 + \theta_i^2, \quad dz_t^i dw_t = \frac{v}{\sqrt{v^2 + \theta_i^2}} dt \tag{7}$$

に従う．ただし，dz_t^i は標準ブラウン運動の増分である．

ここで，企業 i のマネジメント能力が既にフルに発揮されており，もはやこれ以上今後の企業価値の成長率に定常的に寄与することはないような状態を考えると，$\eta_i = 0$ である．すると，企業 i の市場価値 A_t^i は

$$\frac{dA_t^i}{A_t^i} = \mu dt + \sigma_i dz_t^i \tag{8}$$

と表される．これより以下，企業 i の総資産の市場価値 A_t^i は (8) 式に従うものとして考察を進める．

2.2 企業の資産価値評価アルゴリズム

企業の資産価値評価モデルについては，Merton (1974) モデルのほか，Black and Scholes (1973)，Black and Cox (1976)，Longstaff and Schwartz (1995) などのモデルが代表的なものとして知られているが，市場において原資産価値とボラティリティの観測が難しいという問題が存在するため，実際に市場の変動に即応した企業の資産価値評価を行うことが容易ではない．この問題を解決するため，中岡 (2009) は Merton (1974) の構造型モデルをベースとして市場の変動に即応して企業価値を推定する新たなアルゴリズムを提案した．本研究においてはこのアルゴリズムを用いて企業の総資産価値を測定する．

2.1 項の結果から，時点 t における企業の総資産価値 A_t はリスク中立確率の下で確率微分方程式

$$\frac{dA_t}{A_t} = rdt + \sigma d\tilde{z}_t \tag{9}$$

に従う．ただし，$d\tilde{z}_t$ は標準ブラウン運動の増分である．Merton (1974) によ

れば，企業の総資本が株式と単一クラスのゼロクーポン債という2つのクラスの請求権で構成されており，時点 t における企業の総資産価値 A_t が (9) 式に従うとした場合，時点 0 における企業の総資産価値 A_0 は，株主資本時価総額 E_0，負債時価総額 D_0 により次式のように表すことができる．

$$A_0 = E_0 + D_0 \tag{10}$$

$$D_0 = Fe^{-rT} - P_0 \tag{11}$$

ただし，無リスク金利 r は定数，F はゼロクーポン債の額面，T はその満期までの期間，P_0 は Black-Scholes モデルによるヨーロピアン・プット・オプションの現在価値で，

$$P_0 = -N(-d_1)A_0 + Fe^{-rT}N(-d_2) \tag{12}$$

$$d_1 = \frac{-\ln d + \frac{1}{2}\sigma^2}{\sigma\sqrt{T}}, \quad d_2 = \frac{-\ln d - \frac{1}{2}\sigma^2}{\sigma\sqrt{T}}, \quad d = \frac{Fe^{-rT}}{A_0} \tag{13}$$

と表される．

また，ゼロクーポン債の額面 F は，この企業のゼロクーポン債の発行時の利率を R_I とすると，企業のバランスシート上に記載されている負債総額 G から次式のように計算することができる．

$$F = Ge^{R_I T} \tag{14}$$

したがって，σ, F, T, r が既知であるとすると，E_0 が与えられれば，(10)〜(13) 式から再帰的に D_0 および A_0 を同定することができる．このプロセスを E_t の時系列データに順次適用すると D_t および A_t の時系列データを導出できるので，σ が A_t のヒストリカル・ボラティリティと一致するまで再帰的にこのプロセスを適用して σ を同定する．以上が中岡 (2009) において提案された E_t の市場データから σ と D_t, A_t の時系列を同定するためのアルゴリズムである[1]．

一方，株主資本時価総額に加えて，市場から社債の利回りあるいはリスク・プレミアムに関する情報を得ることができるならば，σ をインプライド・ボラティリティとして求めることもできる．すなわち，この企業のゼロクーポン債の満期までの利回りの市場価値を R_T とすると，負債の市場価値 D_0 は次式のように書くことができる．

---

[1] 詳細は中岡 (2009) を参照．

$$D_0 = Fe^{-R_T T} \tag{15}$$

(15) 式と (11)〜(13) 式から，負債のリスク・プレミアム π_T は，

$$\pi_T = R_T - r = -\frac{1}{T}\ln\left\{N(d_2) + \frac{1}{d}N(-d_1)\right\} \tag{16}$$

のように書くことができる．

したがって，市場から株価と社債の利回りないしリスク・プレミアムに関する情報を得ることができるならば，(15) 式から D_0 が求まり，その結果 (10) 式から A_0 を求めることができるので，(13) 式と (16) 式の関係を用いて σ を求めることができる．

2.3　マーケット・モデルによる q レシオの導出とイベント分析

企業の経営上のイベントが企業価値に与える影響を測定する手法として，イベント・スタディ分析の手法が広く用いられている．本研究では，これらの手法のうちマーケット・モデルを用いて q レシオの算出とイベント分析を行う．

マーケット・モデルは，証券のリターンを市場ポートフォリオのリターンに回帰する統計モデルで，時点 t における任意の証券 i の収益率を R_t^i，市場ポートフォリオの収益率を R_t^m とすると

$$R_t^i = \alpha_i + \beta_i R_t^m + \varepsilon_t^i, \quad E[\varepsilon_t^i] = 0, \quad Var[\varepsilon_t^i] = \sigma_\varepsilon^2 \tag{17}$$

と表される．ただし，ε_t^i はホワイト・ノイズである．

q レシオは，2.1 項で示したとおり，企業の市場価値を資産の再取得価値で除したレシオとして (6) 式のように定義されるが，企業 i の市場価値 A_t^i は 2.2 項で示したアルゴリズムにより株価の市場価格から常時推定が可能である．他方，資産の再取得価値は常に資産ごとの市場価格で直接評価することが現実的には困難であるため，企業のバランスシートなどに基づいてある固定時点の資産価値を推定し q レシオを算出することが一般に行われてきた．このようにした場合，日々変動する企業の市場価値に応じて算出される q レシオの時系列には，市場価値の変動がそのまま織り込まれることとなる．

本研究では，(2)，(3) 式の A_t^X が (17) 式における企業 i の個別リスク ε_t^i の影響を受けず，市場のシステマティック・リスクのみに起因する企業価値の変動に従って変化すると仮定する．すなわち，q レシオ算出の基準日において A_t^X

の資産価値を実現するための資本構成が企業 i の資本構成と同一であるとすると，この仮定は A_t^X の上に書かれたヨーロピアン・コール・オプションの価値，すなわちベーシックな基準価値に対する株主価値に相当するもの（「ベーシックな株主価値」と呼ぶことにする）が市場のシステマティック・リスクに従って変動するという仮定である．標準的でベーシックな事業資産の基準価値が，市場全体の企業価値変動もしくは事業が属する産業全体の企業価値変動に連動して変動し，企業ごとの個別リスクの影響を受けないという仮定は，少し強い仮定ではあるが，ベーシックな基準価値はすべての経営資源の市場価値から構成されているという定義から考えると，ある意味で自然な仮定とも言える．そして，こうして推定された A_t^X および A_t^i から q レシオを算出すると，その q レシオからは結果的にシステマティック・リスクの影響が除去されることになる．

具体的な推定手順としては，まず基準日（時点 0）の資産の再取得価値 A_0^X を企業の直近のバランスシートに計上された資産価値などで近似的に代替し，基準日における q レシオ q_0^i を算出する．次いで，市場のシステマティック・リスクのみに起因して変動する企業価値 $\tilde{A}_t^i$ をマーケット・モデルに基づいて算出する．すなわち，(17) 式に基づき，企業 i のシステマティック・リスクのみに起因するベーシックな株主価値の収益率

$$\tilde{R}_t^i = \alpha_i + \beta_i R_t^m \tag{18}$$

を推定し，これを用いてベーシックな株主価値の時系列を算出する．このベーシックな株主価値の時系列に 2.2 項のアルゴリズムを適用することによって $\tilde{A}_t^i$ の時系列が算出される．定義より，$\tilde{A}_0^i = A_0^i$ である．すると，本項における A_t^X に関する仮定より

$$\frac{A_t^X}{A_0^X} = \frac{\tilde{A}_t^i}{\tilde{A}_0^i} \tag{19}$$

という関係が成り立つ．これより，時点 t における q レシオ q_t^i は，これらの推定値と時点 t における企業 i の企業価値 A_t^i から

$$q_t^i = q_0^i \frac{A_t^i}{\tilde{A}_t^i} \tag{20}$$

として導出される．こうして導出された q_t^i からは，市場のシステマティック・リスクに起因する変動は除去されるが，企業 i の個別リスクに起因する変動は

除去されずにそのまま残る．したがって，M&Aなどのイベントによってもたらされる企業iの経営付加価値の増減は，このq_t^iの増減によって見て取ることができる．

こうしたM&Aなどのイベント・アナウンスメントが株価ないし企業価値に与える影響については，同じマーケット・モデルを用いたイベント・スタディの手法により検証することができる．(17)式において，L_1個の観測値からなる推定ウィンドウから求めたパラメータの推定値を$\hat{\alpha}_i, \hat{\beta}_i$とすると，イベント・アナウンスメントにより引き起こされた異常リターンAR_t^iは

$$AR_t^i = R_t^i - \hat{\alpha}_i - \hat{\beta}_i R_t^m \tag{21}$$

と表される．すると，イベント・ウィンドウの時点τ_1からτ_2までの証券iの累積異常リターン$CAR_i(\tau_1, \tau_2)$は

$$CAR_i(\tau_1, \tau_2) = \sum_{t=\tau_1}^{\tau_2} (R_t^i - \hat{\alpha}_i - \hat{\beta}_i R_t^i) \tag{22}$$

である．推定ウィンドウから求めたτ_1からτ_2の長さに相当する分散の推定値$\hat{\sigma}_i(\tau_1, \tau_2)$によりこの$CAR_i(\tau_1, \tau_2)$を標準化すると，標準化された累積異常リターン$SCAR_i(\tau_1, \tau_2)$は

$$SCAR_i(\tau_1, \tau_2) = \frac{CAR_i(\tau_1, \tau_2)}{\hat{\sigma}_i(\tau_1, \tau_2)} \tag{23}$$

と表される．イベントの発生がリターンの分布に何の影響も与えないという帰無仮説の下で，$SCAR_i(\tau_1, \tau_2)$の分布は

$$E[SCAR_i(\tau_1, \tau_2)] = 0, \quad Var[SCAR_i(\tau_1, \tau_2)] = \frac{L_1 - 2}{L_1 - 4} \tag{24}$$

のt分布となり，これによりイベント・アナウンスメントが異常リターンを引き起こしたか否かの検定を行う[2]．

2.4 新しい事業の統合リスク評価

企業がM&Aなどで1つの新しい事業（あるいは企業）を既存のポートフォリオに加える場合，既存の事業資産および新規事業への投資比率をそれぞれw_A,

---

[2] 詳細はCampbell, Lo and MacKinlay (1997) を参照．

w_x,期待収益率を μ_A, μ_x,標準偏差を σ_A, σ_x とし,既存事業と新規事業の収益率の相関係数を ρ とすると,平均・分散分析により,ポートフォリオの期待収益率(単利)μ_P と分散 σ_P^2 は

$$\mu_P = w_A \mu_A + w_x \mu_x \tag{25}$$

$$\sigma_P^2 = w_A^2 \sigma_A^2 + w_x^2 \sigma_x^2 + 2 w_A w_x \sigma_A \sigma_x \rho \leq (w_A \sigma_A + w_x \sigma_x)^2 \tag{26}$$

ただし,$-1 \leq \rho \leq 1$

と表すことができる.そして,その分散低減効果は $\sigma_\Delta = 2 w_A w_x \sigma_A \sigma_x (1-\rho)$ と,相関係数 ρ の単調関数として表される.

こうした企業価値の間の相互作用を考慮したポートフォリオのパフォーマンスを測る基準指標として,本研究では中岡(2009)に従って Sharpe ratio $\lambda = (\mu - \mu_z)/\sigma$ を用いることとする.ただし,μ_z はゼロベータ・ポートフォリオの期待収益率である.すると,企業の既存の事業資産,新規事業および統合されたポートフォリオのそれぞれの Sharpe ratio $\lambda_A, \lambda_x, \lambda_p$ は

$$\lambda_A = \frac{\mu_A - \mu_z}{\sigma_A}, \quad \lambda_x = \frac{\mu_x - \mu_z}{\sigma_x}, \quad \lambda_p = \frac{\mu_p - \mu_z}{\sigma_p} \tag{27}$$

のように表され,事業の統合の是非を判断するための条件が以下のように導かれる.

定理 2.1 (プロジェクト選択基準定理)[3]

$w_A, w_x, \mu_A, \sigma_A$ が既知の定数である場合,新規事業を加えて企業価値が向上するための μ_x, σ_x, ρ に関する必要十分条件は以下の通りである.

$$\rho < \left\{ \left(\frac{w_x \sigma_A (\mu_x - \mu_z)^2}{2 w_A (\mu_A - \mu_z)^2} + \frac{\sigma_A (\mu_x - \mu_z)}{\mu_A - \mu_z} \right) \frac{1}{\sigma_x} - \frac{w_x}{2 w_A \sigma_A} \sigma_x \right\} \tag{28}$$

かつ $-1 \leq \rho \leq 1$

系 2.2[4] σ_x, ρ が既知の定数とした場合,新規事業を加えた場合に企業価値が向上するための必要十分条件は

$$\mu_x > \mu_z + \alpha \tag{29}$$

である.ただし,

$$\alpha = \frac{\mu_A - \mu_z}{w_x \sigma_A} \left(-w_A \sigma_A + \sqrt{w_A^2 \sigma_A^2 + w_x^2 \sigma_x^2 + 2 w_A w_x \sigma_A \sigma_x \rho} \right) \tag{30}$$

---

3),4) 証明は中岡(2009)を参照.

である.

なお，(30) 式より

$$\frac{\partial \alpha}{\partial w_x} > 0 \tag{31}$$

が導かれる.

2.5 企業の統合効果に関する考察

以上の考察を踏まえて，企業が M&A を行うときの統合効果について考察をしてみる．井上・加藤 (2006), Andrade, Mitchell and Stafford (2001) などで広く論じられているように，一般に買収企業の q レシオは被買収企業の q レシオより相対的に高いとされている．今，企業 i が被買収企業，企業 j が買収企業であるとし，企業 j の q レシオが企業 i のそれより高いとする．また，簡単化のためマネジメント能力の不確実性が事業の不確実性に比べて相対的にきわめて小さく $\theta_i = 0$ とみなすことができるとする．すると，2.1 項のモデルにおいては M&A により企業 i のキャッシュフローが $Y_t^i X_t$ から $Y_t^j X_t$ に変換されるので，結果として企業 i の q レシオが上昇することが期待される．そして，市場が十分に効率的であり，また企業 j のマネジメント能力が既にフルに発揮されていて，もはやこれ以上今後の企業価値の成長率に定常的に寄与することはないような状態である場合には，(5)～(8) 式より，イベント発生と同時に企業 i の企業価値には企業 j のマネジメント能力が織り込まれ，その結果，企業 i の期待収益率はイベント発生前と変わらないことになる．このような場合には，M&A によってもたらされる企業価値の向上はすべて被買収企業のステークホルダーに帰属することになる．

一方で，なんらかの理由により期待キャッシュフローが100%変換されず，ある変換レシオ κ により $\kappa Y_t^j X_t$ のように変換される場合が考えられる．すると，(5)～(6) 式より，企業 i の q レシオが q_i から κq_j に変化することになる．たとえば，買収企業 j のマネジメント能力がある適合度 κ を以って被買収企業 i のキャッシュフローに作用する場合がこの状況に該当する．また，買収企業 j が眼前の M&A に関して想定される競合企業の q レシオより自社の q レシオが高いという情報を得て，その知見に基づき TOB 価格を競合企業の q レシオに合

わせて設定する場合もこの状況に該当する．この場合，この q レシオを超える経営付加価値は，企業 j のステークホルダーに帰属することになる．さらに，被買収企業 i の資本構成が買収企業 j の資本構成と異なる場合にも，一定の変換レシオが作用することになる．この変換レシオ κ に関しては，資本構成次第では例外もあり得るが，M&A が成功すると期待される場合には $(y_i/y_j) < \kappa$ という関係が成り立つことが容易に推察される．Rumelt (1974) によれば，さまざまな形態の多角化を比較検証すると，重要な経営資源が共有されている場合の多角化がもっとも優れた業績を上げていることから，同じ業種同士あるいは関連性の強い事業同士の M&A の場合には，資本構成が同じであるならば κ は 1 に近い値となることが予想される．

以上より，相対的に高い q レシオをもつ企業が低 q レシオの企業を買収する場合，被買収企業のマネジメント能力が買収企業のマネジメント能力によって置き換えられ，市場はマネジメント能力の変換レシオと M&A の成功確率を加味しながら，被買収企業の q レシオを買収企業の q レシオに向けて短時間で鞘寄せさせて行くことが予想される．

また，企業が合併などによるコスト削減効果でそのキャッシュフローが合併前のキャッシュフローの単純合計の $(1+\gamma)$ 倍になると期待されるときには，(20) 式におけるシステマティック・リスクに連動した価値 $\tilde{A}_t^i$ にはその影響が及ばないが，A_t^i には市場の期待が織り込まれて $(1+\gamma)$ 倍となり，その結果 q_t^i も $(1+\gamma)$ 倍となることが推測される．$\gamma < 0$ の場合には，M&A によって企業価値が毀損されることになる．

買収企業にとって M&A が企業価値を高めるかどうかの判断基準は，定理 2.1 および系 2.2 に示されるとおりであるが，市場が十分に効率的であるとすれば，M&A の意思を公表するや否やごく短期間で市場は被買収企業の q レシオが買収企業のそれに鞘寄せされることを織り込んでしまうことが期待される．マネジメント能力の不確実性が事業の不確実性に比べて相対的にきわめて小さく $\theta_i = 0$ とみなすことができる場合には，(1)，(8) 式より，被買収企業の期待収益率およびボラティリティは q レシオの値によらず不変である．一方，資産総額の比率は，M&A 公表直後に被買収企業の企業価値が増加するため，定理 2.1 および系 2.2 において w_x が増大する．そして，(31) 式より α は w_x に関し

て増加関数である．したがって，合併前に市場の反応によって被買収企業の企業価値が上昇すると，(29) 式で与えられる買収企業にとっての M&A のハードルレートが上がってしまうという副次効果が生じることになり，買収企業としてはあらかじめこの効果を織り込んで M&A の是非を判断する必要がある．

3 実 証 分 析

以上の考察を基に，本節では実際の M&A 事例を取り上げ，買収企業の M&A 意思表明に伴って買収企業および被買収企業の q レシオがどのように変化したかを中心に実証分析を行い，M&A に伴う企業価値の変化につき考察を行う．

3.1 日本電産による東洋電機製造買収提案

2008 年 9 月 16 日，日本電産は鉄道用機器メーカーで東証一部上場の東洋電機製造に対して買収を提案した．TOB により子会社化してモーターなど鉄道機器分野に進出する狙いである．TOB 価格は 9 月 12 日の終値 305 円に約 108.2% のプレミアムを上乗せした一株 635 円とし，全発行済み株式の 50.1% を下限として応募があった株はすべて買い付けるという提案であった．提案の有効期限は 12 月 15 日までとし，日本電産は東洋電機製造の回答を見た上で TOB に踏み切るか否かを決める方針と発表した．

この買収提案に対して市場は好感し，図 3-1 に示されたとおり，マーケット・モデルに基づく東洋電機製造の株価の対 TOPIX 累積超過収益率はただちに 80% から最大 100% 超に達した．東洋電機製造の $SCAR\ (0,3)$ は 13.50 に達し t 分布の片側 95% 値 1.66 を大きく上回って統計的に有意な異常リターンが観測されたに対し，日本電産の $SCAR\ (0,3)$ は 0.13 と有意な異常リターンは観測されなかった．これは，井上・加藤 (2006) などで広く報告されているように，M&A によって創造される価値の大半は買収対象企業の株主が得る場合が多いという実証分析結果に合致する．

また，2.2 項のアルゴリズムを用いると，両社の株価をベースに両社の推定企業価値が算出できる．そして，2.4 項に示した新しい事業の統合条件 (29) 式

によって，日本電産にとってこの M&A で東洋電機製造を統合した場合に自社の企業価値が向上するための必要十分条件を算出してみると，東洋電機製造の企業価値の期待収益率が年率 16.9% 以上あることが要求される．これに対して，東洋電機製造の実際の期待収益率は 46.3% であり，この条件は十分に満たされていることがわかる[5]．

この買収提案に伴う両社の q レシオ変化は図 3-2 に示されたとおりである．q レシオは，基準日を 2008 年 8 月 29 日として，両社の平成 19 年度の財務諸表から基準日の資産の再取得価値を推定し，これに 2.1～2.3 項のモデルを適用して算出した[6]．買収提案前後の日本電産の q レシオは 2.80 前後で推移しているのに対し，東洋電機製造の q レシオは，提案前に 1.25 前後であったものが提案後には 2.00 前後まで一気に跳ね上がった．日本電産が提示した TOB 株価 635 円が実現した場合の東洋電機製造の推定企業価値は 352 億円であり，これに対応する基準日ベースの q レシオは 2.14 と推定される．こうした市場の反応を観察すると，2.5 項における考察で示したとおり，市場が瞬時に東洋電機製造の q レシオを日本電産が提案した TOB 価格に対応する q レシオに鞘寄せし，それに M&A の成功確率が加味されたものと推測される．このケースでは，きわめて関連性の強い経営資源を有した M&A であるので，κ は 1 に近い値となって

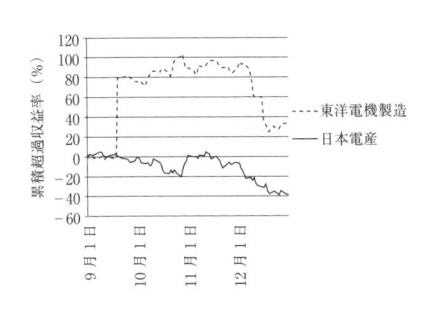

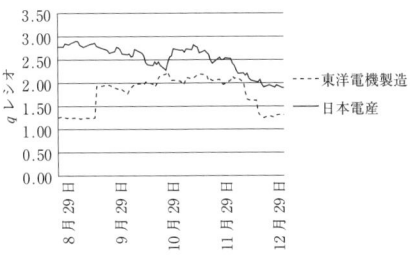

図 3-1　日本電産と東洋電機製造の累積超過収益率(CAR)の推移（2008 年）

図 3-2　日本電産の買収提案に伴う q レシオの変化（2008 年）

---

5) 2008 年 4 月 1 日～8 月 29 日の株価終値（日次）から算出した企業価値データに基づく．
6) 基準日の資産の再取得価値は，連結貸借対照表の純資産から少数株主持分を差し引いたものに有利子負債を加えた金額で近似的に代替した．

いるものと推察される．

しかしながら，この日本電産による買収提案は，折からのサブプライム問題で9月15日にリーマン・ブラザーズが経営破綻した直後に提出され，その後米下院が金融安定化法案を否決したのを機に株価が大暴落し世界的な金融恐慌へと進んだ．この結果，世界同時株安が発生した煽りを受けて日本電産の企業価値は急速に低下し，日次の企業価値（市場価値）を基準日の資産再取得価値（簿価による近似値）で除した同社の企業価値・資産再取得簿価比率（簿価qレシオ）は，図3-3に示されるとおり，東洋電機製造とほぼ同レベルの1.50から2.00の間を中心に推移することとなった．

一方，東洋電機製造の取締役会は自社の買収防衛策に則って第三者でつくる独立委員会の意見を聴取し，TOB提案に賛同するか否かの検討を開始した．その後，東洋電機製造は労働環境や技術面の相乗効果など延べ170項目の質問状を3回にわたり送付し，日本電産は計136ページに上る回答書を提出したが，東洋電機製造は「株主が判断するのに不十分」と主張し続けた．世界的な金融恐慌が続く中で日本電産の対応が注目されたが，買収提案の期限を迎えた12月15日，日本電産は「東洋電機製造の対応は，始めから拒否ありきと決めていた」としてあっさり買収を断念することを発表した．

この日本電産の意思決定の背景は，qレシオの視点から見ると明快である．買収提案の時点では，東洋電機製造の株主に対して108.2％のプレミアム付きの株式買取固定価格を払っても，日本電産の2.50を超えるqレシオをもってすれば十分に経営改善効果が期待できたはずである．しかしながら，世界同時株安の結果，株式買取固定価格の前提としていた，いわば簿価ベースの資産価値に

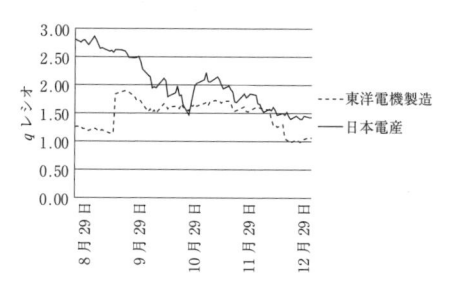

図3-3　企業価値・資産再取得簿価比率（簿価qレシオ）の変化（2008年）

対する日本電産自体の簿価 q レシオが急落し，TOB 価格に対応する q レシオ 2.14 を大幅に割り込んで，東洋電機製造のそれとほぼ同じレベルにまで低下してしまっては，もはや当初期待していた水準の投資効果は望めなくなったためであると推測される．日本電産の買収断念発表を受けて，東洋電機製造の q レシオは，ただちに買収提案直前の値にまで下落した．

3.2 新日本石油と新日鉱ホールディングの統合

2008 年 12 月 4 日，新日本石油と新日鉱ホールディングスは経営統合を行うことについて基本的合意に達し，覚書を締結したことを公表した．過当競争に喘ぐ日本の石油業界で燃料油販売シェア 36.5% を占めるリーディング・カンパニーの誕生である．その後統合の話し合いは順調に進められ，2009 年 10 月 30 日に両社は経営統合の本契約を締結したことを発表した．本項では，両社が経営統合の基本的合意に達したことをアナウンスした 2008 年 12 月 4 日前後の市場の反応を基に企業価値や q レシオ，負債価値の変化について考察する．

まず，この統合提案アナウンスメントに対する市場の反応は図 3-4 に示されたとおりである．図 3-4 では，マーケット・モデルに基づく両社の株価の対 TOPIX 累積超過収益率を算出した．統合比率がアナウンスされなかったため，前項の東洋電機製造に比べるとアナウンスメント効果は小さかったものの市場は両社の統合に好感を示し，イベント日である 2008 年 12 月 4 日の 10 日前から 10 日後まで計測した累積超過収益率は，新日石が 21.2%，新日鉱が 48.4% であった．新日石および新日鉱の $SCAR\,(0,1)$ はそれぞれ 2.61 と 2.30 を示して t 分布の片側 95% 値 1.66 を上回り，両社ともに統計的に有意な異常リターンが観測された．

このアナウンスメント効果を q レシオの視点で見てみると図 3-5 のとおりである．q レシオは，基準日を 2008 年 11 月 18 日として，両社の平成 20 年度の財務諸表から基準日の資産の再取得価値を推定し，これに 2.1～2.3 項のモデルを適用して算出した[7]．両社の q レシオは，イベント日の 10 日前には新日石が 0.76，新日鉱が 0.70 と両社ともに q レシオが 1.00 を大きく割り込み，ネガテ

---

[7] 基準日の資産の再取得価値は，連結貸借対照表の純資産から少数株主持分を差し引いたものに有利子負債を加えた金額で近似的に代替した．

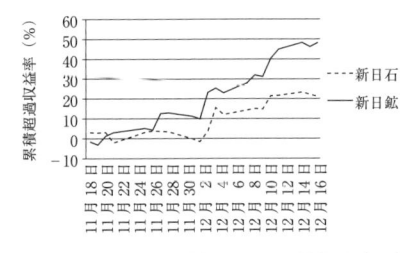

図 3-4 新日石と新日鉱の累積超過収益率（CAR）の推移（2008年）

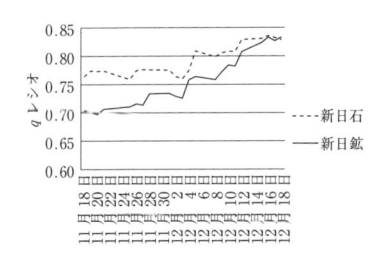

図 3-5 新日石と新日鉱の統合発表に伴う q レシオの変化（2008年）

ィブな市場の評価が示されていた．しかしながら，イベント日の10日後には新日石，新日鉱ともに0.83まで上昇し，両社の q レシオが互いに鞘寄せする形で緩やかな市場の経営改善期待が示された．アナウンスメント時に統合比率が発表されなかったため，2.5項の考察で示したように，市場の反応はリーディング・カンパニー誕生とコスト削減への期待感を示しながら，とりあえず両社の q レシオを鞘寄せしたことが見て取れる．このケースでは，同じ業種同士の統合であるので，κ はきわめて1に近い値となっていることが容易に推測される．また，2.5項に従えば，イベント前の新日石の q レシオ0.76に対し，鞘寄せされた q レシオが0.83であることから，市場が両社の統合によるコスト削減効果 γ を8.4％程度見込んでいることが推測される．

新日石にとってこの統合が自社の企業価値を向上させるための必要十分条件を2.4項に示した統合条件（29）式に従って算出すると，新日鉱の企業価値の期待収益率が年率10.9％以上あることが要求される．これに対して，新日鉱の実際の期待収益率は15.3％であり，この条件は十分に満たされていることがわかる[8]．

なお，2.2項のアルゴリズムによって計測した両社の負債利回りの変化を示したのが図3-6である．図3-6によれば，アナウンスメントの10日前に両社の負債利回りは新日石が4.58％，新日鉱が4.86％と非常に高いレベルで推移していたが，この統合提案に伴う市場の期待と両社の q レシオの鞘寄せの結果，両社の負債利回りが大幅に低下した．とくに統合アナウンスメント前には新日石

---

[8] 2008年4月1日〜8月29日の株価終値（日次）から算出した企業価値データに基づく．

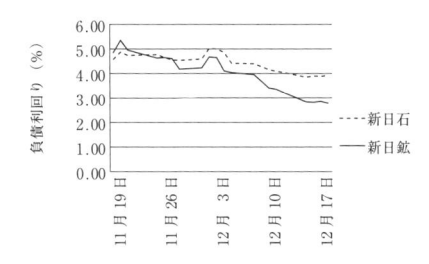

図3-6　新日石と新日鉱の統合発表に伴う負債利回り推移（2008年）

より高かった新日鉱の利回りが，市場の反応の結果，アナウンスメント後には逆に新日石より1%以上も低い水準まで低下し，新日鉱の債権者にウィンドフォール的な潜在利益が生じた可能性があることが見て取れる．こうした負債価値の変化を実際の市場における株価の変化に即応して分析できるのも本研究のアプローチによる貢献の一つである．

4　ま　と　め

本研究では，企業のマネジメントが生み出す経営付加価値を評価するため，まず不確実性下のキャッシュフローとマネジメント能力を状態変数として企業価値のモデル化を行った．さらに，資産の再取得価値が市場のシステマティック・リスクに連動して変動するという仮定とマーケット・モデルから，市場の変動に対応した資産の再取得価値を推定する道筋を示した．そしてモデル化した企業の市場価値をこの資産の再取得価値で除することによって，知識資産付加価値の代表的な指標である q レシオの再定義を行い，マーケット・ベースでの企業の経営価値創造力の評価とM&Aによる統合効果につき理論的な考察を行った．

一方，リアルオプションに特有の課題として，原資産価値とボラティリティを市場で直接観測することが難しいという問題があるため，実際に刻々と変動する市場の変動に即応した企業価値評価を行うことが容易ではない．この問題を解決するため，本研究では，マネジメント能力を確率変数として織り込んだモデルを出発点として，Merton（1974）の構造型モデルを用いて市場の変動に

即応した企業価値を推定するアルゴリズムへと展開し，マーケット・ベースでマネジメントの価値創造力を評価するアプローチの道筋を示した．さらに，平均・分散モデルと Sharpe ratio を用いて事業の統合リスク評価につき考察を行った上で，企業の M&A による統合効果について理論的な考察を行った．最後に，これらのモデルや考察に基づき，具体的な2つの事例に即して実証的な検証を行った．

本研究の貢献は，企業のマネジメントによる経営付加価値創造力を確率変数としてモデル化し，オプション理論に基づき市場の変動に即応した企業価値を推定するアルゴリズムへと展開することにより，マーケット・ベースでのマネジメントの経営価値創造力の評価や企業価値の ERM 評価を行い，市場に密着した M&A の分析・評価を行う道筋を示したことと考える．

〔参考文献〕

井上光太郎・加藤英明（2006）『M&Aと株価』東洋経済新報社.

中岡英隆（2009）「企業における資源開発事業の統合リスク評価」『ジャフィー・ジャーナル─金融工学と市場計量分析　ベイズ統計学とファイナンス』, 179-205, 朝倉書店.

野中郁次郎・紺野 登（2007）『美徳の経営』NTT 出版.

Andrade, G., M. Mitchell and E. Stafford (2001) "New evidence and perspectives on mergers," *Journal of Economic Perspectives*, **15**(2), 103-120.

Black, F. and J. Cox (1976) "Valuing corporate securities : Some effects on bond indenture provisions," *Journal of Finance*, **31**, 351-367.

Black, F. and M. Scholes (1973) "The pricing of options and corporate liabilities," *Journal of Political Economy*, **81**, 637-654.

Campbell, J. Y., A. W. Lo and A. C. MacKinlay (1997) *The Econometrics of Financial Markets*, Princeton University Press.

Crouhy, M., D. Galai and R. Mark 著，三浦良造ほか訳（2004）『リスク・マネジメント』共立出版.

Drucker, P. F. (1954) *The Practice of Management*, Harper & Row, Publishers, Inc.（上田惇生訳（1996）『現代の経営』ダイヤモンド社.）

Duffie, D. and K. J. Singleton (2003) *Credit Risk : Pricing, Measurement, and*

Management, Princeton University Press.

Jose, M. L., C. Lancaster and J. L. Stevens (1996) "Stability of excellence : Revealed patterns in Tobin's q-Ratios," *Journal of Applied Business Research*, **12**, 83–92.

Longstaff, F. and E. Schwartz (1995) "A simple approach to valuing risky fixed and floating rate debt," *Journal of Finance*, **50**, 789–819.

Luenberger, D. G. (1998) *Investment Science*, Oxford University Press, Inc.（今野 浩ほか訳（2002）『金融工学入門』日本経済新聞出版社.）

Markowitz, H. M. (1952) "Portfolio selection," *Journal of Finance* **7**, 77–91.

Merton, R. C. (1974) "On the pricing of corporate debt : The risk structure of interest rates," *Journal of Finance*, **29**, 449–470.

Rumelt, R. (1974) *Strategy, Structure, and Economic Performance*, Cambridge, MA, Harvard University Press.（鳥羽欽一郎ほか訳（1977）『多角化戦略と経済成果』東洋経済新報社.）

（首都大学東京戦略研究センター）

一 般 論 文

4 教育ローンの信用スコアリングモデル*

枇々木規雄・尾木研三・戸城正浩

概要 本研究では，日本政策金融公庫国民生活事業本部が蓄積している約35万件の教育ローンデータを用いて信用スコアリングモデルを構築し，評価を行う．教育ローンの利用者は個人であるが，利用者の年齢構成や所得水準などが毎年安定的であるため，貸付時期の異なるデータを用いてモデルを構築しても，選択される変数やパラメータに大きな差異はみられない．貸付時期に加えて累積デフォルト年数や変数の組み合わせが異なる6種類のモデルを構築してさまざまな分析を試みたが，どのモデルについてもアウトオブサンプルに対して頑健であり，AR値の低下はほとんど観測できなかった．経過年数の影響についても分析したが，AR値の低下は限定的であった．本研究によって，教育ローンの信用スコアリングモデルは，事業ローンのモデルに比べてAR値の水準は低いものの，アウトオブサンプルに対する頑健性が高く，年数経過によるモデルの劣化も限定的であるという特徴を明らかにすることができた．

1 はじめに

日本政策金融公庫国民生活事業本部（以下，公庫とよぶ）は，年間約12万件の教育資金を融資している．教育ローンは民間金融機関でも定番商品として取り扱われている[1]が，金額が小口で採算がとりにくい商品であることから，審査コストを低減するために信用スコアリングモデルを活用しているケースが多

---

*) 本稿で示されている内容は，筆者たちに属し，日本政策金融公庫としての見解をいかなる意味でも表さない．

1) みずほ銀行，三菱東京 UFJ 銀行，三井住友銀行，横浜銀行をはじめ，各行のホームページに教育ローンのコーナーを設けている金融機関は枚挙に暇がない．民間金融機関は，融資の条件として年収の下限を設けているケースがほとんどであるが，公庫は政策的な観点から下限は設けず，逆に年収の上限を設けることによって民間金融機関との棲み分けを図っている．

い[2]．日本学生支援機構（2010）の調査によると米国でも金融機関が教育ローンを提供する場合には，クレジットスコアを用いることが一般的である．教育ローンの審査事務の効率化・迅速化にはスコアリングモデルの活用が欠かせないのである．本研究では教育ローン向けのスコアリングモデルを研究対象とする．

中小企業向けの信用スコアリングモデルは，ロジスティック回帰モデルを用いることが一般的であり，さまざまな研究が行われている．主として，企業の財務指標を用いて構築され，AR 値を用いてモデルの有効性を評価する研究（枇々木・尾木・戸城（2010）；柳澤ほか（2007））やデフォルト率を推定する研究が多く行われている（森平（2009））．カードローン利用者など短期的な個人ローンのスコアリングモデルも研究されているが，教育ローンや住宅ローンなど，個人に対して比較的長期の資金を貸し付ける個人ローンのスコアリングモデルに関する先行研究は少ない．

住宅ローンのモデルについては，丸谷・山下（2008）が約 7 千件のサンプルデータを用いてロジスティック回帰を行い，モデルのスコアとアソシエーション分析による審査ルールの関係性を検証している．また，日本銀行金融機構局（2007）は住宅ローンのリスク特性やスコアリングモデルへの入力情報，統計手法，評価方法について日本銀行考査やオフサイト・モニタリングから得られた情報を元に論じているが，実際のデータを用いた詳細な分析は行っていない．国土交通省住宅局（2009）は毎年調査を行い，スコアリング方式による審査を行う金融機関の割合や審査項目などの結果を公表している．このように，住宅ローンに関するスコアリングモデルの論文や調査は散見されるものの，モデルの特徴や課題について実際のデータを用いて分析したものはほとんどない．

一方，教育ローンに関しては著者たちの知る限りにおいてスコアリングモデルに関する先行研究は存在しないが，米国においてデフォルト要因の分析に関する先行研究は多く存在する．Wilms, Moore and Bolus（1987）は Guaranteed Student Loan Program（以降，GSL Program）を利用しているカリフォ

---

2) 足利銀行は 2005 年 9 月にスコアリング審査モデルを構築し，モデルに基づく自動審査を導入することを公表している．他の金融機関においても，自動審査を行っているケースは信用スコアリングモデルを活用していると考えられる．

ルニアの 4,617 件のデータを用いて，卒業，人種（黒人），家族の収入，米国市民権，高校卒業，職業訓練学校を変数とする判別関数モデルを示している．Greene (1989) は National Direct Student Loan を借りているノースカロライナ大学の学生を対象とした 161 件のデータを用いて，5 種類のトービットモデルを調べ，卒業と奨学金は有意な要因であるが，人種（黒人），収入は有意ではないことを示している．Knapp and Seaks (1992) は，ペンシルベニアの 26 大学で GSL Program を使っている 1,834 件を対象にし，プロビットモデルを用いて，両親，卒業，親の収入，人種（黒人）の 4 変数がデフォルト率に有意であることを示している．Dynarski (1994) は National Postsecondary Student Aid Study (NPSAS)，Student Loan Recipient Survey (SLRS) データ (8,223 件) を用いて，GSL Program の利用者のデフォルト率の分析を行った．ロジットモデルを用いて，収入，ローン返済額，扶養者数，結婚，人種（黒人，ヒスパニック），親の収入（低い 2 レベル），卒業（高校，中等教育後課程），学校タイプ（職業訓練，2 年制）の 12 変数がデフォルト率に有意であることを示している．Herr and Burt (2005) はテキサス州立大学オースチン校の学生ローンのデフォルトの予測モデルを構築するために，38 個の変数のなかから徐々に変数を追加していき，7 種類のロジスティック回帰モデルを構築している．とくに説明力の高い 7 個の変数（人種・民族性，性別，学年，最終学位，学位の種類，履修単位時間，扶養の状態）を用いたモデルも構築している．Gross et al. (2009) はこれらの研究も含めて，教育ローンのデフォルト要因に関する先行研究のサーベイを行っている[3]．1978～2007 年の 41 論文（ほとんどが 1991 年以降）を対象として，デフォルト要因を学校のタイプ，学生の属性（人種，民族性，年齢，性別），社会経済的状況（家族構成，親の教育歴，収入，債務負担），在学中の経験（履修状況，教育達成度，学究的素養，教育プログラム）などに分類し，デフォルトとの関連をまとめている．ただし，日本のデフォルト要因はさまざまな理由から米国とは異なると考えられるため，新たな分析が必要である．

　公庫は 2005 年度から教育ローンの申込情報のデータベース化に取り組み始

---

[3] McMillion (2004) も先行研究のサーベイを行い，各論文のなかで関連する文章をピックアップし，紹介している．

め，2005年度以降の貸付については全データの取得が可能になった．4年が経過して約35万件という膨大なデータが蓄積され，データ期間は短いものの，スコアリングモデルを構築して評価を行うには十分なデータ量を確保できた．そこで，本研究では，この膨大なデータを用いて教育ローンの信用スコアリングモデルを構築，評価を行うことによってその特徴を明らかにする．

本研究では，以下の点について，公庫の2005～2007年度の貸付データを用いて分析を行う．

(1) 教育ローン利用者の特徴と信用スコアリングモデルの概要を明らかにする．貸付年度や累積デフォルト年数，変数の組み合わせを変えてモデルに採用される変数やパラメータの変化を観測する．

(2) AR値を用いて教育ローンの信用スコアリングモデルを評価する．AR値の水準およびアウトオブサンプル対する頑健性，年数経過によるモデルの劣化度合いについて分析する．

分析の結果，教育ローンの利用者は，年齢分布や所得水準などの母集団特性がデータの観測期間に関わらず安定しており，貸付時期や累積デフォルト年数，変数の組み合わせを変えてさまざまなモデルを構築し検証したが，選択される変数とパラメータに大きな差異はみられなかった．さまざまなモデルのうち，本論文では，6種類のモデルについて検証した結果を示す．AR値の水準は，50％程度である[4]．すべてのモデルに対してアウトオブサンプルテストを行ったが，AR値の低下はほとんど観測されず，頑健であった．貸付時点から時間が経過するにつれて若干AR値の低下がみられたものの，低下幅は年1～2％ポイントと限定的であった．もっとも，年数経過によるモデルの劣化については，データ期間が短いため，必ずしも十分な分析ができているとはいえない．この点はデータの蓄積を待って再度検証を試みたい．

また，これらの分析に対して考察の記述が不十分な点もある．それは分析結果に対する説明変数の符号条件や係数の大きさに関する議論ができなかったこ

---

[4] 経験的に考えると，教育ローンのスコアリングモデルのAR値は中堅・中小企業向けモデルのAR値に比べてその水準は相対的に低くなると考えられる．その理由は，個人には，中堅・中小企業のように財務状況を詳細に把握できる財務諸表などがなく，情報の非対称性が大きいため，スコアリングモデルの説明力が低くなってしまうと考えられるからである．

とである．この理由は本モデルが実務で利用可能であり，説明変数を明示できなかったからである[5]．ただし，得られた結果における説明変数の符号条件は期待通りで，係数の大きさも現場感覚からみても納得できるものであった．説明変数の明示はできないものの，説明変数に使う元の情報や一般的に期待される符号条件に関しては 3.2.2 で示した．

その一方で，先行研究にはない本研究の貢献を以下にまとめる．

- 日本の教育ローンデータを使ってスコアリングモデルを構築し，実証分析を含めて評価を行った最初の論文である．
- 先行研究における米国の教育ローンは学生本人に対して貸し付ける[6]のに対し，本研究における教育ローンは，わが国の金融機関が一般的に取り扱っている学生の保護者に対して貸し付けるローンである．このようなタイプの教育ローンに対するデフォルト要因の分析やスコアリングモデルに関する論文は存在しない．
- 先行研究においてはインサンプルによる判別関数やロジット回帰，プロビット回帰モデルなどを示しているのみであるのに対し，本研究では信用スコアリングモデルで重要な AR 値による評価やアウトオブサンプルを用いた評価を行った．AR 値およびモデルの安定性を示すことで，実務でも利用可能な結果が得られ，教育ローンに対する信用スコアリングモデルの有用性を示すことができた．
- 先行研究で用いられたデータ数は限りがあり，結果の安定性に問題がある．それに対し，本研究では約 35 万件のデータを用いており，信頼できる結果が得られている．

本論文の構成は以下の通りである．第 2 節で教育ローンの制度内容や融資規模などの概要を紹介するとともに，モデル構築にあたっての基礎分析で明らかになった教育ローン利用者の特徴を示す．その際，事業ローンや住宅ローンとの比較も試みる．第 3 節では，ロジスティック回帰モデルとデフォルト要因の概

---

5) 実際の融資に利用する場合，学術的には問題なくても実務的には問題を引き起こす場合がある．説明変数が明らかになれば，信用スコアが有利になるように申告するといった偽装申込を誘発する懸念などがあり，実務的観点から説明変数を明らかにできなかった．
6) 日本学生支援機構の奨学金は学生本人に対して貸し付ける教育ローンである．

要と構築した6種類の教育ローン向けスコアリングモデルを示す．第4節では，モデルの AR 値の水準とアウトオブサンプルに対する頑健性，経過年数，年度の違いによる影響について検証を行う．第5節では結論と今後の課題について述べる．

2　教育ローン利用者の特徴

2.1　制度の概要

公庫の教育ローンは「進学に関する家庭の経済的負担の軽減と教育の機会均等を図る」ことを目的に，1979年1月にスタートした．「国の教育ローン」として親しまれ，年間12万6千件，1,726億円の教育資金を融資している．残高は113万件，9,326億円と，おそらく教育ローンの取り扱い金融機関としては国内で最大級の規模である[7]．

ほかに教育資金を融資する制度としては日本学生支援機構の奨学金が有名である[8]．ただ，奨学金は，学生本人に対して主に学生生活の費用を月ごとに貸与するのに対し，教育ローンは，主に学生の保護者に対して入学時の費用などを一括して融資するという相違点がある．教育ローン制度の詳細については，日本政策金融公庫国民生活事業本部のホームページ[9]を参照されたい．

2.2　教育ローンの特徴

教育ローンは，事業ローンに比べて，①返済期間が比較的長期，②返済期間中のモニタリングが困難，③利用者の8割以上は勤務者であり，企業の財務諸表のような資産状況や収入状況を詳細かつ客観的に示した資料がない，④利用時期は進学・入学時期に限られるので，事業ローンに比べて繰り返し何度も利用するケースが少ない[10]といった特徴がある．こうした特徴は住宅ローンと共

---

[7]　いずれも2009年度末現在の数値である．単位未満は切り捨てている．
[8]　奨学金の詳細については，日本学生支援機構のホームページ（http://www.jasso.go.jp/）を参照されたい．
[9]　ホームページのアドレスは http://www.k.jfc.go.jp/kyouiku/ippan/index.html である．
[10]　兄弟で利用したり，高校進学時に利用し，さらに大学進学時にも利用するといったケースはあるが，それでも事業資金に比べれば繰り返し利用するケースは圧倒的に少ない．

表4-1 平均貸付金額と平均貸付期間の推移

年度	平均貸付金額	平均貸付期間
2008	128万円	8.1年
2007	129万円	8.1年
2006	130万円	8.0年
2005	130万円	8.0年
2004	130万円	データなし
平均	129万円	8.05年

注:教育一般貸付(直接扱い)の数値

通する点も多い.そこで,住宅ローンと比較しながら,教育ローンの特徴を本項で,利用者の特徴については次項で述べる.基礎的分析を兼ねて,本研究の分析で用いる2005～2007年度貸付のデータを中心にみていくことにする.

まず,国の教育ローンの平均貸付金額と平均貸付期間の過去の推移を表4-1に示す.平均貸付金額は129万円,平均貸付期間は約8年となっている.いずれの数値も過去5年間(平均貸付期間は過去4年間)ほとんど変わっていない.つぎに,それぞれの水準を住宅ローンと比較する.国土交通省住宅局(2009)の調査によると2007年度の個人向け住宅ローンの新規融資は862,472件の17,289,541百万円で,この数値から平均貸付金額を計算すると2,004万円となる.また,住宅金融支援機構(2009a)の調査によると,2008年度の新規貸出における約定貸出期間は平均25.6年となっている.

このように,教育ローンは,住宅ローンに比べて貸付金額が小口で,返済期間も短いという特徴がある.

2.3 利用者の特徴

教育ローン利用者の特徴をみてみよう.2005～2007年度の利用者の年齢分布を図4-1に示す.分布は毎年安定的でほぼ似た分布をしている.平均年齢は49歳と公庫が利用者に対して毎年実施しているアンケート調査(国民生活金融公庫(2004～2007),日本政策金融公庫(2008),図4-1の右下図)をみても過去5年間の平均年齢は49.4歳でほぼ一定である.

一方,住宅金融支援機構(2009c)によるとフラット35注文住宅融資利用者

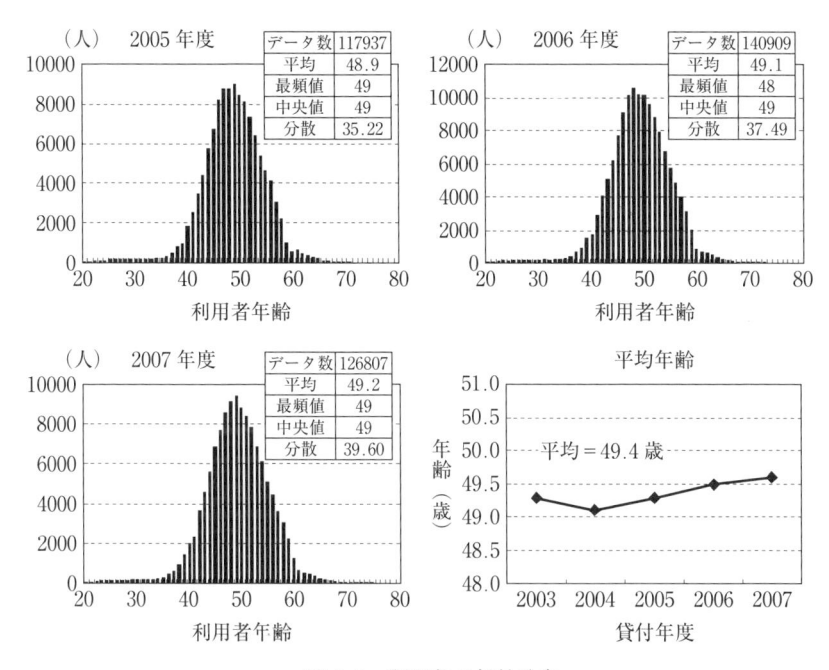

図 4-1 利用者の年齢分布

の平均年齢は 40.4 歳である．さらに，住宅金融支援機構（2009a）によると民間金融機関の住宅ローンの営業戦略として重視する年齢層は 30 代後半〜40 代前半がボリュームゾーンになっている．単純に比較はできないが，教育ローン利用者の平均年齢は住宅ローン利用者に比べて 10 歳程度高いと考えられる．利用者の子供が高校あるいは大学や専門学校などに進学する際に教育ローンを利用することを考えれば妥当な結果であるといえよう．

教育ローン利用者の世帯収入の分布を確認してみる．公庫（国民生活金融公庫（2004〜2007），日本政策金融公庫（2008））によると勤務者世帯の年収分布は，おおむね 600 万円〜650 万円程度で安定している[11]（図 4-2）．一方，住宅ローン利用者の場合は，住宅金融支援機構（2009c）ではフラット 35 利用者のうち注文住宅融資利用者の平均世帯所得は 627.9 万円である．また，フラット

---

[11] 公庫の教育ローンの利用条件に世帯の年間収入（所得）の上限額があり，2008 年 9 月までは 990 万円であった．

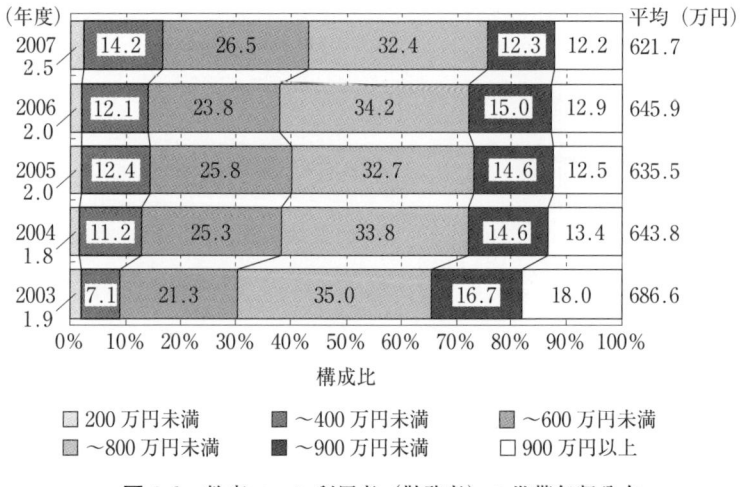

```
(年度)                                                                    平均（万円）
2007  14.2    26.5      32.4       12.3  12.2    621.7
 2.5
2006  12.1   23.8       34.2        15.0  12.9   645.9
 2.0
2005  12.4    25.8      32.7        14.6  12.5   635.5
 2.0
2004  11.2   25.3       33.8        14.6  13.4   643.8
 1.8
2003  7.2   21.3      35.0         16.7  18.0    686.6
 1.9
     0%  10% 20% 30% 40% 50% 60% 70% 80% 90% 100%
                        構成比
```

□ 200 万円未満　　■ ～400 万円未満　　■ ～600 万円未満
■ ～800 万円未満　　■ ～900 万円未満　　□ 900 万円以上

図 4-2　教育ローン利用者（勤務者）の世帯年収分布

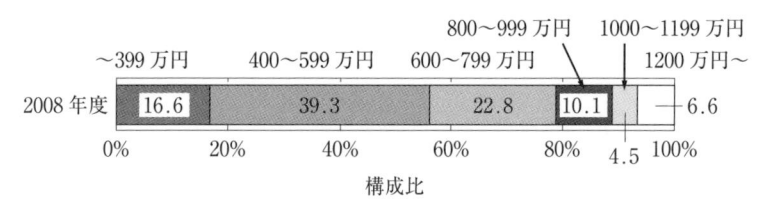

```
                         800～999 万円   1000～1199 万円
  ～399 万円  400～599 万円  600～799 万円      1200 万円～
2008年度  16.6     39.3        22.8    10.1    ─ 6.6
       0%    20%     40%     60%    80%  4.5  100%
                          構成比
```

図 4-3　住宅ローン（フラット 35）利用者の世帯年収分布

35 利用者全体の世帯年収分布の構成比（図 4-3）は，400 万円～800 万円がボリュームゾーンとなっており，教育ローンと同様の傾向がみられる．

このように，教育ローン利用者は，住宅ローン利用者よりも年齢水準が高いものの，収入の水準はほぼ同じである．また，年齢や世帯収入の平均値や分布が安定的で，利用金額（貸付金額）や利用期間（返済期間）も変化が少ない．毎年，利用者が異なるものの，母集団特性は安定的であるという特徴がある．

3　教育ローンの信用スコアリングモデルの概要

信用スコアリングモデルにはさまざまな統計モデルがある．なかでも，ロジスティック回帰モデルは，もっとも一般的に用いられている．本研究において

も，ロジスティック回帰モデルを使用する．また，モデルのパフォーマンスを評価する手法[12]として，本研究では順序性尺度であるAR値を用いる．その理由は，教育ローン向けスコアリングモデルの利用目的は，審査の効率化・迅速化[13]であり，デフォルト確率の一致性よりも信用リスクの相対的な評価，つまり，順序性がより重要となるからである．

まず，本項において，ロジスティック回帰モデルの概要を述べ，構築した6種類の教育ローン向けスコアリングモデルの概要を示す．つぎに，4節において，構築したモデルについて，アウトオブサンプル，経年変化，年度の違い[14]といったさまざまな角度からAR値の評価を行い，教育ローン向けスコアリングモデルの頑健性を示す．

3.1 ロジスティック回帰モデル

ロジスティック回帰モデルは，債務者iの信用力を示す現時点（$t=0$）の情報$x_{ij}(0)$がn個（$j=1, \ldots, n$）あるとき，将来時点（$t=1$）のデフォルト確率$PD_i(1)$のロジット変換を用いて，パラメータα_j（$j=0, \ldots, n$）を推定する．こ

---

[12] モデルのパフォーマンスを評価する手法もさまざまある．スコアリングモデルの評価手法については，山下・川口・敦賀（2003）が詳しい．

[13] 事業ローンも含めて融資の審査はスコアリングモデルと人的審査（エキスパートジャッジ）を組み合わせて行うことが一般的である．とくに，融資金額が小口で採算のとりにくい教育ローンの場合は，スコアリングモデルを活用して審査コストを抑制すると同時に効率的な人的審査によってデフォルトを抑制することが採算を重視する民間金融機関にとって重要である．具体的には，スコアリングモデルで算出されたスコアの高い（デフォルト確率の低い）与信先に対しては簡便な人的審査を行うことによって審査コストの低減を図ると同時に，スコアの低い（デフォルト確率の高い）与信先に対しては慎重かつ詳細な人的審査を行いデフォルト率の抑制を図ることによって採算性を高めることができる．

[14] 教育ローンの貸付期間は，住宅ローンほどではないものの，事業ローンや一般の消費者ローンに比べて長く，貸付時点からの経過年数によって将来時点のデフォルト率も一定ではない．経過年数の影響に加えて，返済期間中の年度の違いがデフォルトに与える影響も無視できない．このように長期間にわたってデフォルト率が変化する可能性がある場合は，デフォルト率の期間構造をモデルに考慮することが望ましい（森平，2009）．本研究においても検討したが，教育ローンの特性としてパネルデータが入手できないこと，個々の債務者データの蓄積期間が短いこと，デフォルト率の一致性よりも序列性を重視していることから，今回のモデル構築にあたっては，期間構造モデルではなく，1期間デフォルト確率の推定モデルとしてロジスティック回帰モデルを用いる．

こで I は債務者数, n は説明変数の数を表す. $Z_i(1)$ が大きければ大きいほどデフォルト確率は低くなる.

$$PD_i(1) = \frac{1}{1+e^{Z_i(1)}} \tag{1}$$

$$Z_i(1) = \ln\left(\frac{1-PD_i(1)}{PD_i(1)}\right) = \alpha_0 + \sum_{j=1}^{n} \alpha_j x_{ij}(0), \quad (i=1,\ldots,I) \tag{2}$$

最尤法によってパラメータ α_j を推定する.最尤法は,債務者 i の非デフォルト,デフォルトを示す事実($y_i = \{0, 1\}$)が独立であると仮定する.尤度関数は,

$$L = \prod_{i=1}^{I} PD_i(1)^{y_i}(1-PD_i(1))^{1-y_i} \tag{3}$$

と表現でき,これを最大にするパラメータ α_j を推定する.実際には,L に対数をとった対数尤度関数 $\ln L$ を最大化するように推定する.

$$\ln L = \sum_{i=1}^{I} \{y_i \ln PD_i(1) + (1-y_i)\ln(1-PD_i(1))\} \tag{4}$$

3.2 デフォルト要因
3.2.1 先 行 研 究

Gross et al. (2009) に基づき,デフォルト要因を分類し,デフォルトとの関連性をまとめる.論文によって,有意となる要因が異なったり,反対の場合も存在するが,以下では先行研究における主な結果を示す.

- 学校のタイプ:職業訓練学校,2 年制大学の方がデフォルトしやすい.
- 学生の属性
  - 人種:黒人はデフォルトしやすい.
  - 民族性:ヒスパニックはデフォルトしやすい.
  - 年齢:高い方がデフォルトしやすい.
  - 性別:男性の方が女性よりもデフォルトしやすい.
- 社会経済的状況
  - 家族構成:扶養者が多い,単親家庭の場合,家族(親)からの支援がないとデフォルトしやすい.
  - 親の教育歴:高学歴の親をもつとデフォルトしにくい.

―収入：家族や本人の収入が高いとデフォルトしにくい．
―債務負担：債務（ローン返済額）が多いと，デフォルトしやすい．
● 在学中の経験
―履修状況：継続的な履修登録や，不可の単位数が少ないと，デフォルトしにくい．
―教育達成度：卒業できるとデフォルトしにくい．
―学究的素養：高校のランクやGPAが高いとデフォルトしにくい．

米国では，Higher Education Act of 1965 や The Equal Credit Opportunity Actにより，人種，国籍，宗教，性別，結婚，年齢，障害などによる融資差別を禁止しており，たとえ統計的に有意であったとしてもモデルの変数に使うことはできない．さらに，教育ローンにおいてはその範囲が徐々に拡大する傾向にある[15]．先行研究のモデルは「人種・民族性」が含まれているケースが多く，当然のことであるが，スコアリングモデルのなかに使ってはいけない．卒業の有無も入学時点での融資判断に使うことはできない．また，米国と日本という違いに加えて，前述したように，米国の教育ローンは学生本人への貸付であるのに対し，本研究で対象とする教育ローンは主に保護者に対する貸付であり，デフォルト要因も異なると考えられる．本研究ではこれらの点や取得できるデータを考慮してモデル化および分析を行う．

3.2.2 本研究における使用変数

まず始めに，代表的な個人向けローンである住宅ローンの審査において考慮する項目について見てみよう．国土交通省住宅局（2009）によると，「完済時年齢（99.3％）」「返済負担率（98.5％）」「借入れ時年齢（97.8％）」「勤続年数（97.1％）」「年収（97.0％）」が多くなっている（表4-2）．

教育ローンのスコアリングモデルに有効な変数もほぼ同様であると考えられるが，上記に加えて，「所有資産」が重要なファクターとなる点が異なる．住宅ローンはそもそも資産を所有するためのローンなのであまり有効な変数とならないのであろう．

教育ローンのモデル構築に使用する説明変数の候補は申込書に記載されてい

---

[15] Federal Family Education Loan Program に対する融資差別の排除に関する法案として，Preventing Student Loan Discrimination Act が2008年6月17日に提出された．

表 4-2 住宅ローン審査において民間金融機関が重視する項目

審査項目	回答数の割合*
性別	14.7%
借入時年齢	97.8%
完済時年齢	99.3%
家族構成	21.2%
年収	97.0%
所有資産	20.3%
返済負担率	98.5%
業種	34.7%
雇用形態	44.7%
雇用先の規模	22.5%
勤続年数	97.1%
担保評価額	93.5%
申込人との取引状況	66.5%
カードローン等の他の債務の状況や返済履歴	84.9%
金融機関の営業エリア外	65.8%
健康状態	71.3%
その他	20.4%

＊回答数の割合は回答機関数 1207 機関に対する割合

る情報や信用情報機関の情報などである．情報は主に「収入」「住まいの状況」「借入れ状況」などの項目である（表4-3）．

表4-3の項目を仮に説明変数として含める場合，その取り扱い方の例と一般に期待される符号条件[16]を以下に記述する．

● 本人と家族の状況
　―住所：地域ごとのカテゴリー変数として取り扱う．
　―年齢：年齢の高い方が収入は高くなり，デフォルトしにくい．
　―扶養する子供の数：扶養者が増えると，支出が増え，デフォルトしやすい．
● 収入：高い方がデフォルトしにくい．

---

16) デフォルト率が小さいとスコアは大きくなるので，スコアリングモデルの符号条件は逆になる．

表 4-3 申込書の主な記入事項

本人と家族の状況	住所,年齢,扶養している子供の数
収入	本人収入,家族収入
職業	勤務先,職種(業種),勤続(営業)年数
住まいの状況	居住年数,居住形態(持ち家,賃貸,社宅等)
借入れ状況	借入先,使いみち,残高,年間返済額

- 職業
  —勤務先,職種(業種):職種(業種)ごとのカテゴリー変数として取り扱う.
  —勤務(営業)年数:長ければ収入が安定し,デフォルトしにくい.
- 住まいの状況
  —居住年数:長ければ生活が安定しており,デフォルトしにくい.
  —居住形態:所有資産がある方がデフォルトしにくい.
- 借入れ状況
  —残高,年間返済額:多ければ,返済負担が重くなり,デフォルトしやすい.

3.3 使用データと構築したモデルの概要

本分析で使用するデータのデフォルト観測期間は,図 4-4 に示すとおりである.2005 年度から 2007 年度に貸付した債務者データを用いて,2009 年度 9 月末時点でのデフォルトを 1,非デフォルトを 0 としてモデルを構築する.本分析では「3 カ月以上延滞」をデフォルトと定義する.具体的には,2005 年 4 月～2006 年 3 月に貸付した与信先については,2009 年 9 月までの累積 4 年間にデ

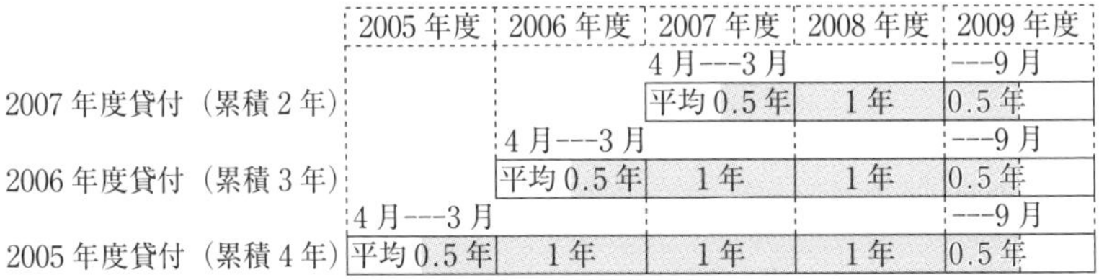

	2005 年度	2006 年度	2007 年度	2008 年度	2009 年度
2007 年度貸付(累積 2 年)			4 月---3 月 平均 0.5 年	1 年	---9 月 0.5 年
2006 年度貸付(累積 3 年)		4 月---3 月 平均 0.5 年	1 年	1 年	---9 月 0.5 年
2005 年度貸付(累積 4 年)	4 月---3 月 平均 0.5 年	1 年	1 年	1 年	---9 月 0.5 年

図 4-4 使用データの観測期間

フォルトしたかどうかを従属変数にしてモデルを構築する．同様に 2006 年度貸付は累積 3 年間，2007 年度貸付は累積 2 年間にデフォルトしたかどうかを従属変数とする．事業ローン向けのスコアリングモデルでは，貸付後 1 年間のデフォルト，非デフォルトを従属変数に用いることが一般的である．ただ，教育ローンは，季節性が高く，1 月〜3 月に貸付が集中する．仮に年度ベース（x 年 4 月から $x+1$ 年 3 月に貸し付けた与信先を $x+1$ 年 9 月においてデフォルトしたか否か）で観測すると，多くの与信先が貸付後半年以内となるので，デフォルトはほとんど観測されない．そのため，デフォルト観測期間が累積 1 年のデータは使用しない．本分析では，2005 年度貸付は 2009 年 9 月まで累積 4 年間，2006 年度貸付は累積 3 年間，2007 年度貸付は累積 2 年間のデータを使用する[17]．また，利用者のうち，8 割以上が勤務者である．本研究では，勤務者のデータを使用してモデルの構築と分析を行う．

表 4-3 の 14 項目に基づき，30 個の変数を候補として作成した．そのなかから説明変数の選択を行い，モデルの構築を試みる．手順としては，実際の融資担当者が納得できる現場感覚や変数の理論的な整合性（想定される符号条件など）を検討して変数候補の絞り込みを行い，その上でステップワイズ法により選択する．ベースとなる変数候補は，最終的に半分の 15 個の変数に絞り込んだが，オーバーフィッティングの可能性を考慮して，さらに，必要と思われる 9 個の変数に絞り込んだ 2 つのモデルを検討する．ここで，9 個の説明変数から選択するモデルを「モデル A」，15 個の説明変数から選択するモデルを「モデル B」とよぶ．図 4-4 に示した貸付データを用いて，表 4-4 のとおり，6 種類のモデルを構築する[18]．ロジスティック回帰モデルのパラメータ推定には，SAS/STAT® の LOGISTIC プロシジャを使用した．

表 4-4 構築するモデルのタイプ

	モデル A	モデル B	貸付データ数
説明変数候補数	9 個	15 個	
2007 年度貸付（累積 2 年）	2007 年度（累積 2 年）モデル A	2007 年度（累積 2 年）モデル B	90,789
2006 年度貸付（累積 3 年）	2006 年度（累積 3 年）モデル A	2006 年度（累積 3 年）モデル B	100,761
2005 年度貸付（累積 4 年）	2005 年度（累積 4 年）モデル A	2005 年度（累積 4 年）モデル B	84,927

17) 年度内の貸付は平均して 0.5 年分と考える．

構築したモデルの変数とパラメータを表4-5に示す．'—'は選択されなかったことを表す．選択された変数をみてみると，2005年度（累積4年）モデルで

表4-5 標準化回帰係数およびp値

モデルA	2007年度（累積2年）		2006年度（累積3年）		2005年度（累積4年）	
説明変数	回帰係数	p値	回帰係数	p値	回帰係数	p値
$X1$	0.1872	0.0000	0.1710	0.0000	0.1435	0.0000
$X2$	0.0884	0.0000	0.1246	0.0000	0.1498	0.0000
$X3$	-0.1615	0.0000	-0.1844	0.0000	-0.2005	0.0000
$X4$	0.0518	0.0000	0.0725	0.0000	0.0609	0.0000
$X5$	-0.2547	0.0000	-0.2462	0.0000	-0.2395	0.0000
$X6$	0.2130	0.0000	0.2202	0.0000	0.1892	0.0000
$X7$	0.1094	0.0000	0.1167	0.0000	0.1042	0.0000
$X8$	0.1234	0.0000	0.1118	0.0000	0.1136	0.0000
$X9$	—	—	—	—	0.0306	0.0003
擬似決定係数	0.076		0.091		0.096	
AIC	18261		30253		29168	
モデルB	2007年度（累積2年）		2006年度（累積3年）		2005年度（累積4年）	
説明変数	回帰係数	p値	回帰係数	p値	回帰係数	p値
$X1$	0.1697	0.0000	0.1537	0.0000	0.1317	0.0000
$X2$	0.1046	0.0000	0.1417	0.0000	0.1662	0.0000
$X3$	-0.1460	0.0000	-0.1732	0.0000	-0.1924	0.0000
$X4$	0.0360	0.0049	0.0583	0.0000	0.0492	0.0000
$X5$	-0.2552	0.0000	-0.2476	0.0000	-0.2392	0.0000
$X6$	0.1753	0.0000	0.1860	0.0000	0.1662	0.0000
$X7$	0.0812	0.0000	0.0901	0.0000	0.0824	0.0000
$X8$	0.1199	0.0000	0.1078	0.0000	0.1106	0.0000
$X9$	—	—	—	—	0.0213	0.0129
$X10$	—	—	—	—	—	—
$X11$	0.0865	0.0000	0.0889	0.0000	0.0745	0.0000
$X12$	-0.0691	0.0000	-0.0570	0.0000	-0.0488	0.0000
$X13$	-0.0562	0.0000	-0.0596	0.0000	-0.0447	0.0000
$X14$	—	—	—	—	—	—
$X15$	0.0306	0.0108	0.0304	0.0006	—	—
擬似決定係数	0.083		0.098		0.100	
AIC	18130		30025		29031	

---

18) 各モデルの貸付年度と累積デフォルト期間は1対1対応している．しかし，4.4項で追加的な分析として各年度貸付の累積2年間のデータを用いた分析を行っているため，明示的に貸付年度と累積デフォルト期間を入れたモデル名としている．

$X9$ が選択されたことを除けば,モデル A,モデル B とも,同じ変数が選択されている.パラメータも大きな差が生じている変数はなく,おおむね同じ水準になっている.(5) 式で示されるモデルのあてはまり度合いを示す McFadden の擬似決定係数は,モデル A,B ともに 2005 年度(累積 4 年)モデルがもっとも高いが,2006 年度(累積 3 年)モデルとの差は 2007 年度(累積 2 年)モデルとの差に比べてわずかである.

$$擬似決定係数 \equiv 1 - \frac{\ln L}{\ln L_0} \qquad (5)$$

ここで,$\ln L$ はモデルの対数尤度,$\ln L_0$ は定数項のみのモデルの対数尤度を表す.

一方,AIC を見ると,モデル A,B ともに 2006 年度(累積 3 年)モデルがもっとも高く,2007 年度(累積 2 年)モデルの値は低い.2005 年度(累積 4 年)モデルと 2006 年度(累積 3 年)モデルの差はわずかであり,擬似決定係数とほぼ同じ結果が得られている.

4 モデルの評価

4.1 モデルの AR 値

モデルの評価は AR 値[19]により行う.AR 値は所得の集中度や不平等度を測る Gini 係数の考え方を応用したもので,推計されたデフォルト率に対する順序性尺度によってモデルの精度を評価するものである.具体的には,推計されたデフォルト率を高い順番に並べて,全債務者数に対する累積債務者比率を算出したものを横軸に,全デフォルト債務者数に対する累積デフォルト債務者比率を縦軸にとってプロットする.そのプロットによって示される曲線が図 4-5 に示した CAP 曲線(cumulative accuracy profiles)である.

図 4-5 の 45 度線はモデルで推定されたデフォルト率の大きさと実際のデフォルトがまったく関係ない場合を示している.これに対し,推定デフォルト率の高い順番に,デフォルトした債務者が並んでいた場合には線 A となる.実際の

---

[19] AR 値の目的,成り立ち,適用方法,長所・短所に関しては山下・川口・敦賀(2003)が詳しい.

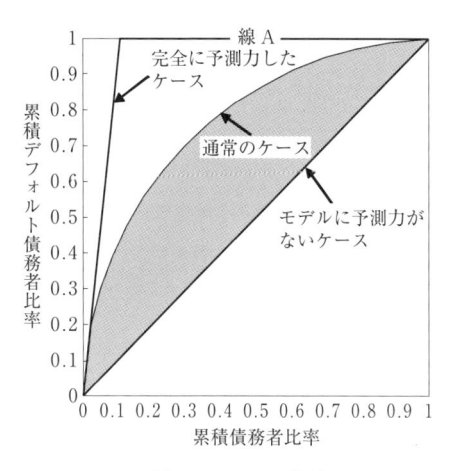

図 4-5 CAP 曲線

モデルでは，45 度線と線 A の間に CAP 曲線が描かれる．AR 値は，CAP 曲線と 45 度線で囲まれた面積（図の影の部分）と線 A と 45 度線で囲まれた面積の比率であり，

$$AR 値 = \frac{\text{CAP 曲線と 45 度線で囲まれた面積}}{\text{線 A と 45 度線で囲まれた面積}}$$

で表される．精度の高いモデルは線 A に近い線を描き，1 に近い値をとる．

各モデルのインサンプルの AR 値を表 4-6 に示す．経過年数や説明変数の数の違いがあるにもかかわらず，どのモデルも AR 値は 50％前後となっている．中小企業に対する事業ローン向けモデルの AR 値（60〜70％程度）[20] よりは低いものの，小企業向けモデルの AR 値（40〜50％程度）[21] とほぼ同等で，住宅ローン向けモデルの AR 値（30〜40％弱と言われている）よりはやや高いレベ

---

[20] 柳澤ほか（2007）は RDB データベースを用いて，構築した中小企業向けモデルの AR 値を推計した結果，60〜70％であった．

[21] 日本政策金融公庫国民生活事業本部のデータベースを用いて構築した小企業向けモデル（枇々木・尾木・戸城（2010））の AR 値は 40〜50％程度であった．枇々木・尾木・戸城（2010）では，財務指標だけでは小企業の AR 値を高くすることが難しいため，業歴を加えることによって AR 値を大きくすることができている．本研究の結果から，小企業も個人（世帯）と同様に，財務状況に関しては個人とほぼ同じ（もしくは以下）レベルの情報の非対称性があると考えられる．ただし，この点についてはきちんと検証する必要がある．

表 4-6　モデルの AR 値（インサンプル）

	2007年度（累積2年）	2006年度（累積3年）	2005年度（累積4年）
モデル A	47.30%	49.00%	49.45%
モデル B	49.27%	51.12%	50.60%

ルにある．教育ローンは，事業ローンに比べて，①貸付期間が比較的長期，②返済期間中のモニタリングは困難，③利用者の大半は勤務者であり，企業の財務諸表のような資産状況や収入状況を詳細かつ客観的に示した資料がない，という特徴がある．したがって，中小企業向けモデルよりも AR 値が低くなると考えることが自然であり，納得感のある結果である．ただし，小企業の場合には中小企業に比べて，財務諸表に表れない要素が経営に与える影響が大きいために AR 値が高まらず，ほぼ同等な結果になったと思われる．また，住宅ローンに比べれば，②や③の点は類似しているが，教育ローン向けのモデルの方が貸付期間が短い分 AR 値はやや高くなると考えられる．

つぎにモデルのタイプ別に AR 値をみてみると，説明変数の少ないモデル A と比較的多いモデル B との比較では，累積デフォルト年数が同じであれば，説明変数の多いモデル B の方が1～2％ポイント程度高くなっている．説明変数の数が多いことによってフィッティングが良くなっているからであろう．ただ，オーバーフィッティングによって，アウトオブサンプルに対する頑健性に問題がある可能性がある．この点については，4.2項で検証する．

さらに，累積デフォルト年数の違いによる AR 値の差もほとんどない．たとえば，2007年度（累積2年）モデル A と2006年度（累積3年）モデル A，2005年度（累積4年）モデル A の AR 値の差はわずか2％ポイントである．各モデルの説明変数の標準化回帰係数をみても累積デフォルト年数の違いによる目立った差はみられない．モデル B においても同様の傾向がみられる．累積デフォルト年数が長くなればなるほど分散が大きくなり，選択される変数が異なったり，AR 値が低下すると思われたが，ここでは確認できなかった．貸付後の経過年数が AR 値に与える影響については4.3項で検証する．

4.2　アウトオブサンプルに対する頑健性

インサンプルデータに対する AR 値がいくら高くても，実際に運用したデー

タの AR 値が高くなくては，良いモデルとはいえない．表 4-6 に示したインサンプルに対する AR 値だけでモデルの評価を行うことは危険である．とりわけ，4.1 項において述べたとおり，変数の数を多くすればするほどインサンプルの当てはまりはよくなるが，アウトオブサンプルに対する当てはまりが悪くなるというオーバーフィッティング問題には注意を要する．

本研究では，現場感覚から妥当と思われる 15 個の変数を用いたモデル B と，オーバーフィッティングの可能性を考えて変数を 9 個に絞り込んだモデル A を構築した．それぞれのモデルについてアウトオブサンプルテストを行い，AR 値の劣化の程度を比較することでオーバーフィッティングが起きているかどうかを確認する．

まず，クロスバリデーション法を用いてアウトオブサンプルテストを行う．具体的には，モデルの構築に使用したデータのうち，ランダムに 80% のデータを抽出してモデルを構築したインサンプルの AR 値と，残りの 20% をテストサンプルとして算出した AR 値とを比較するという作業を 10 回繰り返し（表 4-8 の S1～S10），インサンプルとテストサンプルの平均値と標準偏差を算出する．モデルの変数選択はすべてのケースでステップワイズ法を用いた．

クロスバリデーション法で構築したモデルの変数とパラメータ（標準化回帰係数）の概要を表 4-7 に示す．10 回のテストごとに変数やパラメータが異なるモデルが生成される可能性があったが，$X1$～$X15$ の変数のうち，すべての変数候補について 10 回のテストで選択された確率をみると，選択された変数はほぼ同じであることがわかる．また，選択された変数のパラメータの平均値は表 4-5 の値に近く，標準偏差をみるとパラメータが安定していることも確認できる．

表 4-8 と図 4-6 にクロスバリデーション法によるテストの結果を示す．図 4-6 は表 4-8 をグラフにしたものである．懸念されたオーバーフィッティングについて，変数が 8～9 個のモデル A と変数が 12～14 個のモデル B の AR 値の平均を比較すると，テストサンプルの AR 値の劣化はどのケースでも 2% ポイント以内となっており，モデル B のテストサンプルの AR 値の低下がとくに大きいという事象は観測できなかった．60 ケース中 16 ケース（†を付けた部分で，全体の 26.7%）でテストサンプルの AR 値がインサンプルの AR 値を上回った．ただし，図をみてもわかるように，インサンプルとテストサンプルの AR

表 4-7 クロスバリデーション法で構築したモデルの概要

モデル A	2007年度（累積2年）			2006年度（累積3年）			2005年度（累積4年）		
説明変数	平均値	標準偏差	選択率	平均値	標準偏差	選択率	平均値	標準偏差	選択率
$X1$	0.1902	0.0077	100%	0.1732	0.0057	100%	0.1454	0.0032	100%
$X2$	0.0882	0.0119	100%	0.1234	0.0078	100%	0.1501	0.0073	100%
$X3$	-0.1617	0.0070	100%	-0.1864	0.0049	100%	-0.2002	0.0046	100%
$X4$	0.0525	0.0053	100%	0.0719	0.0063	100%	0.0590	0.0035	100%
$X5$	-0.2571	0.0053	100%	-0.2464	0.0036	100%	-0.2407	0.0041	100%
$X6$	0.2107	0.0051	100%	0.2186	0.0070	100%	0.1912	0.0063	100%
$X7$	0.1067	0.0085	100%	0.1165	0.0049	100%	0.1071	0.0061	100%
$X8$	0.1223	0.0057	100%	0.1116	0.0062	100%	0.1142	0.0033	100%
$X9$	—	—	0%	0.0020	0.0062	10%	0.0284	0.0034	100%

モデル B	2007年度（累積2年）			2006年度（累積3年）			2005年度（累積4年）		
説明変数	平均値	標準偏差	選択率	平均値	標準偏差	選択率	平均値	標準偏差	選択率
$X1$	0.1708	0.0103	100%	0.1559	0.0066	100%	0.1272	0.0123	100%
$X2$	0.1025	0.0126	100%	0.1411	0.0068	100%	0.1682	0.0100	100%
$X3$	-0.1458	0.0097	100%	-0.1763	0.0047	100%	-0.1944	0.0064	100%
$X4$	0.0309	0.0114	90%	0.0593	0.0035	100%	0.0484	0.0062	100%
$X5$	-0.2560	0.0052	100%	-0.2467	0.0049	100%	-0.2374	0.0044	100%
$X6$	0.1819	0.0072	100%	0.1859	0.0066	100%	0.1651	0.0075	100%
$X7$	0.0837	0.0052	100%	0.0903	0.0042	100%	0.0818	0.0056	100%
$X8$	0.1190	0.0054	100%	0.1070	0.0050	100%	0.1105	0.0042	100%
$X9$	—	—	0%	—	—	0%	0.0218	0.0079	90%
$X10$	0.0000	0.0000	10%	—	—	0%	0.0049	0.0155	10%
$X11$	0.0876	0.0070	100%	0.0927	0.0041	100%	0.0749	0.0042	100%
$X12$	-0.0701	0.0050	100%	-0.0576	0.0032	100%	-0.0480	0.0027	100%
$X13$	-0.0554	0.0039	100%	-0.0593	0.0033	100%	-0.0440	0.0029	100%
$X14$	0.0040	0.0127	10%	—	—	0%	—	—	0%
$X15$	0.0256	0.0138	80%	0.0299	0.0031	100%	—	—	0%

値の取り得る値の範囲は45度線を境にしてほぼ同じである．

　データの母集団特性が安定的でモデルの変数とパラメータが頑健であるうえ，データの大数効果によってオーバーフィッティングしにくいモデルになっていると考えられる[22]．

　アウトオブサンプルテストとはいっても，クロスバリデーション法は同じ年

表 4-8 クロスバリデーション法によるテスト

(単位:%)

		S1	S2	S3	S4	S5	S6	S7	S8	S9	S10	平均	標準偏差	全データ
モデルA	2007年度 (累積2年)	48.1	47.4	48.0	47.7	46.5	47.4	47.3	46.8	48.0	47.4	47.5	0.5	47.3
		43.6	46.9	44.4	45.4	50.4†	46.9	46.9	49.5†	44.1	46.9	46.5	2.1	
	2006年度 (累積3年)	49.9	49.3	49.1	48.8	48.5	49.3	48.9	49.1	49.4	49.0	49.1	0.4	49.0
		45.2	48.0	48.8	49.7†	50.9†	48.0	49.2†	48.7	47.5	49.2†	48.5	1.4	
	2005年度 (累積4年)	49.5	49.3	49.5	49.4	49.8	49.7	49.6	49.5	50.0	49.4	49.6	0.2	49.5
		48.8	49.7†	49.3	49.6†	47.7	48.4	48.7	49.1	47.1	49.7†	48.8	0.8	
モデルB	2007年度 (累積2年)	49.3	50.2	50.3	49.6	49.9	49.5	48.7	49.6	48.4	50.0	49.6	0.6	49.3
		49.3	46.0	44.5	47.8	46.7	48.1	51.3†	47.5	52.7†	46.2	48.0	2.4	
	2006年度 (累積3年)	51.3	51.0	50.9	51.3	51.7	51.7	51.5	51.3	51.1	51.6	51.3	0.3	51.1
		50.2	51.5†	51.6†	50.0	49.0	49.1	49.5	50.5	50.8	49.1	50.1	0.9	
	2005年度 (累積4年)	50.1	51.0	50.8	50.5	49.9	50.6	50.6	51.2	50.1	50.8	50.6	0.4	50.6
		52.4†	48.9	49.5	50.1	53.5†	50.5	50.3	47.7	52.1†	49.6	50.5	1.6	

※ 上段:インサンプル,下段:テストサンプル:†テストサンプルのAR値がインサンプルより高いケース

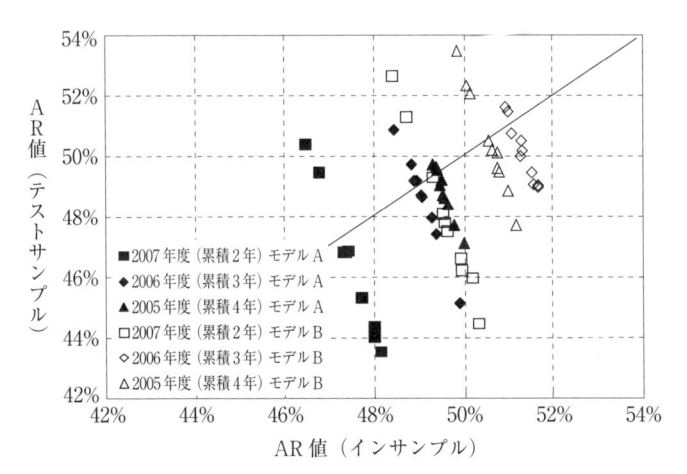

図 4-6 クロスバリデーション法によるAR値

度のデータをテストサンプルとして利用している.8~10万件と十分なデータ量が確保できていることから,インサンプルデータとアウトオブサンプルデー

---

22) データ数によるオーバーフィッティングへの影響については,山下・川口 (2003) を参照されたい.

タが同質になりやすいため，良好な結果となっている可能性がある．そこで，今度は6種類のモデルに異なる貸付年度（累積年数）のデータをアウトオブサンプルとしてAR値を算出する．たとえば，2005年度（累積4年）モデルに対して，2006年度（累積3年）データ，2007年度（累積2年）データをアウトオブサンプルとしてAR値を算出する．アウトオブサンプルのAR値からインサンプルのAR値を引いた数値を表4-9に示す．'IN' はインサンプルであることを表す．

マイナスの数値はAR値が低下したケースである．たとえば，2007年度（累積2年）モデルAに2005年度（累積4年）データを当てはめると，2007年度（累積2年）データ（インサンプル）に比べて，1.7%低下している．どのケースでもAR値の劣化は1.7%ポイント以内で，アウトオブサンプルに対する頑健性は高いと考えられる．プラスの数値はAR値が上昇しているケースであるが，クロスバリデーション法によるテストのときと同様に，約半数のケースでAR値が上昇している．ロジスティック回帰モデルのパラメータは最尤推定法により，尤度が最大化するように求められている．三浦・山下・江口（2009）も指摘しているように，モデルのパラメータはAR値が最大になるように推定しているわけではないため，インサンプルのAR値よりアウトオブサンプルのAR値が高くなる可能性は十分に考えられる．

以上のように，今回のテストにおいても，モデルAとモデルBのアウトオブ

表4-9 異なる年度（累積年数）のデータを当てはめた場合のAR値の変化

	データ		
モデル A	2007年度（累積2年）	2006年度（累積3年）	2005年度（累積4年）
2007年度（累積2年）	IN	−1.5%	−1.7%
2006年度（累積3年）	1.9%	IN	−0.2%
2005年度（累積4年）	2.7%	0.7%	IN

	データ		
モデル B	2007年度（累積2年）	2006年度（累積3年）	2005年度（累積4年）
2007年度（累積2年）	IN	−1.6%	−0.8%
2006年度（累積3年）	2.0%	IN	0.7%
2005年度（累積4年）	1.9%	−0.1%	IN

サンプルに対する頑健性については，ほとんど差がみられず，オーバーフィッティングは確認できなかった．そこで，今後は AR 値の水準の高いモデル B に絞って分析を進めることにする．

4.3 経過年数が与える影響

4.2 項でモデルのアウトオブサンプルに対する頑健性とオーバーフィッティングが生じていないことを確認した．本項では貸付時点からの経過年数の長さによる影響について検証する．事業ローンの場合であれば，決算期ごとに財務諸表を入手してスコアを変更することが可能なので，概ね 1 年以内の信用状態を計測すればよい．一方，教育ローンの場合は，申込記載内容や収入を確認するといったモニタリングは，手間とコストがかかることから行うことは難しく，貸付時点で算出されたスコアが，返済期間中に変更されることはない．そのため，AR 値は貸付時点から時間が経過するとともに低下していくと考えられる．たとえば，公庫の事業ローンのデータを使ってロジスティック回帰モデルを構築し，貸付実行時点からモニタリングをしない場合の AR 値の経年変化を図 4-7 に示す[23]．括弧内の数値は期首生存件数を表す．

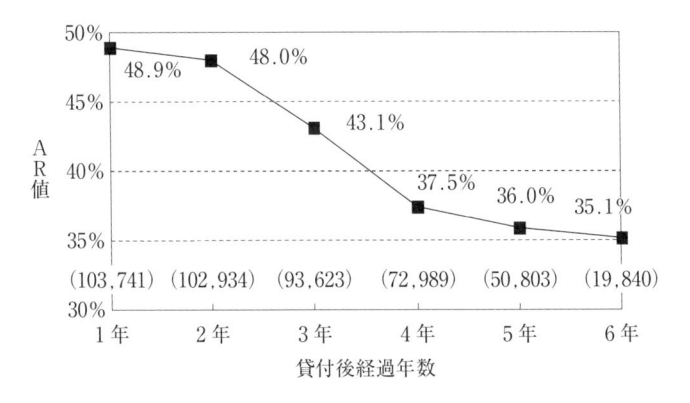

図 4-7 事業ローンの AR 値の経年劣化

---

[23] 2003 年度に貸付を実行した法人企業（103741 社）のデータを用いた．公庫の主な融資先である小企業は，財務諸表とデフォルトとの相関が大企業や中堅企業などに比べて低いので，モデルの AR 値も相対的に低くなる．小企業向けスコアリングモデルの特徴については，枇々木・尾木・戸城（2010）を参照されたい．

表 4-10　教育ローンの AR 値の経年劣化

	テストデータ：2005 年度貸付		
	2007 年 9 月期 累積 2 年	2008 年 9 月期 累積 3 年	2009 年 9 月期 累積 4 年
2007 年度(累積 2 年)モデル B	52.14%	50.82%	49.02%
2006 年度(累積 3 年)モデル B	52.40%	51.51%	49.14%
2005 年度(累積 4 年)モデル B	52.86%	51.30%	49.47%*
平均	52.47%	51.21%	49.21%

＊インサンプルである

　図 4-7 のように AR 値が徐々に低下していく様子が確認できる．貸付期間が短いので，2 年以上経過すると完済が増えて母数が減ることには注意を要するが，平均すると 1 年間に 2％ポイント程度の低下が確認できる．ある程度の経年劣化はやむをえないとしても，貸付期間が長くモニタリングも難しい教育ローン向けモデルの構築にあたっては，可能な限り経年劣化の少ないモデルにすることが望ましい．

　つぎに，教育ローンの AR 値の経年劣化を表 4-10 に示す．

　これは 2007 年度（累積 2 年）モデル B，2006 年度（累積 3 年）モデル B，2005 年度（累積 4 年）モデル B に，2005 年度貸付の累積 2 年データ，累積 3 年データ，累積 4 年データを当てはめることによって，AR 値の経年劣化の様子を確認したものである[24]．結果をみると経過年数が長くなるにつれて，どのモデルにおいても年約 1.5％ポイント程度低下している．事業ローンの AR 値の推移をみると，線形に低下するとは考えにくいが，仮に線形に劣化すると保守的に見積もっても，平均貸付期間が約 8 年なので，最終的な AR 値は 40％程度に収まると思われる．実務的には問題が少ないレベルといえよう．勤務者は収入が比較的安定しているため，事業ローン向けモデルに比べて経年劣化がやや小さくなると考えられる．

---

24)　デフォルト時期が明確ではない債権（15％程度）を除いて計測しているため，インサンプルの AR 値は表 4-6 と異なる．

4.4 年度の違いによる影響

どのモデルも経過年数が長くなるにつれて AR 値が低下することを確認した.ただ,年度の違いによっても AR 値は変化する可能性がある.そこで,経過年数を一定にして,年度の違いによる AR 値の変化を検証する.具体的には,2005 年度貸付,2006 年度貸付,2007 年度貸付のデータを用いてそれぞれ累積デフォルト期間を 2 年とするモデルを構築する.各モデルに対して,年度の異なる累積 2 年のデータをアウトオブサンプルとして当てはめて AR 値を計測し,年度の違いによる AR 値の違いを確認する.まず,モデルの概要を表 4-11 に示す.これまでと同様に,選択された変数およびパラメータの水準に大きな差はみられない.

つぎに AR 値を表 4-12 に示す.＊を付けた部分はインサンプルである.表を縦に見るとどのモデルもインサンプルとアウトオブサンプルの差は小さく頑健

表 4-11 累積デフォルト期間 2 年のモデルの標準化回帰係数と p 値

説明変数	2005 年度モデル 回帰係数	p 値	2006 年度モデル 回帰係数	p 値	2007 年度モデル 回帰係数	p 値
$X1$	0.1299	0.0004	0.1584	0.0000	0.1870	0.0000
$X2$	0.2090	0.0000	0.1678	0.0000	0.0926	0.0000
$X3$	-0.2205	0.0000	-0.1908	0.0000	-0.1428	0.0000
$X4$	—	—	0.0604	0.0002	0.0435	0.0049
$X5$	-0.2471	0.0000	-0.2454	0.0000	-0.2508	0.0000
$X6$	0.2542	0.0000	0.1950	0.0000	0.1969	0.0000
$X7$	0.1293	0.0000	0.0990	0.0000	0.0861	0.0000
$X8$	0.1325	0.0000	0.1169	0.0000	0.1174	0.0000
$X9$	—	—	—	—	—	—
$X10$	—	—	—	—	—	—
$X11$	0.0782	0.0000	0.0888	0.0000	0.0874	0.0000
$X12$	-0.0514	0.0000	-0.0567	0.0000	-0.0708	0.0000
$X13$	-0.0544	0.0000	-0.0701	0.0000	-0.0572	0.0000
$X14$	—	—	—	—	—	—
$X15$	—	—	0.0287	0.0263	0.0290	0.0242
AR 値	53.9%		52.3%		49.1%	
擬似決定係数	0.1014		0.0918		0.0818	

表 4-12 年度の違いによる AR 値の変化

モデル使用データ		テストデータ		
貸付年度	デフォルト観測期間	2005 年度 2005〜2007/9	2006 年度 2006〜2008/9	2007 年度 2007〜2009/9
2005 年度	2005〜2007/9	53.9%*	51.2%	47.6%
2006 年度	2006〜2008/9	53.9%	52.3%*	48.7%
2007 年度	2007〜2009/9	53.1%	51.9%	49.1%*
	平均	53.63%	51.83%	48.46%

＊インサンプルである

性があることが確認できる．表を横に見て年度間で比較すると，2005 年度，2006 年度，2007 年度となるに従って AR 値の水準が低下する．平均値を比べると，経年劣化を確認した表 4-9 とほぼ同様の傾向をみせている．したがって，経過年数の長さだけではなく，年度の違いが AR 値の低下に影響を与えている可能性もある．この点をさらに確認するには，年度の環境が近似している複数年のデータを使って，経年変化を比較する必要があるが，現時点ではデータ期間の制約から確認することが難しい．この点についてはデータが蓄積されるのを待ってから再度検証することにしたい．

5 ま と め

本研究では，膨大な教育ローンの申込情報のデータベースを用いて，スコアリングモデルを構築し，AR 値による評価を行うことによって，その特徴と有用性を明らかにした．著者たちの知る限りにおいて実証分析を含めた教育ローンの信用スコアリングモデルに関する先行研究は存在しておらず，本研究の内容はきわめてオリジナルな成果といえるだろう．教育ローンの利用者は，年齢分布や所得水準などの母集団特性がデータの観測期間に関わらず安定しており，実証分析の結果，貸付年度や累積デフォルト年数，変数の組み合わせを変えても選択される変数やパラメータに大きな差異はみられなかった．実務で利用するために，具体的な説明変数を示すことはできなかったが，現場担当者にも納得感のある変数を用いてモデルを構築し，教育ローンの特徴も表すことができ

4　教育ローンの信用スコアリングモデル　163

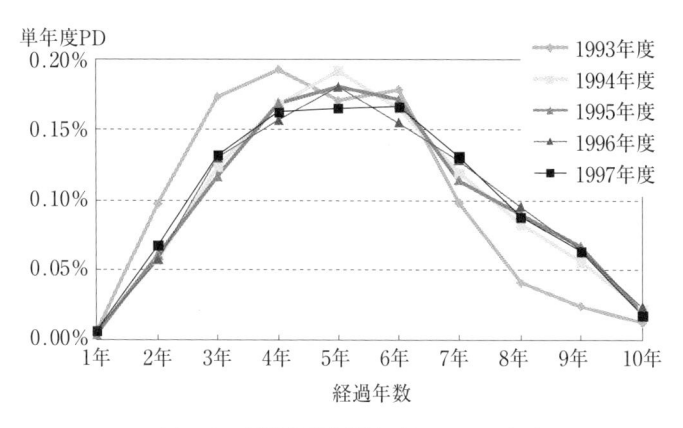

図 4-8　経過年数別単年度デフォルト率

た．AR 値の水準は 50％程度で，中小企業向けモデルの AR 値よりは低いものの，小企業向けモデルとほぼ同等の AR 値が得られた．アウトオブサンプルの AR 値もインサンプルに比べて，それほど大きな違いはなく，インサンプルによるオーバーフィッティングの少ないモデルを構築することができた．

今後の課題として，以下の 2 点について研究を進める予定である．

① 貸付時点からの経年変化や年度の違いによる影響についても分析を行ったが，データ期間が短いため，必ずしも十分な分析ができているとはいえない．1993～1997 年度貸付について，貸付から 10 年間の経過年数別の単年度デフォルト率（図 4-8[25]）をみると，教育ローンのデフォルト率は，貸出後の一定期間は上昇し，5 年をピークに低下する．こうした傾向は各年度でほとんど変わらず，住宅ローンのデフォルト率も同様の動きをすると言われている．データの蓄積を待って再度検証を試みるとともに，デフォルト率の期間構造を考慮できるモデル化も検討する必要がある．

② 取得データの範囲ではモデルには頑健性があると考えられるが，データを

---

[25]　単年度デフォルト率（PD_t）は

$$PD_t = D_t \Big/ \left(N_0 - \sum_{k=1}^{t-1} D_k \right)$$

である．N_0 は当初貸付件数，D_t は t 年度中のデフォルト件数である．算出にあたっては，年度間比較ができるように，10 年間の累積デフォルト率が 1％になるように調整している．また，貸付期間が 10 年間を超えるものが数％あるが，10 年で打ち切っている．

更新すると同時にアウトオブサンプルテストを行い，モデルの頑健性を確認するとともに，引き続きモデルの改善を行う．

本研究の結果は，教育ローンにおいても信用スコアリングモデルは有用であることを示しており，公庫のみならず，他の金融機関に多少なりとも参考になれば幸いである．

謝　辞

本論文を執筆するあたり，当公庫生活衛生業務部教育貸付グループの吉村英雄氏から貴重なコメントを多数頂いた．この場を借りて深く御礼申し上げたい．

〔参考文献〕

国土交通省住宅局（2009）『平成20年度民間住宅ローンの実態に関する調査結果報告書』, 2009年3月．

国民生活金融公庫総合研究所（2004）『家計における教育費負担の実態調査結果』．

国民生活金融公庫総合研究所（2005）『家計における教育費負担の実態調査結果』．

国民生活金融公庫総合研究所（2006）『家計における教育費負担の実態調査結果』．

国民生活金融公庫総合研究所（2007）『教育費負担の実態調査結果（勤務者世帯）』．

住宅金融支援機構（2009a）『平成21年度民間住宅ローンの貸出動向調査結果』．

住宅金融支援機構住宅総合調査室（2009b）『平成21年度民間住宅ローン利用者の実態調査【民間住宅ローン利用者編】（第2回）』．

住宅金融支援機構住宅総合調査室（2009c）『平成20年度フラット35利用者調査報告』．

日本学生支援機構（2010）『アメリカにおける奨学制度に関する調査報告書』．

日本銀行金融機構局（2007）『住宅ローンのリスク管理―金融機関におけるリスク管理手法の現状―』, 2007年3月．

日本政策金融公庫国民生活事業本部個人融資部（2008）『教育費負担の実態調査結果（勤務者世帯）』．

枇々木規雄・尾木研三・戸城正浩（2010）「小企業向けスコアリングモデルにおける業歴の有効性」津田博史・中妻照雄・山田雄二編，『ジャフィー・ジャーナル―金融工学と市場計量分析　定量的信用リスク評価とその応用』, 83-116, 朝倉書店．

丸谷　淳・山下論史（2008）「ローン審査におけるリスク判別精度向上のための審査ルールの導入―アソシエーション分析の活用―」．

三浦　翔・山下智志・江口真透（2008）「信用リスクスコアリングにおける AUC と AR 値の最大化法」『金融庁金融研究センター・ディスカッションペーパー，2008』．

森平爽一郎（2009）『信用リスクモデリング―測定と管理―』（応用ファイナンス講座 6）朝倉書店．

森平爽一郎・岡崎貫治（2009）『マクロ経済変数を考慮したデフォルト確率の期間構造推定』早稲田大学大学院ファイナンス総合研究所ワーキングペーパーシリーズ．

柳澤健太郎・下田啓・岡田絵理・清水信宏・野口雅之（2007）「RDB データベースにおける信用リスクモデルの説明力の年度間推移に関する分析」『日本金融・証券計量・工学学会 2007 年夏季大会予稿集』，249-263．

山下智志・川口昇・敦賀智裕（2003）「信用リスクモデルの評価方法に関する考察と比較」『金融庁金融研究センター・ディスカッションペーパー，2003』．

山下智志・川口昇（2003）「大規模データベースを用いた信用リスク計測の問題点と対策（変数選択とデータ量の関係）」『金融庁金融研究センター・ディスカッションペーパー，2003』．

Dynarski, M. (1994) "Who defaults on student loans? Findings from the national postsecondary student aid study," *Economics of Education Review*, **13**(1), 55-68.

Greene, L. L. (1989) "An economic analysis of student loan default," *Educational Evaluation and Policy Analysis*, **11**, 61-68.

Gross, J. P. K., O. Cekic, D. Hossler and N. Hillman (2009) "What matters in student loan default: A review of the research literature," *Journal of Student Financial Aid*, **39**(1), 19-29.

Herr, E. and L. Burt (2005) "Predicting student loan default for the University of Texas at Austin," *Journal of Student Financial Aid*, **35**(2), 27-49.

Knapp, L. G. and T. G. Seaks (1992) "An analysis of the probability of default on federally guaranteed student loans," *Review of Economics and Statistics*, **74**(3), 404-411.

McMillion, R. (2004) "Student Loan Default Literature Review", Texas Guaranteed Student Loan Corporation.

Wilms, W. W., R. W. Moore and R. E. Bolus (1987) "Whose fault is default？," *Educational Evaluation and Policy Analysis*, **9**, 41-54.

（枇々木規雄：慶應義塾大学理工学部）

（尾木研三：日本政策金融公庫国民生活事業本部）

（戸城正浩：日本政策金融公庫国民生活事業本部）

5 不動産価格の統計モデルと実証

石島　博・前田　章

概要　不動産の市場は証券市場のように流動性が高くなく，取引コスト，情報の非対称性などに起因する歪みをもっている．不動産価格評価モデルとして，古くからヘドニック・モデル（hedonic model）の理論が知られている．これは，不動産価格を属性の線形結合によって表すものである．しかし，これが現実のデータにはうまくフィットしないことも，同時に知られている．その結果，理論上は，線形結合の形式を主張しながら，実証分析の段階では，価格の対数を取ったものについて，回帰分析を行うという，奇妙な分析が多く見られる．すなわち，理論と実証がうまく整合しないのである．

本研究の目的は，理論と実証を整合的につなぐ不動産価格の統計モデルを提案することである．そのために本研究では，石島・前田（2009）が構築した，競争的な経済における，金融資産と不動産を含む動的一般均衡モデルを出発点とする．そこから得られる不動産価格の表現に Box-Cox 変換を施し，実データとの整合性を分析する．Box-Cox 変換のパラメータ（λ）は，統計学上は，観測データが線形回帰からどれだけ歪んでいるかを表すものである．観測データにもっともフィットするλを見つけ出すことができれば，それが市場の歪みの度合いを表すことになる．得られた結果は2つに分けられる．

動的一般均衡モデルによれば，不動産価格は，一般的な金融資産の場合と同じく，将来キャッシュフローの割引後の総和である．ただし，このキャッシュフローは不動産の利用に対する賃料に当たる．これはさらに，不動産を構成するいくつかの属性（延床面積，築年数，駅徒歩等）の量とその単価の線形結合となる．その結果，不動産価格自体も線形ファクターモデルに従うことがわかる．これはより一般的なヘドニック・モデルと言える．興味深いことに，このモデルの形式は，統計学的には，典型的な混合効果モデルになっている．これが第一の結果である．

そこで，我が国の不動産市場の経時データを用いて，この混合効果モデルを評価した．その際，同時に，もっともデータにフィットする Box-Cox 変換パラメータも推定した．予想通りに，線形回帰モデルを意味する 1 よりも小さいパラメータλが推定

された．つまり，我が国の不動産価格には大きな歪みが存在することがわかった．これが第二の結果である．以上の結果を踏まえ，第三の結果として，不動産の用途と立地する地域の個別性を考慮した不動産価格インデックスの構築方法を示し，その年次推移を示した．

Keywords：不動産価格，属性，効用最大化，動的一般均衡，統計モデル，Box-Cox 変換，混合効果モデル，ヘドニック・モデル．

1 はじめに

土地や建物などの不動産は，立地，広さ，あるいは築年数といった，いくつかの固有の特質をもっている．これらを属性とよぶことにする．それぞれの属性は，土地や建物の所有者や利用者に対して，なんらかの効用をもたらすと考えられる．そのため，不動産の経済的価値はこうした属性の集まり（束）によって決まると考えられる．

一般に，属性をもつ財の価格は，個別の属性の量にその属性価格を掛けたものの総和，すなわち線形結合となる．この考え方は，「ヘドニック・モデル（hedonic model）」とよばれる．これは，その原型的な考え方が Court (1937) によって自動車の価格要因分析に用いられたものであるが，Lancaster (1966) や Rosen (1974) によってその理論の整備がなされた．その後の理論的な研究としては，Epple (1987)，Anderson et al. (1992)，Feenstra (1995)，Ekeland et al. (2004) などが挙げられる．それでも，Lancaster 以来基本的な考え方は変わっていない．財の価格はそれを構成する属性の線形結合となるのである．

ヘドニック・モデルの考え方は不動産価格の分析に大変よく合致する．そのため，不動産の実証研究や実務的な価格評価に大変よく用いられている．具体的には，不動産（建物）の延床面積，築年数，商業施設や最寄駅からの距離などを属性と考えて説明変数とし，その不動産価格を被説明変数として，線形回帰分析を行うのである．

ただ，こうした回帰分析を実際に行ってみると，必ずしもうまくフィットするとは限らないということも，よく知られている．そこで，説明力を高めるため，多くの場合，不動産価格の対数を取り，これを被説明変数として，線形回

帰する．実際，不動産分野でヘドニック・モデルと言うとき，とくに断りもなく，対数価格に対する線形回帰を指すこともしばしばである．

このような対数価格を被説明変数とする回帰モデルは確かに統計モデルとしては優れているが，一方で，なぜ対数を取るのかという点について，理論的な裏付けがまったくないと言える．対数を取る以外にも，説明力を高めるためにダミー変数を入れたり，属性の取捨選択をしたり，さまざま試行錯誤を経て説明力を高めることもしばしばなされる．しかしながら，こうした試行錯誤にも理論的な裏付けや統一された考え方があるわけではない．

このように，不動産価格分析においては，理論と実証がうまくかみ合っていないと言えよう．したがって，理論と実証を整合的につなぐフレームワークが望まれるところである．

そこで，本研究の目的は，理論的な裏付けをもちつつも，柔軟な実証分析を行いうる不動産価格の統計モデルを提案することである．具体的には，石島・前田 (2009) が考案した不動産と金融資産に関する動的一般均衡モデルを出発点として，ヘドニック・モデルの拡張を提案する．この拡張は，2つの点で特徴的である．1つは，Box-Cox 変換を導入することにより，不動産市場の完全競争状態からの乖離（歪み）を明示的に扱うことである．もう1つは，単純な回帰分析ではなく，これを拡張する混合効果モデルを導入することである．

本論文の構成は以下の通りである．第2節では理論的な出発点として，石島・前田 (2009) による不動産価格評価の一般理論を要約する．その結果に基づき，第3節では，ヘドニック・モデルの拡張を行う．つまり，市場の歪みと不動産の個別性を同時に取り扱う統計モデルを提案する．第4節では，前節のモデルを用いて実証分析を行う．併せて，不動産価格インデックスを作成し，その意味合いを考察する．第5節で結論を述べる．

2　不動産価格のヘドニック性

一般に，不動産 i の価格をヘドニック・モデルで考える場合，不動産価格を決定する複数 K 個の「属性 $\boldsymbol{b}_i \in \mathbb{R}^{1 \times K}$」を導入し，それらの線形結合として，不動産価格 H_i を表現する．

5 不動産価格の統計モデルと実証

$$H_i = \boldsymbol{b}_i \boldsymbol{\mu} \tag{1}$$

ただし，$\boldsymbol{\mu} \in \mathbb{R}^{K \times 1}$ は属性の価格を表すことになる．このように表現される不動産価格は，ヘドニック価格（hedonic price）とよばれる（Lancaster, 1966）．

その統計モデルとして，たとえば次式を仮定し，実データから回帰分析を行えば，回帰係数としての属性価格がわかることになる．

$$H_i = \boldsymbol{x}_i \boldsymbol{\theta} + \varepsilon_i \ (i = 1, \ldots, N^H) \tag{2}$$

ただし，N^H は分析対象とする不動産の数，$\boldsymbol{x}_i = (1 \ \boldsymbol{b}_i) \in \mathbb{R}^{1 \times (1+K)}$ は属性量というファクター，$\boldsymbol{\theta} \in \mathbb{R}^{(1+K) \times 1}$ はその回帰係数（ファクター・ローディング），$\epsilon_i \sim \mathcal{N}_1(0, \sigma_\epsilon^2)$ は誤差項を表す．個別の不動産完全競争市場価格が観測されるならば，その価格 H_i とその具体的な属性量 $\boldsymbol{b}_i$ から，属性の単価たる回帰係数 $\boldsymbol{\theta}$ を推定できることになる．

このようなヘドニック・モデルは，実際のところ，実データにうまくフィットしない．(2) 式を検証してもあまり有意なものとならないことが知られている．そこで，実際の計量分析では，(2) 式の代わりに，価格の対数を取って，つぎのような形で回帰分析を行うのが一般的である．

$$\log H_i = \boldsymbol{x}_i \boldsymbol{\theta} + \varepsilon_i \ (i = 1, \ldots, N^H) \tag{3}$$

統計的にはこの式がフィットするとはいえ，この式の理論的な裏付けはあまり定かではない．石島・前田 (2009) はこの点を重視し，不動産価格の性質を考える一般性の高い枠組みを提案した．その知見は，以下のようにまとめられる．

離散時点 $t = 0, 1, \ldots$ で，3 つの市場：(1) 金融資産の市場（株式や債券など有価証券の取引市場），(2) 不動産所有権の市場（土地や建物など不動産の売買市場），(3) 不動産利用権の市場（土地や建物など不動産の賃貸契約市場）が存在する経済を考える．経済を構成する主体を一人の代表的経済主体で表し，離散時点において，不動産と金融資産に対して投資を行うとする．経済主体が，消費と不動産の属性（延床面積，築年数，駅徒歩など）からの期待効用最大化を行うとき，その必要十分条件にマーケットクリアリング条件を付加するとき，完全競争下における均衡不動産価格は，次式で与えられる（石島・前田 (2009) の (37) 式）．

$$H_{i,t} = E_t \left[\sum_{\tau=0}^{\infty} \delta^\tau L_{i,t+\tau} \boldsymbol{b}_{i,t+\tau} \boldsymbol{M}_{t+\tau}^Z \right] \ (i = 1, \ldots, N^H) \tag{4}$$

ただし，$H_{i,t}$ は不動産 i の時点 t での（所有権）価格，E_t は時点 t における条件付き期待値，δ は時間割引率，$L_{i,t}$ は不動産 i の時点 t における利用率，つまり，1 から空室率を差し引いたもの，$\boldsymbol{b}_{i,t} \in \mathbb{R}^{1 \times K}$ は時点 t において不動産 i が保有する K 種類の属性の量，$\boldsymbol{M}_{t+\tau}^Z := (\partial u(C_{t+\tau}, \boldsymbol{Z}_{t+\tau})/\partial \boldsymbol{Z}_{t+\tau})/(\partial u(C_t, \boldsymbol{Z}_t)/\partial C_t) \in \mathbb{R}^{K \times 1}$ は属性・消費間の限界代替率である．ここで，u は時間加法性を仮定した効用関数，C_t は時点 t における代表的経済主体の消費量，$\boldsymbol{Z}_t \in \mathbb{R}^{K \times 1}$ は時点 t において市場で取引される N^H 個の不動産の全体が保有する属性の量を表す．また，u は C_t と $\boldsymbol{Z}_t$ について凹関数である．ここで，つぎの仮定をおくことにする．

仮定 2.1

不動産が保有する属性量が時間に依らず一定値を取るとする．つまり，

$$\boldsymbol{b}_{i,t} = \boldsymbol{b}_i \quad \forall i, t \tag{5}$$

を仮定する．たとえば，広さ（延床面積）や最寄駅からの徒歩時間という属性量は一定であると見なしてよいであろう．

この仮定の下，(4) 式は，つぎのように書き直すことができる．

$$H_{i,t} = \boldsymbol{b}_i E_t \left[\sum_{\tau=0}^{\infty} \delta^{\tau} L_{i,t+\tau} \boldsymbol{M}_{t+\tau}^Z \right] = \boldsymbol{b}_i \boldsymbol{\pi}_{i,t} \tag{6}$$

ただし，$\boldsymbol{\pi}_{i,t} := E_t \left[\sum_{\tau=0}^{\infty} \delta^{\tau} L_{i,t+\tau} \boldsymbol{M}_{t+\tau}^Z \right]$ とおいた．

ここで，もし利用率（あるいは，1 − 空室率）$L_{i,t+\tau}$ が不動産 i に依存しないと仮定することができるならば，(6) 式は，つぎのように書ける．

$$H_{i,t} = \boldsymbol{b}_i \hat{\boldsymbol{\pi}}_t \tag{7}$$

ただし，$\hat{\boldsymbol{\pi}}_t := E_t \left[\sum_{\tau=0}^{\infty} \delta^{\tau} L_{t+\tau} \boldsymbol{M}_{t+\tau}^Z \right]$ とおいた．これは，不動産 i に依らず，不動産で共通する属性の単価を表す．よって，この (7) 式は，時点 t における不動産 i の価格 $H_{i,t}$ は，不動産 i が保有する属性の量 $\boldsymbol{b}_i$ と，不動産に依らず共通する属性の単価 $\hat{\boldsymbol{\pi}}_t$ との線形結合で表されることがわかる．

また，もし利用率（あるいは，1 − 空室率）$L_{i,t}$ が時点 t に依存しないと仮定することができるならば，(6) 式は，つぎのように書ける．

$$H_{i,t} = L_i \boldsymbol{b}_i \hat{\hat{\boldsymbol{\pi}}}_t \tag{8}$$

ただし，$\hat{\hat{\boldsymbol{\pi}}}_t := E_t \left[\sum_{\tau=0}^{\infty} \delta^{\tau} \boldsymbol{M}_{t+\tau}^Z \right]$ とおいた．これは，不動産 i に依らず，不動産で共通する属性の単価を表す．よって，この (8) 式は，時点 t における不動産 i

の価格 $H_{i,t}$ は，利用率で減損する不動産 i が保有する属性の量 $L_i \boldsymbol{b}_i$ と，不動産に依らず共通する属性の単価 $\hat{\boldsymbol{\pi}}_t$ との線形結合で表されることがわかる．

これらの (7), (8) 式は「形式として」，本節冒頭で述べた (1) 式と同一であることがわかる．つまり，仮定 2.1 に加えて

仮定 2.2
利用率（あるいは，1 - 空室率）$L_{i,t}$ が，不動産 i に依存しないか，あるいは，時点 t に依存しないことを仮定する．

をおくことによってはじめて，(7) と (8) 式，および本節冒頭の (1) 式の表現が得られることがわかる．以上，石島・前田（2009）の理論から言えることはつぎのようにまとめられる．

- 不動産賃料は，比較的緩い仮定のもとでもヘドニック・モデルが当てはまる．
- 一方，不動産価格そのものについては，仮定 2.1, 2.2 という，より強い条件のもとでしか，ヘドニック・モデルが当てはまらない．
- いずれの場合も，賃料または不動産価格が，属性の線形結合となるのであって，賃料または不動産価格の対数を取ったものが，そのような線形結合となることはあり得ない．

3 不動産価格の統計モデル

前節で見たように，不動産価格を属性で回帰分析するにあたって，価格の対数を取ることは，理論上は適切とは言えない．そもそも，すべての不動産に共通の属性価格が存在すること自体，強い仮定のもとでしか成り立ち得ない．こうした結論は，自由な計量分析の可能性を全面的に否定してしまっているように見えるかもしれない．しかし，実際のところはむしろ逆である．こうした厳密な理論的帰結を踏まえて，つぎのような 2 つの視点を獲得することができる．

(1) 現実の不動産市場が前節で想定するような完全競争市場にはなっていないとするなら，不動産価格は，属性の線形結合であるとは限らない．
(2) 属性の価格は，個別の不動産に依存する可能性がある．

不動産市場の歪み

まず,視点 (1) について考える.不動産市場は,証券化の急増や上場インデックスの利用普及などと相まって,徐々に効率的で競争性の高いものになってきてはいると思われる.しかしながら,その度合いはやはり証券市場などに比べるとまだまだ十分とは言えないだろう.取引には情報の不完全性や摩擦に起因する取引コストが存在するだろう.また,公開された市場というにはほど遠く,流動性も決して高くはない.こうしたことから,市場には,完全競争状態から隔たった歪みが存在すると考えられる.そこで,視点 (1) として,「不動産市場の歪み」について考慮する.

これを考慮するとき,実証分析モデルとしては,理論的なヘドニック・モデルを修正する必要があるだろう.そこで,(2) 式の左辺を次式に置き換えることを考える.

$$H_i^*(\lambda) := \begin{cases} \dfrac{H_i^\lambda - 1}{\lambda} & (\lambda \neq 0 \text{ のとき}) \\ \log H_i & (\lambda = 0 \text{ のとき}) \end{cases} \quad (9)$$

この (9) 式は,λ に依らず $(H_i, H^*(\lambda)) = (1, 0)$ を原点とする,いわゆる Box-Cox 変換 (1964) である.

この変換において,$\lambda = 1$ のときは,$H_i^*(\lambda)$ と H_i^λ は線形関係にあることになる.逆に,λ が 1 から離れていくほど,両者の間の線形関係は崩れていくことになる.したがって,この Box-Cox 変換後の線形回帰モデルに対するデータの当てはまりが,たとえば AIC の意味でよくなるように,最適な λ を推定し,その λ をもって,「市場の歪みの度合い」を表す,と解釈することができる.

(9) 式を用いると,(2) 式のモデルはつぎのように書き直すことができる.

$$H_i^*(\lambda) = \boldsymbol{x}_i \boldsymbol{\theta} + \varepsilon_i \quad (i = 1, \ldots, N^H) \quad (10)$$

不動産の個別性

つぎに,上記の視点 (2) について考えてみよう.(6) 式の $\pi_{i,t}$ は,個別の利用率 L_i に依存している.また,この理論の前提として,単一の代表的経済主体を想定してきたが,実際は,そのような想定は非現実的かもしれない.その場合,属性価格 $\pi_{i,t}$ を定義する異時点間の消費・属性間の限界代替率 M^Z について,経済全体に共通の M^Z とはならないかもしれない.地域や不動産の用途に

よって複数の M^Z が存在し，それが $\pi_{i,t}$ の個別性を高めることになるかもしれない．そこで，視点（2）として，「不動産の個別性」について考慮する．

$\pi_{i,t}$ の個別性は，つぎのように解釈できよう．不動産の価値は，基本的に一般性の高い「属性」の組合せによって決まる．たとえば，「面積」「築年数」「最寄駅からの距離」などがそうした一般性の高い属性の例である．しかしながら，そうした一般性の高い属性だけでは測れない，個別の不動産固有の属性も無視できない．不動産はその名の通り，移動不可能なものである．どんなに上記のような一般性の高い属性が似ていても，1つの物件とまったく同一のものは，世界中でただそれ1つしかない．もちろん，そうした個別性は，地域や用途によってある程度分類はでき，その中での共通性は見いだせるであろう．それでも，市場取引される証券や，通常の消費財とはまったく異なった次元で，個別要因によってその経済価値が決まる可能性が高い．このように考えてみると，属性価格を表す回帰係数 θ には，すべての不動産に共通する固定単価を基本にしつつも，不動産の用途や地域に強く影響される個別要因を反映したバラつきが存在すると考えられる．具体的には，回帰係数 θ は，i に依らない固定係数 β と，i に依存して変動するランダム係数 v_i の和によって構成され，つぎのような形をしていると考えられる．

$$\theta_i = \beta + v_i \tag{11}$$

このとき，モデル（10）式は，つぎのように表現される．

$$H_i^*(\lambda) = x_i(\beta + v_i) + \varepsilon_i \tag{12}$$

このようなモデルは，統計学では，「線形混合効果モデル（mixed effect model）」あるいは「ランダム係数モデル（random effect model）」とよばれている．経時データ（longitudinal data）やパネルデータ（panel data）を分析する際に有用とされ，近年盛んに研究されるようになったものである（Hsiao, 2003；Fitzmaurice et al., 2004；McCulloch et al., 2008）．

（12）式で表されるモデルは混合効果モデルとしてもっとも一般的な形をしているが，不動産価格を扱うにはもう少し具体的な表現を与えたほうが，モデルとして扱いやすい．地域や用途といった不動産の個別性を決定する要因によって，不動産 i が N 個のクラス C_l（$l=1,\ldots,N$）に分類できるとする．このとき，（11）式をより具体的に書き直す．

$$\theta_i = \beta + \sum_{l=1}^{N} \nu_l \mathbf{1}_{i \in C_l} \tag{13}$$

ここで，定義関数を

$$\mathbf{1}_{i \in C_l} := \begin{cases} 1 & (\text{if } i \in C_l) \\ 0 & (\text{otherwise}) \end{cases}$$

と書いた．このとき，(12)式は，つぎのように表現できる．

$$H_{li}^*(\lambda) = \mathbf{x}_{li}(\beta + \nu_l) + \varepsilon_{li} \quad (\text{if } i \in C_l) \tag{14}$$

上式 (14) は，クラス l に属する個別不動産 i の価格 $H_{li}^*(\lambda)$ を，その属性 $\mathbf{x}_{li}$ によって説明する混合効果モデルの1つである．つまり，属性価格である回帰係数は，不動産 i に依らず一定の固定単価 β と，不動産 i が属するクラス l によって変動する変動単価 ν_l に分離して扱うことができる．

4 実 証 分 析

本節では，前節で提案した不動産価格の統計モデルに基づいて実証を行う．

4.1 分析モデル

(14) 式の添え字について，以下の振り替えを行う．

　　不動産クラス l → 不動産クラス i

　　不動産クラス l に属する不動産 i → 不動産クラス i に属する不動産 j

このとき，各クラス i に属するデータ数は，クラスによって同一でなくてもよい．この各クラスに属する，バランスの欠いたデータ数を n_i $(i = 1, \ldots, N)$ とし，$\sum_{i=1}^{N} n_i = N^H$ とする．以上の設定の下で，クラス i に属する不動産の価格と属性に関するデータ $j : \{H_{ij}^*(\lambda) ; \mathbf{x}_{ij}\}$ の格納を考慮するとき，(14) 式は，次式のように書き直すことができる．

$$H_{ij}^*(\lambda) = \mathbf{x}_{ij}(\beta + \nu_i) + \varepsilon_{ij} = \sum_{k=0}^{K} x_{ij}^{(k)} (\beta^{(k)} + \nu_i^{(k)}) + \varepsilon_{ij}$$

$$(i = 1, \ldots, N ; j = 1, \ldots, n_i ; \sum_{i=1}^{N} n_i = N^H) \tag{15}$$

または，$H_i^*(\lambda) = X_i(\beta + \nu_i) + \varepsilon_i$ $(i = 1, \ldots, N^H)$ \qquad (16)

ただし，$X_i = (\mathbf{x}_{i1}' \ldots \mathbf{x}_{in_i}')'$ は属性ファクターである．ここで，変量効果は $\nu_i \sim$

$\mathcal{N}_{1+K}(\mathbf{0}, \mathbf{G})$，誤差項は $\varepsilon_i \sim \mathcal{N}_{n_i}(\mathbf{0}, \sigma_\varepsilon^2 \mathbf{I})$ である．ただし，v_i と ε_i とは独立であることを仮定する．また，混合効果モデルは，変量効果 v_i を表す分散共分散行列 $\mathbf{G}$ を自由にデザインできる点に特徴をもつ．本研究においては，もっとも単純な $\mathbf{G}$ の構造として，対角行列を採用した．

実証分析には，SAS9.1.3 の MIXED プロシジャを用いる（Littell et al., 2006）．モデルパラメータの推定は，制限付最尤法（REML；restricted maximum likelihood）によって行い，推定値は，BLUP（best linear unbiased prediction）として得ることとする．

また，被説明変数である不動産価格に施す Box-Cox 変換の係数 λ の推定は，Gurka et al. (2006) の方法を用いて行う．

4.2 分析デザイン

前節に述べたモデル式（15），または式（16）について，我が国の不動産の取引市場における実証分析を行う．具体的には，2005 年から 2008 年までの期間において，J-REIT（日本版不動産投資信託）が保有する不動産について公表された，その取得時または売却時における取引データを分析対象とする．

J-REIT が保有する不動産のクラス i は，用途と地域によって定義されるとする．本分析においては，4種類の用途を考える；「オフィス用途」「商業用途」「住居用途」「その他用途」である．また，地域については2種類だけ考える；「都心3区（千代田区，中央区，港区）」「その他地域」である．つまり，J-REIT の保有不動産をつぎの8つのクラスに分類した；「オフィス×都心3区」「オフィス×その他地域」「商業×都心3区」「商業×その他地域」「住居×都心3区」「住居×その他地域」「その他用途×都心3区」「その他用途×その他地域」である．

不動産価格を説明する属性ファクターとして，不動産の用途に依らず基本的と考えられる3つの属性を取り上げた．「延床面積（$SQMT$，平米）」「築年数（AGE，年）」「最寄駅からの徒歩（$WALK$，分）」である．それぞれを，$x^{(SQMT)}$，$x^{(AGE)}$，$x^{(WALK)}$ と書く．また，これら3つの属性では説明しきれない部分を残差属性と考える．これは切片にあたる．本研究では，この切片については，固定効果のみで表され，変量効果は含まないと仮定した．その上で，切片を不動産

クラスに関するダミー変数で置き換えることとする．以上より，(15) 式を具体的に書き直した，つぎの混合効果モデルを推定することとする：

$$H_{ij}^*(\lambda) = \sum_{l=1}^{8} x_{ij}^{(l)} \beta^{(l)} + x_{ij}^{(SQMT)} (\beta^{(SQMT)} + v_i^{(SQMT)}) + x_{ij}^{(AGE)} (\beta^{(AGE)} + v_i^{(AGE)})$$
$$+ x_{ij}^{(WALK)} (\beta^{(WALK)} + v_i^{(WALK)}) + \varepsilon_{ij} \quad (i=1, \ldots, 8 \,;\, j=1, \ldots, n_i) \tag{17}$$

ただし，$x_{ij}^{(l)}$ ($l=1, \ldots, 8$) は，不動産クラス i に属する不動産 j が，不動産クラス l に属するとき，つまり，$i=l$ のときだけ 1 を取るダミー変数である．

また，比較のため，次式に示す「固定効果モデル」も推定することとする：

$$H_j^*(\lambda) = \sum_{l=1}^{8} x_j^{(l)} \beta^{(l)} + x_j^{(SQMT)} \beta^{(SQMT)} + x_j^{(AGE)} \beta^{(AGE)} + x_j^{(WALK)} \beta^{(WALK)} + \varepsilon_j$$
$$(j=1, \ldots, \sum_{i=1}^{8} n_i) \tag{18}$$

ただし，$x_j^{(l)}$ ($l=1, \ldots, 8$) は，不動産 j が不動産クラス l に属するときだけ 1 を取るダミー変数である．これは，従来研究においてヘドニック・モデルを推定する際に用いられてきた線形回帰モデルである．ただし，被説明変数である不動産価格について，(9) 式に示す対数変換を含む Box-Cox 変換を施している．

4.3 推定結果

まず，不動産データの基本的な性質を調べた．表 5-1 に，2005 年から 2008 年までの各年度における，8 つの不動産クラスのそれぞれについて，不動産の幾何平均価格（億円）とデータ数（カッコ内の数値）を示す．あわせて，各年度において，クロスセクション方向に求めた幾何平均と，各不動産クラスにおいて，時系列方向に求めた幾何平均も示す．不動産価格について幾何平均を取ったのは，モデル推定にて Box-Cox 変換を行う際に，幾何平均によってスケーリングをすることと対応を取るためである．

また，表 5-2 に，すべての不動産データより求めた，延床面積の平均（平米，平均面積），築年数の平均（年，平均築年数），最寄駅からの徒歩の平均（分，平均駅徒歩）を示す．これら平均面積，平均築年数，平均駅徒歩も，後述する不動産価格インデックスを構築する際に平均属性量として用いることとする．

続いて，2005 年から 2008 年までの推定結果をそれぞれ，表 5-3 から表 5-10

表 5-1 不動産価格の幾何平均（単位：億円）．2005年から2008年の各年度において，不動産クラスごとに求めた幾何平均である．併せて，年度ごとのクロスセクション方向の幾何平均，および各不動産クラスごとの時系列方向の幾何平均も示す．カッコ内の数値は，データ数を示す．

年度	オフィス&都心3区	オフィス&その他	商業&都心3区	商業&その他	住居&都心3区	住居&その他	その他&都心3区	その他&その他	クロス平均価格
2005	44.8433 (38)	32.9631 (47)	20.3819 (2)	54.0591 (20)	14.8630 (75)	8.0656 (220)	25.5651 (2)	23.4576 (4)	13.9552
2006	41.6710 (70)	26.7182 (102)	15.3000 (1)	45.0320 (38)	23.5385 (45)	7.8646 (279)	21.6104 (3)	22.5451 (23)	15.6222
2007	32.7557 (32)	34.9048 (65)	33.9411 (2)	39.5961 (28)	20.9192 (33)	9.4744 (284)	25.9000 (1)	16.2678 (11)	14.6950
2008	34.4034 (39)	35.2773 (63)	34.0000 (1)	35.1204 (15)	20.1604 (17)	11.0089 (106)	37.9937 (2)	34.7289 (5)	20.5540
時系列平均価格	38.8843	31.4031	25.0814	43.4221	18.4933	8.7426	26.5461	21.8886	15.5672

表 5-2 すべての不動産データより算出した平均延床面積（単位：平米），平均築年数（単位：年），平均駅徒歩（分）

属性	オフィス&都心3区	オフィス&その他	商業&都心3区	商業&その他	住居&都心3区	住居&その他	その他&都心3区	その他&その他	クロス平均
平均面積（平米）	12125.59	12424.72	2425.49	27085.31	4385.92	2763.13	4459.16	10638.60	7207.09
平均築年数（年）	16.3562	14.8279	2.1944	7.0776	2.9034	5.5587	9.5521	9.8236	8.1872
平均駅徒歩（分）	3.1955	4.1083	3.8333	7.1386	4.1412	6.6198	3.0000	6.8837	5.5965

に示す．各年度において，(17)式の混合効果モデルの推定，および比較のために，(18)式の固定効果モデルの推定を行った．その際には，それぞれのモデルにおいて，市場の歪み度合いを表すλの推定を，Gurka et al. (2006)の方法により行った．その結果，どちらのモデルにおいても，ほぼ同様の市場の歪み度合いが検出された．2005年は正，2006年から2008年は負の値を取ることがわかる．市場の歪み度合いλは，1のときに完全競争価格を表し，1から乖離すればするほど，歪み度合いが大きくなることを意味する．また，先行研究において，不動産価格をヘドニック・モデルによって分析するとき，対数価格を属性

によって回帰する場合がほとんどである．これは，λを0とする場合に相当する．したがって，不動産価格に対数を取る，または$\lambda=0$という歪み度合いのBox-Cox変換を施し，固定効果モデルで分析するのは不十分であることを示している．つまり，我が国の不動産価格には，それ以上の歪み度合いが存在することを示している．そして，その歪みは，2007年に顕著であることがわかる．

つぎに，モデルの適合度について述べる．いずれの年度においても，AICの意味で，混合効果モデルの方が，固定効果モデルよりもモデルの適合度が良いことがわかる．

続いて，3つの属性量というファクターに関する推定結果を示した表5-3から表5-10について述べる．ただし，表5-1に示すように，「商業×都心3区」「その他用途×都心3区」「その他用途×その他地域」という3つの不動産クラスについては，データ数が少ないため，言及しないこととする．

延床面積（平米）は，固定効果モデルにおいて有意な変数として働く．混合効果モデルにおいても，有意な変数として働くことが多い．とくに，オフィス用途クラス，住居用途クラス，および都心3区以外の商業用途クラスでは有意に働く．固定効果モデルでは，0.0006未満の正の値を取る．一方，混合効果モデルは，不動産クラスという個別性を反映して，0.0001程度から0.003程度までのばらつきをもつ．このような有意な推定結果より，不動産価格評価においては，広さという属性を一定の線形構造によって，（べき乗）価格に反映させている，と言うことができよう．

築年数（年）も，固定効果モデルにおいて有意な変数として働き，負の符号を取る．つまり，築年数が古いと，不動産価格を下げることを意味し，直感とも整合的である．一方，混合効果モデルにおいては，負の符号を取るものの，有意な変数として働かないことが多い．例外は，都心3区以外の地域にある住居用途の不動産であり，築年数が有意に働くことが多い．つまり，住居用途の不動産について，都心3区では築年数を重視しないのに対して，その他の地域ではこれを有意重視する，と言えよう．

駅徒歩（分）は，固定効果モデルにおいて有意な変数として働かないことが多いが，負の符号を取る．つまり，最寄駅からの徒歩時間が長いと，不動産価格を下げることを意味する．一方，混合効果モデルにおいても，有意な変数と

表 5-3 2005 年の固定効果モデルによる推定結果:カッコ内の数値は P 値を表す.また,*印は,5%有意な推定値であることを示す.

2005 年	固定効果モデル ($\lambda = 0.05$)							
	オフィス		商業		住居		その他	
	都心3区	その他	都心3区	その他	都心3区	その他	都心3区	その他
AIC	3041.1							
切片								
オフィス・都心3区 ダミー変数	54.5032* (<.0001)							
オフィス・その他 ダミー変数		46.3417* (<.0001)						
商業・都心3区 ダミー変数			39.7546* (<.0001)					
商業・その他 ダミー変数				41.949* (<.0001)				
住居・都心3区 ダミー変数					35.3654* (<.0001)			
住居・その他 ダミー変数						29.7325* (<.0001)		
その他・都心3区 ダミー変数							42.8872* (<.0001)	
その他・その他 ダミー変数								39.3308* (<.0001)
延床面積 (平米)	0.0006* (<.0001)							
築年数 (年)	-0.4544^* (0.0001)							
駅徒歩 (分)	-0.1521 (0.2471)							
価格インデックス (万円)	45.87	33.65	20.65	55.51	15.03	8.22	25.62	23.88

表 5-4 2005 年の混合効果モデルによる推定結果：カッコ内の数値は P 値を表す．また，*印は，5%有意な推定値であることを示す．

2005年	混合効果モデル (λ = 0.05)							
	オフィス		商業		住居		その他	
	都心3区	その他	都心3区	その他	都心3区	その他	都心3区	その他
AIC	2905.9							
切片								
オフィス・都心3区 ダミー変数	42.6501* (<.0001)							
オフィス・その他 ダミー変数		43.8091* (<.0001)						
商業・都心3区 ダミー変数			39.6701* (<.0001)					
商業・その他 ダミー変数				55.5793* (<.0001)				
住居・都心3区 ダミー変数					34.2955* (<.0001)			
住居・その他 ダミー変数						28.7190* (<.0001)		
その他・都心3区 ダミー変数							41.3249* (<.0001)	
その他・その他 ダミー変数								34.0551* (<.0001)
延床面積 (平米)	0.0013* (<.0001)	0.0006* (0.0005)	0.0013 (0.1786)	0.0002* (0.0185)	0.0011* (0.0001)	0.0024* (<.0001)	0.0012 (0.2083)	0.0012* (0.0228)
築年数 (年)	0.0123 (0.9240)	-0.1017 (0.5775)	-0.3394 (0.4418)	-0.4733 (0.0600)	-0.3281 (0.2037)	-0.8276* (0.0002)	-0.3675 (0.4046)	-0.3567 (0.4013)
駅徒歩 (分)	-0.3887 (0.1065)	-0.3839 (0.1040)	-0.3889 (0.1136)	-0.4595* (0.0443)	-0.3170 (0.1522)	-0.3433* (0.0339)	-0.3797 (0.1209)	-0.3697 (0.1270)
価格インデックス (万円)	45.87	33.65	20.65	55.51	15.03	8.22	25.62	23.88

表 5-5 2006 年の固定効果モデルによる推定結果：カッコ内の数値は P 値を表す．また，*印は，5%有意な推定値であることを示す．

2006年	固定効果モデル（$\lambda = -0.07$）							
	オフィス		商業		住居		その他	
	都心3区	その他	都心3区	その他	都心3区	その他	都心3区	その他
AIC	4361.6							
切片								
オフィス・都心3区ダミー変数	64.0779* (< .0001)							
オフィス・その他ダミー変数		57.8211* (< .0001)						
商業・都心3区ダミー変数			51.1145* (< .0001)					
商業・その他ダミー変数				57.2542* (< .0001)				
住居・都心3区ダミー変数					54.9302* (< .0001)			
住居・その他ダミー変数						41.709* (< .0001)		
その他・都心3区ダミー変数							56.2363* (< .0001)	
その他・その他ダミー変数								55.0161* (< .0001)
延床面積（平米）	0.00036* (< .0001)							
築年数（年）	-0.2561* (< .0001)							
駅徒歩（分）	-0.7225* (< .0001)							
価格インデックス（万円）	39.74	25.85	15.30	42.81	22.97	7.70	21.55	21.64

表 5-6 2006 年の混合効果モデルによる推定結果：カッコ内の数値は P 値を表す．また，*印は，5% 有意な推定値であることを示す．

2006年	混合効果モデル（$\lambda = -0.09$）							
	オフィス		商業		住居		その他	
	都心3区	その他	都心3区	その他	都心3区	その他	都心3区	その他
AIC	4239.2							
切片								
オフィス・都心3区 ダミー変数	63.3909* (<.0001)							
オフィス・その他 ダミー変数		56.0229* (<.0001)						
商業・都心3区 ダミー変数			52.5305* (<.0001)					
商業・その他 ダミー変数				62.1228* (<.0001)				
住居・都心3区 ダミー変数					53.2710* (<.0001)			
住居・その他 ダミー変数						35.9552* (<.0001)		
その他・都心3区 ダミー変数							52.6771* (<.0001)	
その他・その他 ダミー変数								50.4808* (<.0001)
延床面積 (平米)	0.0003* (0.0009)	0.0004* (0.0002)	0.0010 (0.4214)	0.0002* (0.0008)	0.0010* (0.0010)	0.0030* (<.0001)	0.0011 (0.3350)	0.0008* (0.0008)
築年数 (年)	−0.0273 (0.8021)	−0.1079 (0.4694)	−0.1911 (0.5248)	0.0222 (0.9017)	−0.4318 (0.1125)	−0.4307* (0.0015)	−0.1429 (0.6121)	−0.2193 (0.3416)
駅徒歩 (分)	−1.3363* (0.0229)	−0.5662 (0.1083)	−0.8129 (0.1816)	−1.0444* (0.0124)	−0.7957 (0.1280)	−0.4260* (0.0451)	−0.8131 (0.1812)	−0.7085 (0.1109)
価格インデックス (万円)	39.21	25.61	15.30	42.17	22.81	7.66	21.53	21.40

5 不動産価格の統計モデルと実証

表 5-7 2007 年の固定効果モデルによる推定結果：カッコ内の数値は P 値を表す．また，*印は，5%有意な推定値であることを示す．

2007年	固定効果モデル ($\lambda = -0.13$)							
	オフィス		商業		住居		その他	
	都心3区	その他	都心3区	その他	都心3区	その他	都心3区	その他
AIC	3514.0							
切片								
オフィス・都心3区 ダミー変数	59.8544* (< .0001)							
オフィス・その他 ダミー変数		58.5631* (< .0001)						
商業・都心3区 ダミー変数			57.5615* (< .0001)					
商業・その他 ダミー変数				56.5010* (< .0001)				
住居・都心3区 ダミー変数					52.2186* (< .0001)			
住居・その他 ダミー変数						40.9983* (< .0001)		
その他・都心3区 ダミー変数							59.8015* (< .0001)	
その他・その他 ダミー変数								50.4360* (< .0001)
延床面積（平米）	0.0003* (< .0001)							
築年数（年）	-0.2577* (0.0019)							
駅徒歩（分）	-0.1256 (0.2045)							
価格インデックス（万円）	29.61	32.60	28.36	36.14	20.32	9.14	25.90	15.82

表 5-8 2007年の混合効果モデルによる推定結果：カッコ内の数値は P 値を表す．また，*印は，5%有意な推定値であることを示す．

2007年	混合効果モデル ($\lambda = -0.09$)							
	オフィス		商業		住居		その他	
	都心3区	その他	都心3区	その他	都心3区	その他	都心3区	その他
AIC	3408.8							
切片								
オフィス・都心3区 ダミー変数	49.1660* (<.0001)							
オフィス・その他 ダミー変数		58.4719* (<.0001)						
商業・都心3区 ダミー変数			47.0470* (<.0001)					
商業・その他 ダミー変数				53.5366* (<.0001)				
住居・都心3区 ダミー変数					43.5060* (<.0001)			
住居・その他 ダミー変数						34.7719* (<.0001)		
その他・都心3区 ダミー変数							48.7348* (<.0001)	
その他・その他 ダミー変数								38.5418* (<.0001)
延床面積（平米）	0.0012* (0.0007)	0.0001 (0.0607)	0.0024* (0.0442)	0.0003* (0.0007)	0.0019* (0.0057)	0.0018* (<.0001)	0.0014 (0.2505)	0.0018* (0.0404)
築年数（年）	−0.0925 (0.4568)	−0.1935 (0.1305)	−0.1500 (0.3079)	−0.1290 (0.3122)	−0.1711 (0.2288)	−0.2065 (0.0583)	−0.1558 (0.2917)	−0.1481 (0.2961)
駅徒歩（分）	−0.2204 (0.0676)	−0.2236 (0.0633)	−0.2197 (0.0684)	−0.2229 (0.0587)	−0.2198 (0.0680)	−0.2165 (0.0642)	−0.2195 (0.0686)	−0.2134 (0.0695)
価格インデックス（万円）	30.54	33.27	29.96	37.17	20.51	9.24	25.90	15.95

5 不動産価格の統計モデルと実証

表5-9 2008年の固定効果モデルによる推定結果：カッコ内の数値はP値を表す．また，*印は，5%有意な推定値であることを示す．

2008年	固定効果モデル（$\lambda = -0.03$）							
	オフィス		商業		住居		その他	
	都心3区	その他	都心3区	その他	都心3区	その他	都心3区	その他
AIC	2099.6							
切片								
オフィス・都心3区 ダミー変数	76.2117* (< .0001)							
オフィス・その他 ダミー変数		80.3106* (< .0001)						
商業・都心3区 ダミー変数			80.3106* (< .0001)					
商業・その他 ダミー変数				73.9082* (< .0001)				
住居・都心3区 ダミー変数					65.8785* (< .0001)			
住居・その他 ダミー変数						54.6465* (< .0001)		
その他・都心3区 ダミー変数							78.5926* (< .0001)	
その他・その他 ダミー変数								76.3370* (< .0001)
延床面積（平米）	0.0002* (< .0001)							
築年数（年）	-0.3799^* (0.0277)							
駅徒歩（分）	-0.3660 (0.3127)							
価格インデックス（万円）	33.74	34.62	34.00	34.71	19.94	10.93	37.99	34.54

表 5-10 2008 年の混合効果モデルによる推定結果：カッコ内の数値は P 値を表す．また，*印は，5％有意な推定値であることを示す．

2008年	混合効果モデル （$\lambda = -0.03$）							
	オフィス		商業		住居		その他	
	都心3区	その他	都心3区	その他	都心3区	その他	都心3区	その他
AIC	2077.8							
切片								
オフィス・都心3区 ダミー変数	85.1943* (<.0001)							
オフィス・その他 ダミー変数		74.6146* (<.0001)						
商業・都心3区 ダミー変数			73.8662* (<.0001)					
商業・その他 ダミー変数				72.2787* (<.0001)				
住居・都心3区 ダミー変数					72.1984* (<.0001)			
住居・その他 ダミー変数						47.0407* (<.0001)		
その他・都心3区 ダミー変数							77.2983* (<.0001)	
その他・その他 ダミー変数								70.7302* (<.0001)
延床面積 （平米）	0.0002* (0.0079)	0.0006* (0.0067)	0.0008 (0.5873)	0.0004* (0.0167)	−0.0003 (0.3297)	0.0033* (0.0008)	0.0008 (0.5821)	0.0008 (0.1981)
築年数（年）	−0.8929* (0.0330)	−0.1937 (0.3857)	−0.4970 (0.3858)	−0.2134 (0.6629)	−0.6049 (0.2905)	−0.4592 (0.1554)	−0.5011 (0.3805)	−0.6140 (0.2434)
駅徒歩（分）	−0.6527 (0.1190)	−0.6527 (0.1190)	−0.6527 (0.1190)	−0.6527 (0.1190)	−0.6527 (0.1190)	−0.6527 (0.1190)	−0.6527 (0.1190)	−0.6527 (0.1190)
価格インデックス （万円）	33.74	34.62	34.00	34.71	19.94	10.93	37.99	34.54

して働かないことが多く，ほぼ負の符号を取る．例外は，都心3区以外の地域にある住居用途の不動産であり，駅徒歩が有意に働くことが多い．したがって，都心3区以外の住居用不動産については，延床面積と築年数に加え，駅徒歩も重視した価格評価が行われていると言えよう．

以上，3つの属性量というファクターに関する推定結果を述べてきたが，固定効果モデルに比べて混合効果モデルは，用途と地域という個別性をメリハリをつけて推定することに，ある程度，成功していると言えるだろう．

4.4　用途と地域の個別性を考慮した不動産価格インデックス

以上の分析に基づいて，本研究独自の「不動産価格インデックス」を作成する．一般に，インデックスとは，市場全体の動きを表すものであり，市場への理解の助けとなるものである．以下では，本研究の理論的枠組みと実証分析に基づいたインデックスを作成した場合，どのようなものとなり，それが我が国の不動産市場に対してどのような洞察を与えてくれるのか，考察してみたい．

2005年から2008年の各年度において，推定された (17) 式の混合効果モデルと，(18) 式の固定効果モデルに，表5-2に記した不動産クラスごとの平均属性量を代入する．これによって求められる BLUP (best linear unbiased prediction) 予測値を，不動産クラスごとの不動産価格インデックスとする．したがって，本研究で構築する不動産価格インデックスの絶対額を，不動産クラスの間で比較する際には，前提とする平均属性量が異なっているという点に注意すべきである．以上の手続きによって，データ数の多い，「オフィス×都心3区」「オフィス×その他地域」「商業×その他地域」「住居×都心3区」「住居×その他地域」という5つの不動産クラスごとに算出した不動産価格インデックスの推移をそれぞれ，図5-1から図5-10に示す．

まず，不動産価格インデックスの数値自体は，固定効果と混合効果というモデルによって，大きな差異は見られなかった．この結果は，不動産クラスによらず，また，年度によらず，保持される．これは，不動産価格インデックスを算出する際に，不動産クラスごとの平均属性量を代入しているためだと考えられる．その結果，算出された不動産価格インデックスは，不動産の個別性を除去することとなり，モデルに依存せずに，不動産クラスごとに市場の動向を示

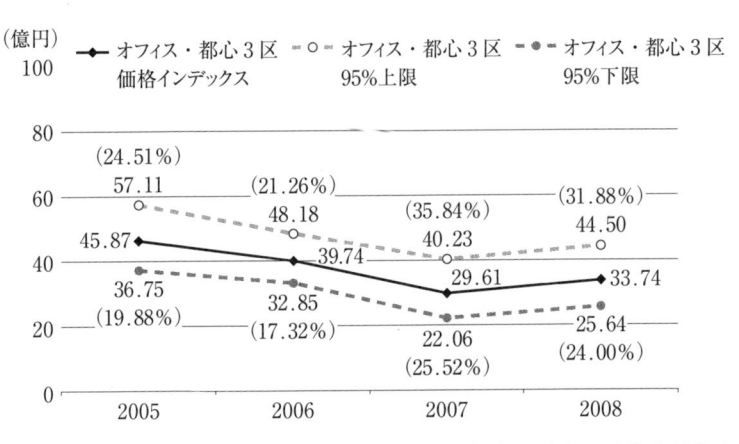

図 5-1 固定効果モデルによって求めた「オフィス×都心3区」の不動産価格インデックスとその95%信頼区間の推移（2005年～2008年）．カッコ内の数値は，インデックスの数値を基準として，その95%信頼区間の上限と下限の数値がどれだけ乖離しているかという割合（%）を表す．

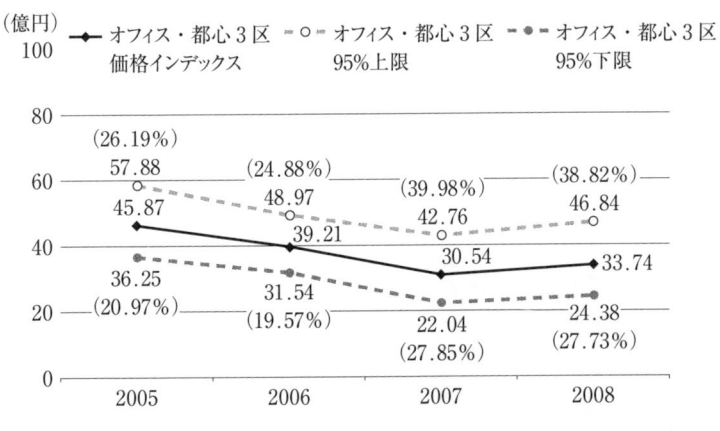

図 5-2 混合効果モデルによって求めた「オフィス×都心3区」の不動産価格インデックスとその95%信頼区間の推移（2005年～2008年）．カッコ内の数値は，インデックスの数値を基準として，その95%信頼区間の上限と下限の数値がどれだけ乖離しているかという割合（%）を表す．

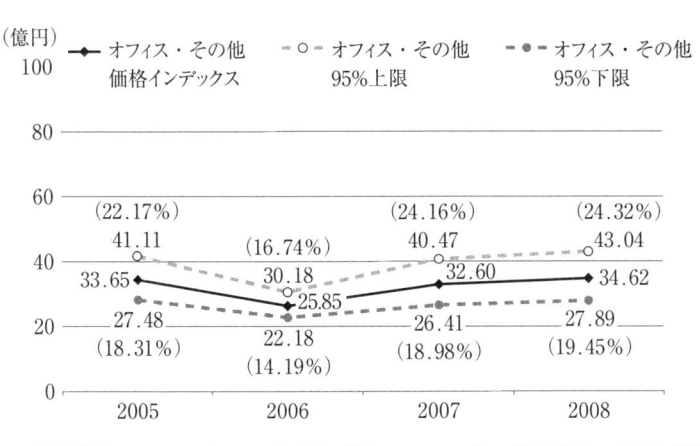

図 5-3 固定効果モデルによって求めた「オフィス×その他地域」の不動産価格インデックスとその95%信頼区間の推移（2005年〜2008年）．カッコ内の数値は，インデックスの数値を基準として，その95%信頼区間の上限と下限の数値がどれだけ乖離しているかという割合（%）を表す．

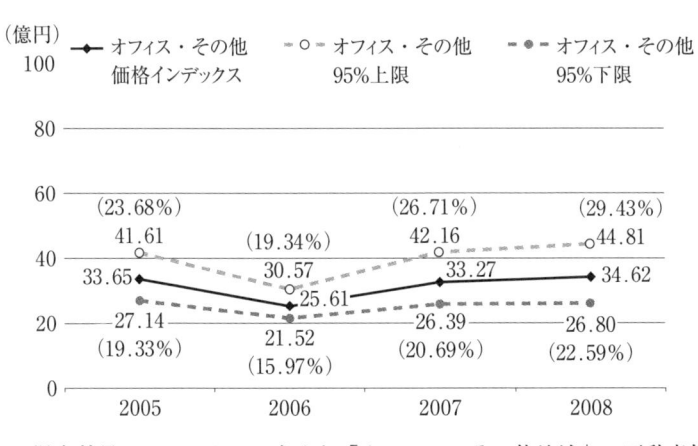

図 5-4 混合効果モデルによって求めた「オフィス×その他地域」の不動産価格インデックスとその95%信頼区間の推移（2005年〜2008年）．カッコ内の数値は，インデックスの数値を基準として，その95%信頼区間の上限と下限の数値がどれだけ乖離しているかという割合（%）を表す．

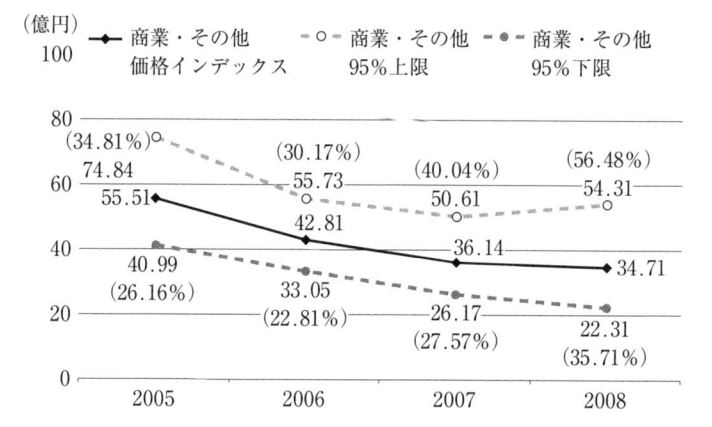

図 5-5 固定効果モデルによって求めた「商業×その他地域」の不動産価格インデックスとその 95％信頼区間の推移（2005 年～2008 年）．カッコ内の数値は，インデックスの数値を基準として，その 95％信頼区間の上限と下限の数値がどれだけ乖離しているかという割合（％）を表す．

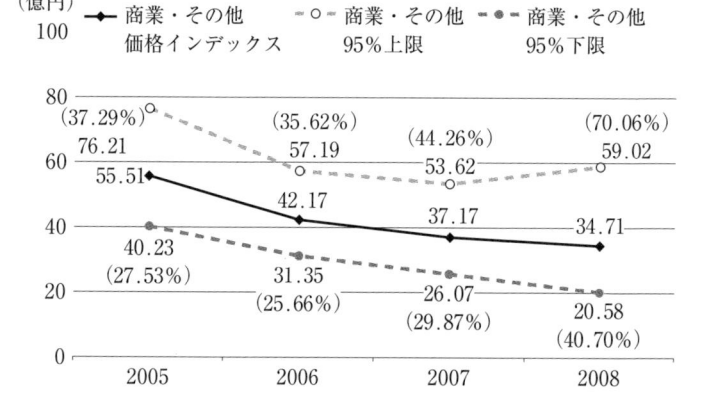

図 5-6 混合効果モデルによって求めた「商業×その他地域」の不動産価格インデックスとその 95％信頼区間の推移（2005 年～2008 年）．カッコ内の数値は，インデックスの数値を基準として，その 95％信頼区間の上限と下限の数値がどれだけ乖離しているかという割合（％）を表す．

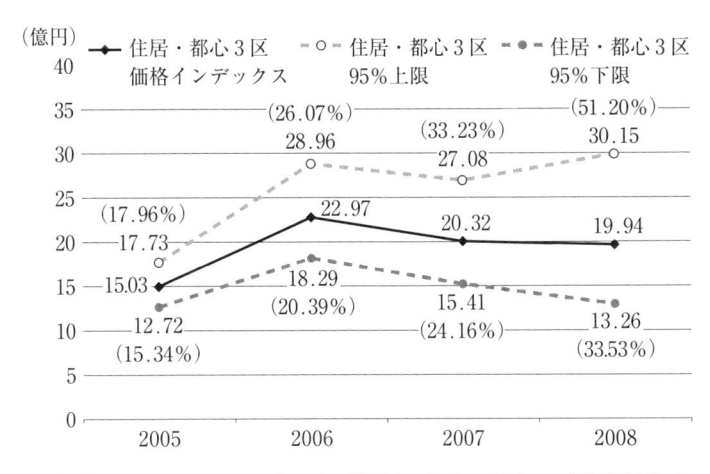

図 5-7 固定効果モデルによって求めた「住居×都心3区」の不動産価格インデックスとその95％信頼区間の推移（2005年〜2008年）．カッコ内の数値は，インデックスの数値を基準として，その95％信頼区間の上限と下限の数値がどれだけ乖離しているかという割合（％）を表す．

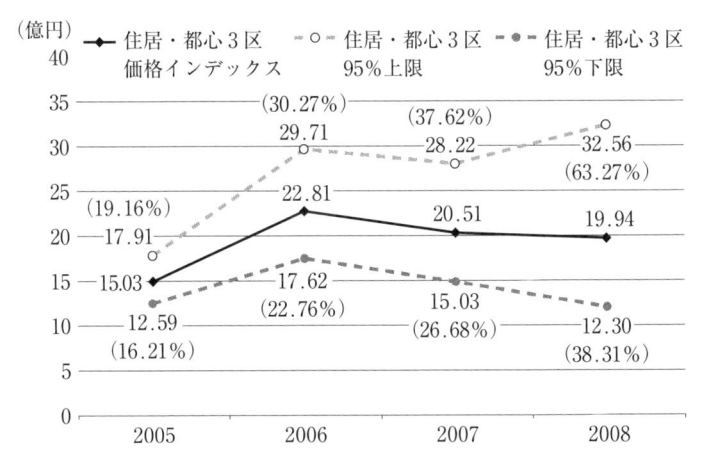

図 5-8 混合効果モデルによって求めた「住居×都心3区」の不動産価格インデックスとその95％信頼区間の推移（2005年〜2008年）．カッコ内の数値は，インデックスの数値を基準として，その95％信頼区間の上限と下限の数値がどれだけ乖離しているかという割合（％）を表す．

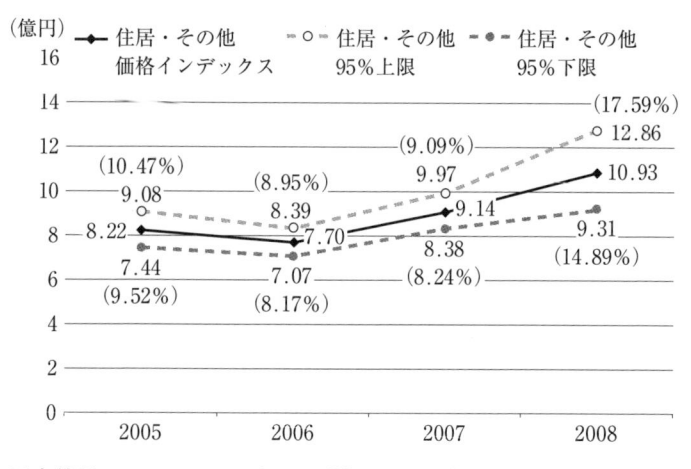

図 5-9 固定効果モデルによって求めた「住居×その他地域」の不動産価格インデックスとその 95%信頼区間の推移（2005 年～2008 年）．カッコ内の数値は，インデックスの数値を基準として，その 95%信頼区間の上限と下限の数値がどれだけ乖離しているかという割合（%）を表す．

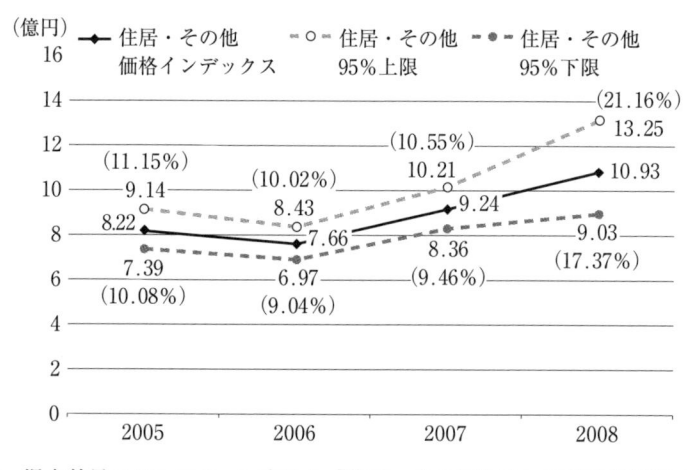

図 5-10 混合効果モデルによって求めた「住居×その他地域」の不動産価格インデックスとその 95%信頼区間の推移（2005 年～2008 年）．カッコ内の数値は，インデックスの数値を基準として，その 95%信頼区間の上限と下限の数値がどれだけ乖離しているかという割合（%）を表す．

していると考えられる.

併せて，不動産価格インデックスの95％信頼区間も算出した（図5-1から図5-10）．その上限と下限はそれぞれ，95％の確率で起こり得る最大の天井値と底値を表している．とくに，その下限は，ファイナンス分野で市場リスク測度としてよく利用される$VaR_{95\%}$のアナロジーとして捉えることができるだろう．以下では，インデックスの数値を基準として，その95％信頼区間の上限と下限の数値がどれだけ乖離しているかという割合（％）という観点から考察を行う．不動産クラスによらず，また，固定効果と混合効果というモデルによらず，2005年と2006年に比べて，2007年と2008年の95％信頼区間の乖離の割合は，大きくなっている．そして，2008年の乖離の割合は，顕著に大きくなっていることが多い．つまり，J-REIT保有の不動産価格は，2008年の金融危機以前から，大きくぶれる可能性を孕んでいた．そして，2008年の金融危機により，一気に不動産価格変動リスクを大きく増やした，ということを反映している．

一方，不動産価格インデックスの95％信頼区間の乖離の割合は，固定効果モデルに比べて，混合効果モデルの方が大きい．この結果は，不動産クラスによらず，また，年度によらず，保持される．その上，固定効果モデルと比較した，混合効果モデルの信頼区間の乖離の割合は，年を追うごとに大きくなっており，2008年にそのピークを迎える．

したがって，不動産価格インデックスの95％信頼区間は，固定効果モデルに比べて，混合効果モデルの方が，不動産市場の動向に応じて，大きく変動しうるという特徴をもっていると言えよう．

以上より，不動産クラスごとの平均属性を代入して得られる不動産価格インデックス自体は，不動産クラスに応じた適切なモデル化を行えさえすれば，固定効果と混合効果というモデルによらず，安定して求めることができる．一方，その95％信頼区間として捉える不動産価格インデックスの変動リスクについては，混合効果モデルの方が，より不動産市場の動向を反映している傾向があることがわかった．

5 まとめ

本研究では，動的一般均衡モデルより導出される不動産完全競争市場価格（石島・前田, 2009）を出発点として，ヘドニック・モデルを一般化し，不動産価格の「歪み」や「個別性」を考慮しうる統計モデルを提案した．このモデルは，歪みをBox-Cox変換で，個別性を混合効果モデルで取り扱う形になっており，理論的な裏付けと実証的な使いやすさの両面で，有用性の高いものとなっている．このモデルを用いて，我が国のJ-REIT組み入れ不動産に関する実証分析を行った．その結果，固定効果モデルに比べて，AICの意味で常に高い適合度で推定されることが示された．また，不動産価格インデックスは，不動産クラスに応じた適切なモデル化が必要であり，それさえ行えば，固定効果と混合効果というモデルによらず，安定して求めることができることがわかった．一方，不動産価格インデックスの変動リスクについては，混合効果モデルの方が，より不動産市場の動向を反映しうることも示唆された．

金融市場の2008年の危機，それ以降の低迷と混迷の一つの契機は，不動産価格のバブルと暴落であろう．そして近年，不動産と金融の融合が高度にかつ複雑に行われてきたため，不動産価格に関連付けられた金融商品も大きな損失を被った．我が国でも，1990年の前後をはじめとして，米国以上に何度も不動産価格の大きな変動を経験してきた．不動産価値は国富の2/3以上を占めるため，その過度な変動は，金融市場のみならず，企業の価値を損ね，家計を逼迫し，ひいては我が国の経済社会全体に停滞をもたらし得る．それを回避し，不動産市場の持続的で安定的な発展を可能にするためにも，不動産の合理的な価格とリスクの評価方法を構築することには大きな意義があると考えられる．本研究がそのようなフレームワークの1つになることを願いたい．

〔参考文献〕

石島　博・前田　章（2009）「不動産価格評価の一般理論」『日本金融・証券計量・工学学会（JAFEE）2009冬季大会予稿集』．

Andersen, S. P., A.de Palma and J. Francois (1992) *Discrete Choice Theory of Product Differentiation*, MIT Press.

Box, G. E. P. and D. R. Cox (1964) "An analysis of transformations (with discussion)," *Journal of the Royal Statistical Society : Series B*, **26**, 211-252.

Court, A. T. (1939) "Hedonic price indexes with automotive examples," in : *The Dynamics of Automobile Demand*, General Motors.

Ekeland, I., J. J. Heckman and L. Nesheim (2004) "Identification and estimation of hedonic models," *Journal of Political Economy*, **112**(1) 60-109.

Epple, D. (1987) "Hedonic prices and implicit markets : Estimating demand and supply functions for differentiated Products," *Journal of Political Economy*, **95**, 58-80.

Feenstra, R. C. (1995) "Exact hedonic price indexes," *Review of Economics and Statistics*, **77**(4) 634-653.

Fitzmaurice, G. M., N. M. Laird and J. H. Ware (2004) *Applied Longitudinal Analysis*, John Wiley&Sons, Inc.

Gurka, M. J., L. J. Edwards, K. E. Muller and L. L. Kupper (2006) "Extending the Box-Cox transformation to the linear mixed model," *Journal of Royal Statistical Society A*, **169**(2) 273-288.

Hsiao, C. (2003) *Analysis of Panel Data : Second Edition*, Cambridge University Press.

Lancaster, K. (1966) "A New Approach to Consumer Theory," *Journal of Political Economy*, **74**, 132-157.

Littell, R. C., G. A. Milliken, W. W. Stroup, R. D. Wolfinger and O. Schabenberber (2006) *SAS for Mixed Models : Second Edition*, SAS Publishing.

McCulloch, C. E., S. R. Searle and J. M. Neuhaus (2008) *Generalized, Linear, and Mixed Models : Second Edition*, John Wiley&Sons.

Rosen, S. (1974) "Hedonic prices and implicit markets : Product differentiation in pure competition," *Journal of Political Economy*, **82**, 34-35.

(石島　博：中央大学大学院国際会計研究科)
(前田　章：京都大学大学院エネルギー科学研究科)

6 銀行の流動性預金残高と満期の推定モデル

上武治紀・枇々木規雄

概要 新 BIS 規制では金利ショックにより，銀行勘定の取引で自己資本の20%を超える経済価値の低下が発生する銀行は「アウトライヤー銀行」とされる．銀行保有の国債等が抱えるリスク量を相殺するものとして流動性預金が注目されている．銀行の負債の大半を占める流動性預金は，一定額が口座内に滞留している．これは一般にコア預金とよばれる．コア預金は常時滞留し長期間の満期を有していると考えられているにもかかわらず，常時引き出し可能という性質から実態よりも低く満期が見積もられている．その結果銀行は，コア預金の実質的な満期を用いて資産のリスク量を相殺できず潜在的な収益機会を逃している．先行研究において標準的な手法は確立しておらず，ストレステスト的要素の強い AA-Kijima モデルなどが用いられるのが現状である．本研究では，実態に則した流動性預金の残高およびその満期の算出可能なモデルを提案し，数値分析を行う．

1 はじめに

2004年6月に公表された新 BIS 規制（バーゼルⅡ）の最終規制では，①上下 200bp の平行移動による金利ショック，もしくは②保有期間1年，観測期間最低5年の金利変動の1%と99%テイル値，の標準的な金利ショックにより，バンキング勘定の資産・負債，オフバランス取引で，自己資本の基本的項目（Tier1）と補完的項目（Tier2）の合計の20%を超える経済価値の低下が発生する銀行を「アウトライヤー銀行」と定義している．バンキング勘定の金利関連資産・負債，デリバティブ等はすべて金利リスク量の算出対象に含まれる．ただし，コア預金[1]を対象に含めるか否か，含める場合にはどのように含めるかが大きな焦点となっている．負債サイドのコア預金に対して実態に即した満期とその残高を推定することができれば，国債や銀行の抱える住宅ローンなど

の長期貸出などの資産サイドの金利リスク量を相殺し低く抑えることができるからである[2]．

銀行 ALM において，負債に占める預金や資産に占める貸金の割合が高く金利リスクの計測は従来から重要視されてきた．しかし，負債の中でもとくに大部分を占める流動性預金の金利リスクについて標準的な手法となるようなリスク管理手法は確立されていない．それは，流動性預金が定期預金や債券のように確定的な満期が存在するわけではなく，預金者が常時引き出し可能であるというオプションを内包していること，さらにそのオプションは合理的に行使されるわけではないということが金利リスク管理を困難にしていると考えられる．2009 年現在の本邦では低金利状態が継続しているが，今後金利が大きく変動することによって流動性預金残高の変動が起きた場合，銀行の ALM へ与える影響は大きい．そのため流動性預金の金利リスクは銀行のリスク管理において潜在的に重要な課題となっている．

青野（2006）は流動性預金に関する先行研究のサーベイ[3]を行い，その中から米国貯蓄金融機関監督局（2001）のモデル（OTS モデル）と Jarrow and van Deventer（1998）のモデル（JvD モデル）に対し，1995 年 6 月〜2005 年 6 月までのデータを用いて，預金額と預金金利の推定を行い，両モデルともに実際の預金額の推移の傾向を概ね表現しているが，JvD モデルの方が良い推定

---

1) 流動性預金は満期が定められていないが，ある一定額が口座内に「滞留する」という特徴をもっている．その流動性預金の滞留分がコア預金とよばれている．金融庁（2009）はアウトライヤー基準の適用に際して，コア預金の定義を以下のどちらかを用いると定めている．
a. ①過去 5 年の最低残高，②過去 5 年の最大年間流出量を現残高から差し引いた残高，または③現残高の 50％相当額のうち，最小の額を上限とし，満期は 5 年以内（平均 2.5 年以内）として銀行が独自に定める．
b. 銀行の内部管理上，合理的に預金者行動をモデル化し，コア預金額の認定と期日への振分けを適切に実施している場合は，その定義に従う．
2) 現在の資産ポートフォリオに対してリスクを相殺できていれば，さらに債券投資や長期貸付による長期運用で収益機会を増やすことも可能であり，実際の流動性預金残高を推定することは銀行 ALM，将来の収益を計画する上でも重要である．
3) 流動性預金の現在価値を算出するために，スプレッド付加後のディスカウント・ファクターを用いた評価モデルとして，Selvaggio（1996），米国貯蓄金融機関監督局（2001），無裁定価格理論に基づく評価モデルとして，Jarrow and van Deventer（1998），O'Brien（2000），Hutchison and Pennacchi（1996）を紹介している．

結果であると述べている[4].また,日本では AA-Kijima モデル(2007)が注目されているものの,先行研究において標準的な手法は確立していないのが現状である.

そこで,本研究ではモデル化の新たな視点として,預金者行動を考慮した流動性預金モデルの構築を試みる.銀行への預金者の多くにとって,資金を預ける商品は普通預金(流動性預金)と定期預金(固定性預金)と考えられるが,過去の研究は流動性預金のみを対象としてモデル化している.それに対し,本研究では流動性預金に対する固定性預金の比率(固定性預金比)をモデル化し,流動性預金の残高およびその満期の算出可能な残高推定モデルを提案する.モデル化にあたり,金融商品の選択基準のアンケート結果も利用する.また,代表的なモデルの1つである Jarrow and van Deventer モデル(1998)やストレステスト的要素の強い AA-Kijima モデル(2007)との比較も行う.

本論文の構成は以下の通りである.第2節では従来から提案されている流動性預金モデルを紹介し,第3節では本研究で提案する流動性預金モデルについて説明する.第4節ではそのモデルを用いたシミュレーションを紹介し,第5節でまとめを行う.

2 先行研究:流動性預金残高と満期の推定モデル

2.1 Jarrow and van Deventer モデル

Jarrow and van Deventer(1998)は(1)式に示す流動性預金残高の推定モデル(以下,JvD モデル)を提案し,流動性預金の現在価値を計算している.

$$D(t) = D(0)\exp[\alpha_1 t + \alpha_2 t(t+1)/2 + \alpha_3 \sum_{j=0}^{t-1} r(t-j) + \alpha_4(r(t)-r(0))] \quad (1)$$

ここで,$D(t)$ は t 時点の預金額,$r(t)$ は t 時点の市場金利,α_i は定数($i=1, 2, 3, 4$)を示す.2002年4月〜2008年9月までの全国銀行の法人,個人それぞれ

---

[4] 本研究においても,データ期間を変えて同様に JvD モデルの推定を行った.その理由は2006年5月に1カ月物 LIBOR が前月に比べて約2倍に上昇し,その後も公定歩合の2度の上昇(0.1%から2006年7月には0.4%,2007年2月には0.7%)とともに,1カ月物 LIBOR も大きく上昇したためである.2.1項でも示すが,法人・個人ともに金利の変動によって流動性預金残高の挙動をうまく表現していることがわかった.

の流動性預金（実測値）と1カ月物LIBORを用いて最尤法で推定したα_iを(1)式に代入して流動性預金を算出した結果を図6-1に示す．

図6-1の結果をみると，法人と個人ともに金利の変動によって流動性預金残高の挙動をうまく表現していることがわかる．

つぎに，期間を10年と設定して将来の残高変動シミュレーションを行う．その結果を図6-2に示す．

ここで，金利は2008年9月末時点における瞬間フォワードレートを用いる．法人は将来にわたって増加し続け，個人は9年後を越えたあたりから若干減少していることがわかる．法人の残高が増加し続けたのは，パラメータα_2が正と

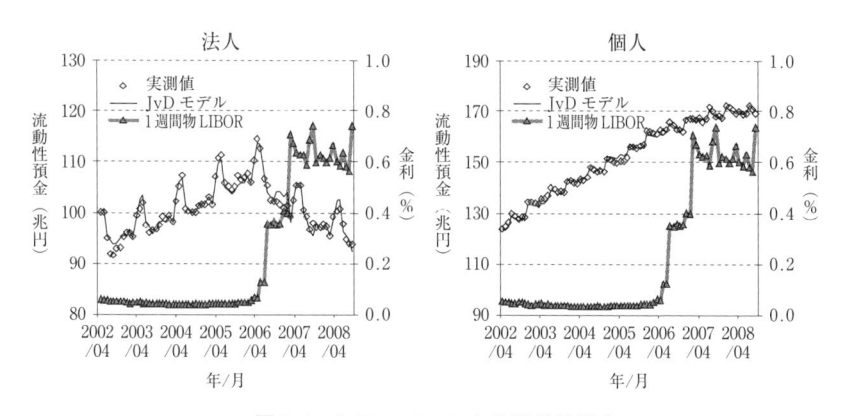

図6-1 JvDモデルによる流動性預金

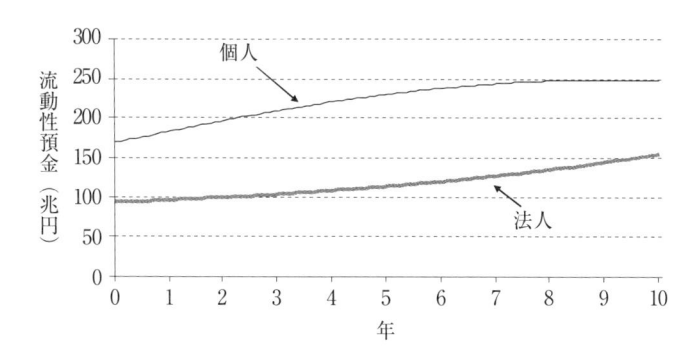

図6-2 JvDモデルによる流動性預金残高予測

なっており，時間による残高増加の影響が大きく，金利の項による変動が抑制されたためである．残高が増加し続けると，満期を算出するときにキャッシュアウトフローが観測期間の最後に集約されてしまい，観測期間に依存して満期が決定されてしまうことになる．

2.2 AA-Kijima モデル

木島・伊藤（2007）は，レジーム・シフト・モデルとハザード・モデルを用いて銀行勘定金利リスク管理モデル（AA-Kijima model）を構築している．見えないレジーム（局面）間の確率的遷移を織り込むことができ，解析解が得られる．また，ストレステストの要素の強い仮定を置いている．全国銀行データを用いて実証研究を行っている．

2.2.1 レジームシフトモデル

預金残高変動が確率的にレジームを遷移するものとしてモデルを構築している．観測される残高データ $\{v_0, v_1, \ldots, v_T\}$ を用いて，$[t-1, t]$ 間の残高変動率 $\{y_t := \log v_t - \log v_{t-1}\}$ を

$$y_t = \mu_{R_t} + \sigma \epsilon_t, \ \epsilon_t \sim N(0, 1) \tag{2}$$

というレジーム・シフト・モデルで記述している．ここで，$\{R_1, R_2, \ldots, R_T\}$ はレジームを表す一次元マルコフ連鎖であり，$\{1, 2, \ldots, N\}$ の値をとる確率変数である．ただし，$\{R_t\}$ を直接観測することはできない．レジーム間の遷移は

$$\Pr(R_{t+1} = j | R_t = i) = p_{ij}, \ i, j = 1, 2, \ldots, N \tag{3}$$

という斉時的な推移確率行列で記述される．（2）式は，残高変動率のドリフト $\{\mu_{R_1}, \mu_{R_2}, \ldots, \mu_{R_N}\}$ がレジームによって確率変動することを表現している．このことによって，市場環境変化などの事象により，流動性預金残高が増加局面（$\mu_R > 0$）や不変局面（$\mu_R = 0$），減少局面（$\mu_R < 0$）を確率的に遷移することを織り込むことができるモデルとなっている．しかし，将来のレジーム間の推移確率を合理的に設定することは困難であることから，将来のレジームは金利上昇レジームから遷移しないという強い仮定を置いている．これはストレステストを行う設定と考えることができる．（2）式より t 時点における預金残高は

$$V_t = V_0 \exp\left\{(\mu - \frac{1}{2}\sigma^2)t + \sigma \epsilon_t\right\}, \ \epsilon_t \sim N(0, 1) \tag{4}$$

と求められるので，これを利用して解析解を求めている．

2.2.2 Volume at Risk

(4) 式は t 年目における流動性預金残高の確率分布を与える．将来時点の保守的な残高推計値を示す指標として，"Volume at Risk" を用いる．Volume at Risk とは預金残高がある水準を下回る確率が α% となるような残高水準 VaR_α を意味しており，Value at Risk と同じ考え方で計算される指標である．

t 年目における $100(1-\alpha)$% Volume at Risk ($VaR_\alpha(t)$) を用いることで，流動性預金のマチュリティラダーを構築することができる．具体的には，$\{\tau_0 = 0, \tau_1, \ldots, \tau_N = T\}$ という満期期間帯を設定し，期間 $[\tau_n, \tau_{n+1})$ に流出する預金額はすべて初期時点 τ_n で一時的に流出するとして，

$$X_{\tau_0} = V_0 - VaR_\alpha(\tau_1) \tag{5}$$

$$X_{\tau_n} = VaR_\alpha(\tau_n) - VaR_\alpha(\tau_{n+1}), \quad n = 1, \ldots, N-1 \tag{6}$$

$$X_{\tau_N} = VaR_\alpha(\tau_N) \tag{7}$$

と定義し，マチュリティラダーを構築する．このマチュリティラダーと普通預金金利の市場金利への追随率(感応度) β を用いると，各満期におけるエクスポージャー Y_{τ_n} は，

$$Y_{\tau_0} = X_0 + \sum_{n=1}^{N} \beta X_{\tau_n} \tag{8}$$

$$Y_{\tau_n} = (1-\beta) X_{\tau_n}, \quad n = 1, 2, \ldots, N \tag{9}$$

と求めることができ，コア預金を各満期へ振り分ける．

木島・伊藤 (2007) と同様に日本銀行から半期ごとに得られる「預金者別預金 (金額階層別)」の1995年3月～2008年9月のデータを用いて推定した法人，個人の将来残高を図6-3に示す．また，残高変化から得られるマチュリティラダーを図6-4に示す．10年後には個人，法人ともに大幅に残高が減少している．法人は約2年，個人は約4年で残高が半減しており相当に保守的な推定といえる．実際にこれほど残高減少することは考えられず，ストレステスト要素が強い．

2.3 リトルの公式から得られる流動性預金の満期

普通預金に満期はないが，仮に満期があるとする．満期前にいつでも元本償

図 6-3　AA-Kijima モデルによる将来の流動性預金残高

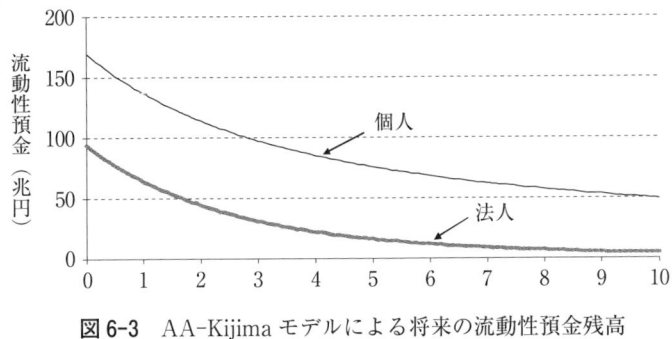

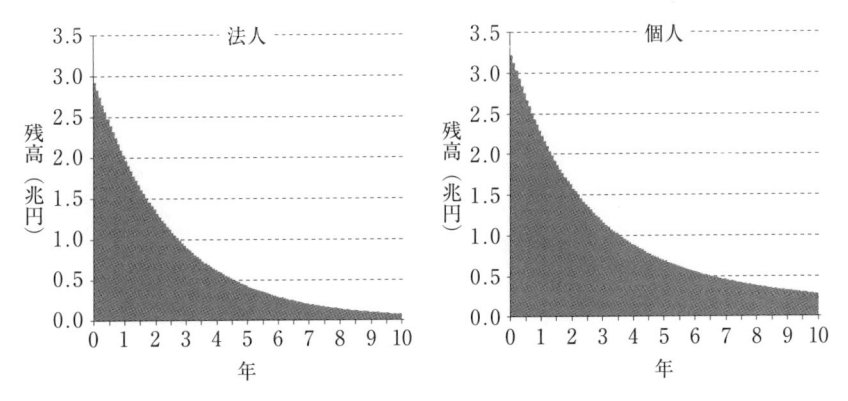

図 6-4　AA-Kijima モデルによるマチュリティーラダー

還できるので，預金者はアメリカンプットオプション付の債券を買っているとも言える．しかし，通常の債券であれば金利が上昇して債券価格が下落したときに権利行使が行われる．普通預金の場合は過去の流動性預金残高の変化と市場金利の変化を比べてみても必ずしも連動しているとは言えない．このことから流動性預金をオプション付の債券，つまりプッタブル債と考えるのは必ずしも妥当であるとは言えない．

　全国銀行協会によれば，お金は社会生活における血液に例えられる．人間の体の中を血液が循環するように流れ動いて，経済社会に活力を与えている．こうしたお金の流れという点に注目し，「流れ」の一般的な関係式としてオペレーションズ・リサーチの待ち行列理論におけるリトルの公式を用いて流動性預金

の満期を考えてみよう．系内人数の平均を銀行の流動性預金の平均残高 D，系内滞在時間を流動性預金の平均満期 M，単位時間あたりの入金額を λ と定義すると，平均残高 D はリトルの公式を用いて (10) 式のように表すことができる．ここでは，リトルの公式を用いる場合と同様に預金額は系内は定常状態であると考える．

$$D = \lambda M \tag{10}$$

流動性預金の残高が定常状態であるかどうかを実際のデータを用いて確認しよう．日本銀行のデータを用いて全国銀行の預金残高および流動性預金の入出金額の時系列変化を図 6-5 に示す．2002 年 3 月の定期預金のペイオフ解禁の部分以外に急激な変化はみられない．残高の対象銀行を増やしたことにより，1989 年，1998 年に預金合計額が大きく変化しているため，この部分を除いて調べると，長期的には増加傾向にある．しかし，ある一定期間，たとえば過去 5 年間程度をみれば，入出金額の激しい変動に比べると，流動性預金はほぼ定常状態といってもよい水準である．入出金額については受入額・支払額がほぼ同額で重なっている．わずかに受入額が大きいため預金が増加している．

つぎに日本銀行のデータを用いて，月次ベースの流動性預金の満期の時系列変化を見るとともに，平均満期を算出した結果を図 6-6 に示す．

ここで，平均満期は毎月の平均残高と毎月の入金額の合計額を用いて算出する．結果を見ると平均で約 6 日の満期となり，実感に合わない結果が得られる．

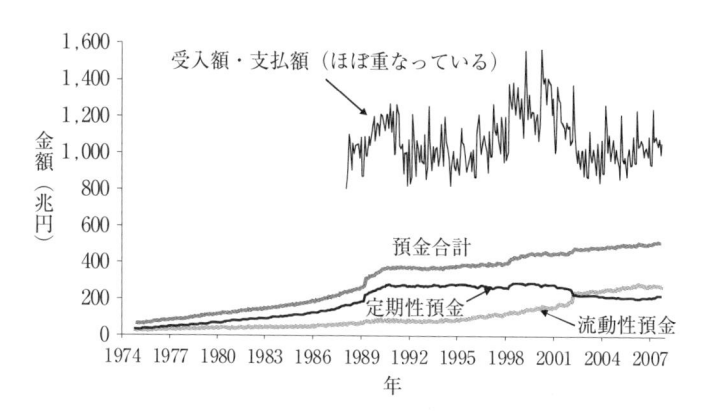

図 6-5　預金および入出金額の時系列変化

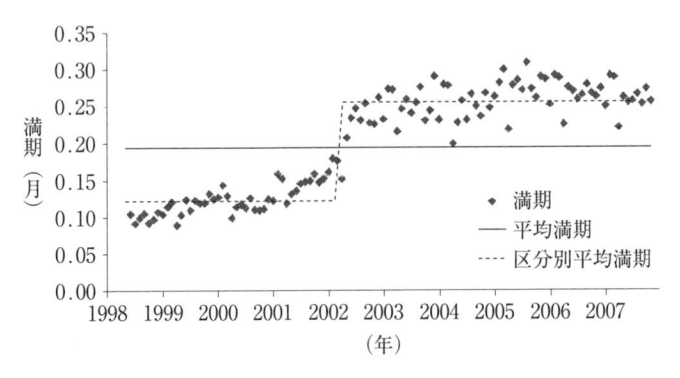

図 6-6 リトルの公式による流動性預金満期の時系列変化

なお，2002年3月における定期預金のペイオフ解禁時期で分けた区分平均満期も算出したが，依然として短い満期であることに変わりない．このことからリトルの公式を用いると，個々の口座の流動性預金の満期は得ることができるが，銀行全体の流動性預金の満期を求め，リスク管理をするには不十分である．リトルの公式を用いて得られた満期は，最大限のリスク（まったく入金・出金による相殺がなかった場合）を考えた流動性預金の満期になると考えられる．

3 固定性預金を考慮した流動性預金モデル

先行研究における流動性預金モデルは，流動性預金の過去データおよび金利データからモデル化しているものがほとんどである．しかし，第2節で述べたように流動性預金は決済性を要するため，ある一定額は口座に残留させようとする意識が働く．また，預金者はある一定額以上の預金額が口座に滞留すれば，剰余分は定期預金など他の金融資産にて運用しようとする．一般には満期のある預金を定期預金とよぶが，ここでは流動性預金という言葉と対比させるため，定期預金のことを固定性預金とよぶことにする．

そこで本研究では，流動性預金の残高推定のために，流動性預金の残高と市場金利だけでなく固定性預金の残高を考慮した新たなモデルを提案する．

3.1 銀行預かり資産残高のモデル化
3.1.1 銀行預かり資産残高の推移

昨今の「貯蓄から投資へ」の流れによって銀行においては外貨預金や国債，投資信託などリスク商品を購入する預金者が増加している．しかし，依然として全体の残高においては流動性預金と固定性預金が大半を占めており，この2資産で形成されているという前提をおいても大勢に影響を与えない[5]．

そこで，ある時間 t での流動性預金を D_t^L，固定性預金を D_t^F とすると，預かり資産 A_t は（11）式のように定義される．

$$A_t = D_t^L + D_t^F \tag{11}$$

3.1.2 預かり資産の変動分析

資産 A_t は季節性があるため，原系列の変動を長期的傾向変動（trend），季節変動（seasonal variation），不規則変動（irregular variation）の3つの変動へ分解し，特徴を調べる．個人・法人の流動性預金残高と固定性預金残高の合計額の原系列，長期的傾向変動，季節変動および不規則変動を図6-7に表す．個人と法人の違いでそれぞれ特徴がみられる．

図6-7の右上図の長期的傾向変動をみると，個人は長期的に増加傾向があることがわかる．法人の残高は，ここ10年程度では長期的に大きな変動は見られない．図6-7の左下図は季節変動を表している．循環変動であるため2年分の変化を抽出して記載した．個人は，一般的なボーナスの支給月である7月と12月に急増し，その後減少するという傾向がみられる．法人は，6月の納税時期や，7月，12月の従業員へのボーナス支給などで減少していることがわかる．図6-7の右下図は不規則変動を表している．図6-7の左上図をみてわかるように個人の方が法人よりも残高が大きいにも関わらず，不規則変動は法人よりも小さく，残高は安定していることがわかる．法人は個人に比べて決済の額も大きく，市場変動への感応度も高いことから不規則変動のボラティリティが大きい．

ただし，法人・個人ともに特徴的な季節変動，不規則変動はみられるものの

---

[5] 日本銀行・統計データのマネーストック（M1，準通貨，CD，投資信託）のうち，本研究では M1 を流動性預金，準通貨を固定性預金とすると，流動性預金と固定性預金が90％以上を占めている．

図 6-7 預かり資産（単位：兆円）

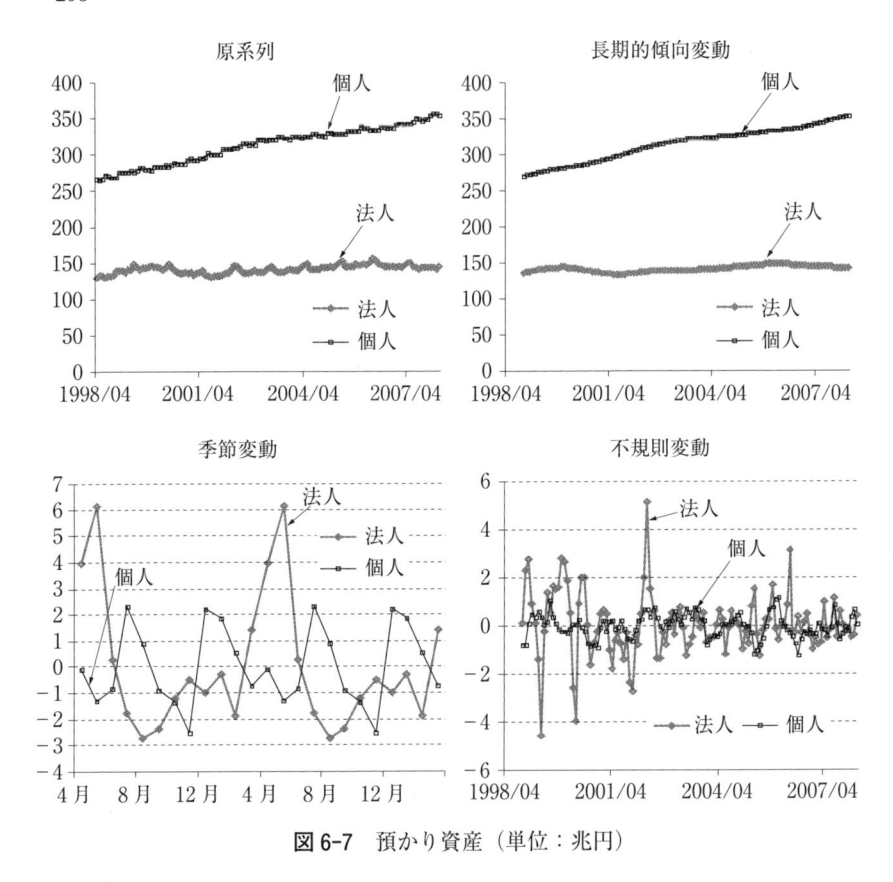

　原系列と長期的傾向変動に大きな差異はない．このことから，本邦における流動性預金と固定性預金の合計額ボラティリティが小さく，安定していることがわかる．

　つぎに，個人の預かり資産は長期的に増加しているが，その変動率が正規分布にしたがっているかを確認する．正規性の検定のために Shapiro-Wilk 検定を行うと，p 値が 0.8877 と高い値を示しており，図 6-8 の累積分布関数と Q-Q プロットを視覚的に確認しても正規分布に従っていると言える．

　したがって，本研究においては，個人の預かり資産の月次変化率は正規分布に従うものとする．個人預かり資産 A_t の月次変動率を λ_t とし，その確率過程を (13) 式のように定義する．

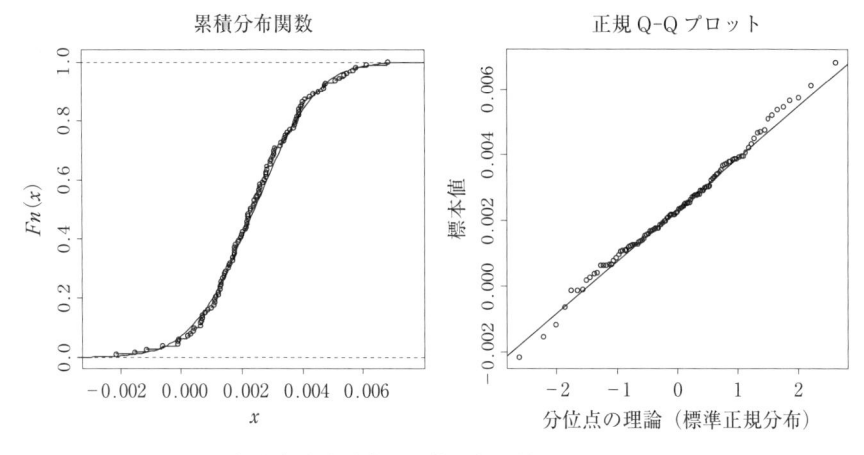

図 6-8 個人資産変動率の累積分布関数および Q-Q プロット

$$\lambda_t = \ln\left(\frac{A_{t+1}}{A_t}\right) \tag{12}$$

$$d\lambda_t = \mu dt + \sigma dz \tag{13}$$

1998 年 4 月～2008 年 8 月のデータを用いて，パラメータ μ と σ を求めると，

$\mu = 0.002395655, \quad \sigma = 0.001625062$

という結果が得られた．ドリフト μ に対してボラティリティ σ の値が小さく安定した資産であることがわかる．一方，法人の預かり資産の累積分布関数と Q-Q プロットを調べると，ここでは紙面の都合上省略するが，個人と比べて必ずしも正規分布に従っているとはいえない．しかし，簡単のため個人と同様に正規分布に従っていると仮定してパラメータを算出すると，

$\mu = 0.0004969997, \quad \sigma = 0.01005968$

という結果が得られた．個人とは逆でドリフト μ に対してボラティリティ σ の値が大きく変動の大きい資産であることがわかる．また，λ_t について誤差項間の系列相関を調べるためダービン・ワトソン（DW）検定を行う．法人の DW 比は 2.78（p 値：1.84×10^{-05}），個人の DW 比は 2.86（p 値：1.92×10^{-06}）となり系列相関があるとはいえないことから，本研究では λ_t は互いに独立であると仮定する．

3.2 固定性預金比モデル
3.2.1 流動性預金と固定性預金

2002年3月の定期預金のペイオフ解禁により1,000万円を超える定期預金は全額保護されないことから，固定性預金から流動性預金へ大幅にシフトされている．前節で述べたように投資信託の残高も「貯蓄」から「投資」への流れにより増加傾向にあるものの，依然として日本人の金融資産は預貯金に占める割合が高く，投資信託の占める割合は低い．そのため，流動性預金の増減は固定性預金と連動していることが予想される．法人と個人の流動性預金と固定性預金の関係を図6-9に示す．

法人は強い負の相関の関係がみられ，相関係数は−0.8程度である．流動性預金が減少したときに一定の割合で固定性預金が増加し，残りは現金として流出するか他資産へとシフトしている．

一方，個人の場合，一概に負の相関の関係というわけではなく，正の相関をもつ期間も存在している．流動性預金が70〜90兆円の部分で固定性預金が増加していたり，160兆円を超えた辺りでは，流動性預金は大きく変化していないにもかかわらず固定性預金は急増加しているが，この要因は金利水準の変化である．図6-10に流動性預金残高（法人・個人）と市場金利（1週間物LIBOR）の時系列変化を示す．

上記で述べた個人の流動性預金と固定性預金の正の相関部分においては急激

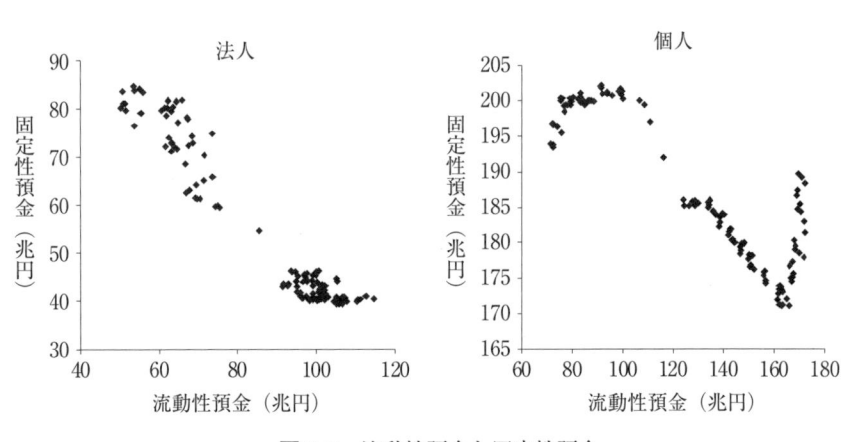

図 6-9 流動性預金と固定性預金

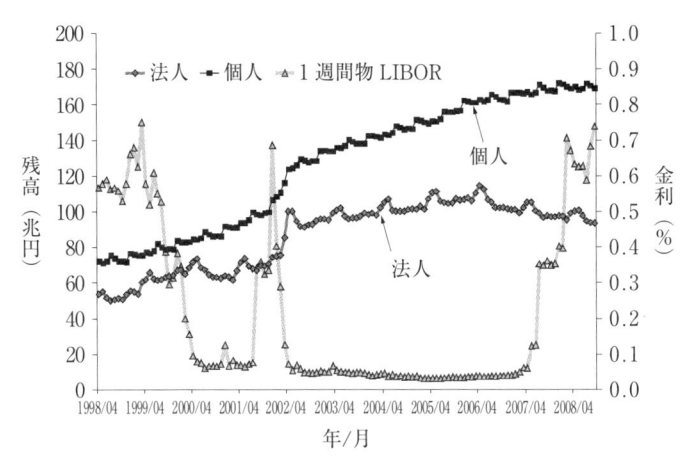

図6-10 流動性預金残高と市場金利の時系列変化

な金利水準の上昇がみられる．特筆すべきは，金利水準が上昇した場合でも流動性預金は減少していないことである．もちろん現状の本邦の金利水準では上昇したといっても0.5%程度であり諸外国と比較すると低水準であるため減少しないともいえるが，一般的に言われているように，金利水準が上昇したときに固定性預金が増加し，流動性預金が減少するということは一概にはいえない．2001〜2002年にかけては，金利が上昇しているにもかかわらず流動性預金が増加し，固定性預金が減少しているが，これは定期預金のペイオフ解禁という特殊要因のためである．

2002年3月の定期預金のペイオフ解禁時には流動性・固定性双方の残高が大きく変化している．それにもかかわらず，流動性預金と固定性預金の関係を表す図6-9では，ある曲線上にプロットされていることがわかる．このことから固定性預金の残高の動きを用いて，流動性預金という満期のない金融商品の残高のモデル化を行う．

3.2.2 モデル化

3.2.1において，流動性預金と固定性預金の関係を示したが，モデル化にあたり流動性預金と固定性預金の関係をより数値として捉えやすいように固定性預金の値を流動性預金の値で除して基準化した値を固定性預金比と定義し，(14)式に示す．

$$\rho_t = \frac{D_t^F}{D_t^L} \tag{14}$$

ここで，D_t^L は t 時点での流動性預金残高，D_t^F は t 時点での固定性預金残高を表す．固定性預金比の値が 1 であれば，流動性預金と固定性預金が同額であることを示す．法人および個人の流動性預金と固定性預金比の関係を図 6-11 に示す．

図 6-9 と比べるとより明確に両者の関係がわかる．とくに図 6-11 の右図の個人のプロットをみると，図 6-9 の右図において正の相関と負の相関部分が共存していたプロットが，1 つの曲線上にプロットされていることがわかる．流動性預金と固定性預金比には密接な関係があることから，固定性預金比の時系列変化をモデル化することにより将来の流動性残高を推定する．

法人，個人の固定性預金比と市場金利（1 週間物 LIBOR）の時系列変化を図 6-12 に表す．2002 年 3 月において定期預金のペイオフが解禁されたことから，固定性預金比がその時点において大きく減少している．また，2002 年以前での個人の金利感応度は高くなく，2006 年以降は金利の上昇にわずかに反応している．法人の残高は 2002 年前後ともに金利に反応していることがわかる．

そこで，ペイオフ解禁後の期間を用いて，以下に示す 4 つのタイプのモデル化の方法を提案し，比較を行う．まずはじめに，固定性預金比と時間の関係として，時間の経過とともにある金利水準を境に減少傾向になるか増加傾向にな

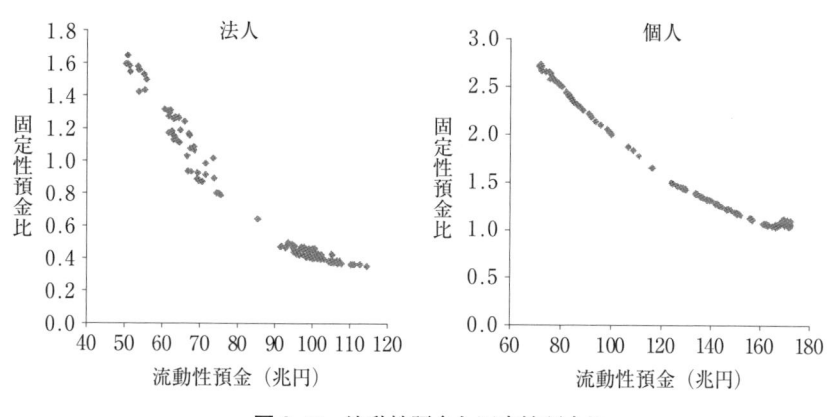

図 6-11　流動性預金と固定性預金比

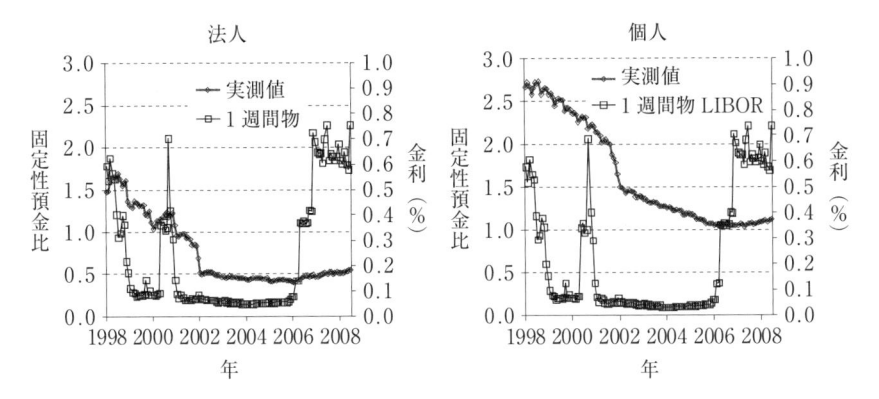

図 6-12 固定性預金比と市場金利の時系列変化

ると仮定する．もっとも単純なモデルとして，以下のモデル 1 を提案する．ただし，α_i ($i=1, 2, 3$) は定数，r_t は t 時点の市場金利である．

モデル 1 ：$\rho_t = \alpha_1 (r_t - \alpha_2) t + \alpha_3$ (15)

しかし，モデル 1 のままでは金利変動によって変化するのは固定性預金比の傾きのみとなる．実際には金利水準の上下によって固定性預金比の値も上下にシフトされると仮定し，モデル 1 を変形したモデルをモデル 2 とよび，(16) 式に示す．ただし，α_i ($i=1, 2, 3, 4$) は定数である．

モデル 2 ：$\rho_t = \alpha_1 (r_t - \alpha_2) t + \alpha_3 r_t + \alpha_4$ (16)

モデル 1 では時間の係数が，モデル 2 ではそれに加えて固定性預金比が金利に単純に比例するとしている．しかし，金利水準が倍になったからといって，必ずしも固定性預金比も倍になるほど流動性預金から固定性預金へシフトされるとは限らない．ただし，現在の低金利水準では預金者がどのような投資行動を起こすのかをみることはできないので，金融広報中央委員会ホームページ（知るぽると）の「家計の金融資産に関する世論調査」の「金融商品選択基準（2 人以上世帯調査）」の時系列データを参考にして，金利変動と資産シフトの関係をモデル化する．これは貯蓄する金融商品を決める場合に，どのようなことにもっとも重点をおいて選んでいるかを調査したものである．その調査結果を図 6-13 に示す．

項目は大きく以下のように分類されている．

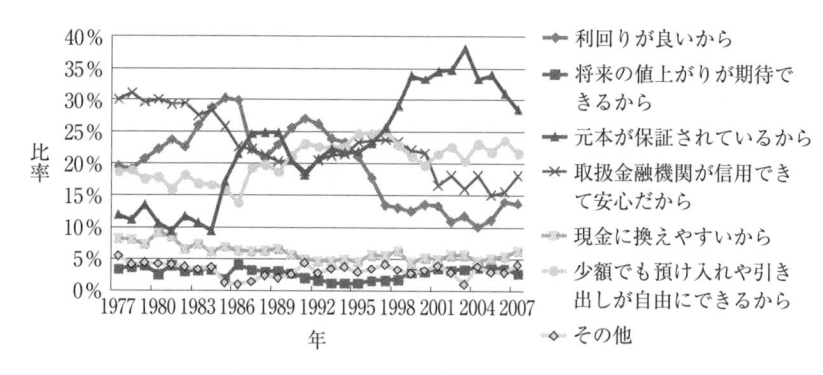

図 6-13　金融商品選択基準の時系列変化

- 収益性:「利回りが良いから」「将来の値上がりが期待できるから」
- 安全性:「元本が保証されているから」「取扱金融機関が信用できて安心だから」
- 流動性:「現金に換えやすいから」「少額でも預け入れや引き出しが自由にできるから」

このなかで市場金利と関係が深い「利回りが良いから」の項目に注目し，1990年～2007年5月末の1カ月物LIBORとその関係を図6-14に示す[6]．金利の上昇に伴って，項目「利回りが良いから」の値が金利の自然対数の値に比例して

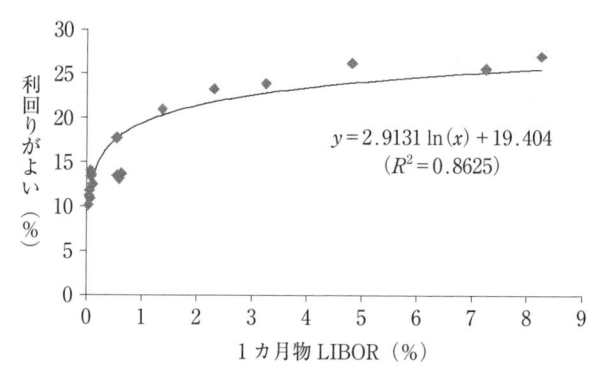

$$y = 2.9131 \ln(x) + 19.404$$
$$(R^2 = 0.8625)$$

図 6-14　市場金利と金融商品選択に関する調査結果との関係

---

[6] 市場金利として5月末のデータを用いた理由は，アンケートの調査時期が毎年6月頃であり，その直前のデータを用いるためである．

上昇している．アンケート結果に基づいて変形した固定性預金比のモデルをそれぞれモデル3，モデル4として，(17)式，(18)式にそれぞれ示す．

$$\text{モデル3}: \rho_t = (\alpha_1 \ln r_t - \alpha_2)t + \alpha_3 \tag{17}$$

$$\text{モデル4}: \rho_t = (\alpha_1 \ln r_t - \alpha_2)t + \alpha_3 \ln r_t + \alpha_4 \tag{18}$$

3.2.3 パラメータ推定および推定結果

2002年4月〜2008年9月のデータを用いて，モデル1〜モデル4のパラメータを推定する．先述した金融商品選択のアンケートではラグは発生しないことを確認したが，実際に固定性預金へ預入する時期にはラグの発生が想定されるので，パラメータ推定の際には，ラグがない場合，ラグを1カ月，2カ月，3カ月，6カ月，1年とする6パターンの金利を用いる．非線形最小二乗法を用いて推定したパラメータの値を表6-1に示す．

モデル1では，法人・個人ともにラグが大きくなるにつれて，α_2が減少するため，固定性預金比は減少する．ラグが6カ月以上の場合，α_2の絶対値は法人で0.6％前後，個人で1.9％前後となっている．法人では0.6％，個人では1.9％を超えてはじめて預金者が固定性預金比を増加させようとすることがわかる．

モデル2は，金利の係数がα_2とα_3の2つあり，モデル1のようにα_2の値によって預金者の投資行動の転換点を見いだすことはできない．法人・個人の一部のα_3の値がマイナスとなっており，ある月数経過するまでは金利が上昇すると固定性預金比が下がるという状況になっている．これは本邦において過去10年間は低金利状態が続いたため，全体として固定性預金比が減少する部分が多かったためである．

モデル3は，モデル1の金利の対数をとったモデルである．α_3はモデル1とモデル3で法人・個人ともに大きな差はない．一方，α_1，α_2の値は変動が大きく，モデル1のような明確な金利水準による投資転換点はみられない．よって，モデル1と同様に，現状では時間の経過によって固定性預金比が減少することになる．金利が上昇するとその傾きが軽減されるにとどまる．

モデル4は，モデル2の金利の対数をとったモデルである．モデル1とモデル3を比較したときと同様にα_4は多少の上下はあるものの値のオーダーとしては差異はない．また，モデル2と同様に法人・個人の一部のα_3の値がマイナスとなっており，ある月数経過するまでは金利が上昇すると固定性預金比が下が

表6-1 固定性預金比に対する推定パラメータ

		法人				個人			
		α_1	α_2	α_3	α_4	α_1	α_2	α_3	α_4
モデル1	ラグなし	0.003283	0.623241	0.455681	—	0.004552	1.927362	1.475540	—
	ラグ1カ月	0.003302	0.602396	0.454886	—	0.004581	1.898359	1.474488	—
	ラグ2カ月	0.003242	0.592218	0.454099	—	0.004674	1.865140	1.475769	—
	ラグ3カ月	0.003133	0.578629	0.452457	—	0.004724	1.841618	1.476162	—
	ラグ6カ月	0.002863	0.525916	0.447276	—	0.004699	1.802501	1.473279	—
	ラグ1年	0.002413	0.381088	0.435873	—	0.004627	1.691932	1.461604	—
モデル2	ラグなし	0.006860	0.317637	−0.245880	0.467030	0.018055	0.513424	−0.929400	1.518437
	ラグ1カ月	0.006860	0.313243	−0.243130	0.466715	0.018941	0.493163	−0.981430	1.522235
	ラグ2カ月	0.005920	0.343708	−0.184730	0.462893	0.018176	0.511368	−0.931930	1.520133
	ラグ3カ月	0.004930	0.382896	−0.124970	0.458302	0.017338	0.531685	−0.878340	1.517243
	ラグ6カ月	0.002110	0.698946	0.053450	0.444837	0.014816	0.599078	−0.719080	1.506102
	ラグ1年	−0.009090	−0.039640	0.843387	0.394356	−0.000200	−38.336000	0.353884	1.444184
モデル3	ラグなし	0.000752	−0.000250	0.459862	—	0.000972	0.005590	1.476742	—
	ラグ1カ月	0.000749	−0.000300	0.459359	—	0.000985	0.005529	1.477154	—
	ラグ2カ月	0.000740	−0.000330	0.458687	—	0.001006	0.005481	1.478414	—
	ラグ3カ月	0.000726	−0.000370	0.457573	—	0.001019	0.005425	1.478975	—
	ラグ6カ月	0.000674	−0.000490	0.452803	—	0.001024	0.005220	1.477159	—
	ラグ1年	0.000569	−0.000770	0.440795	—	0.001008	0.004663	1.466628	—
モデル4	ラグなし	0.001609	−0.002810	−0.054940	0.290603	0.003640	−0.002380	−0.170910	0.950200
	ラグ1カ月	0.001443	−0.002330	−0.044160	0.324745	0.003475	−0.001760	−0.158360	0.994395
	ラグ2カ月	0.001311	−0.002000	−0.036580	0.347305	0.003403	−0.001530	−0.153600	1.010687
	ラグ3カ月	0.001154	−0.001620	−0.027650	0.373438	0.003291	−0.001220	−0.146720	1.032461
	ラグ6カ月	0.000678	−0.000510	−0.000280	0.451961	0.002853	−0.000130	−0.120580	1.110942
	ラグ1年	−0.000770	0.003003	0.090058	0.707673	0.000980	0.004745	0.001954	1.472419

る.これは,全体として固定性預金比が減少する部分が多かったためである.今後ある程度金利水準が上昇すればこれらの係数の関係がより明確になるだろう.

　表6-1のパラメータを用いて,ここでは紙面の都合上モデル2とモデル4のみに対する固定性預金比と市場金利の時系列変化を図6-15,図6-16に示す.市場金利の推移とともに固定性預金比の推定値はほぼ実測値の動きを記述できている.

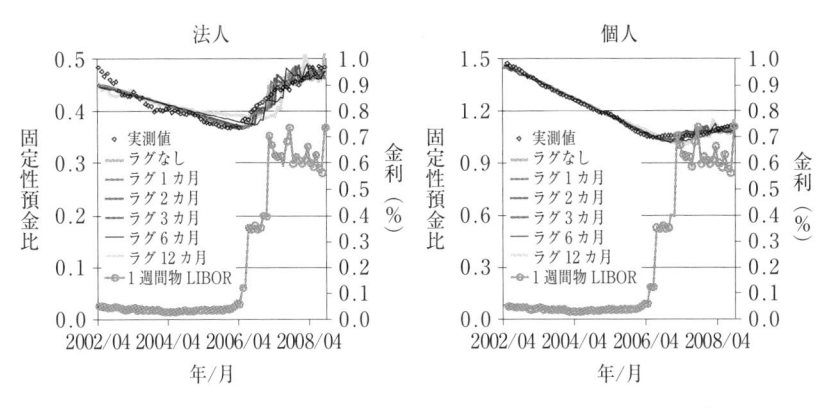

図 6-15　固定性預金比と市場金利の時系列変化（モデル 2）

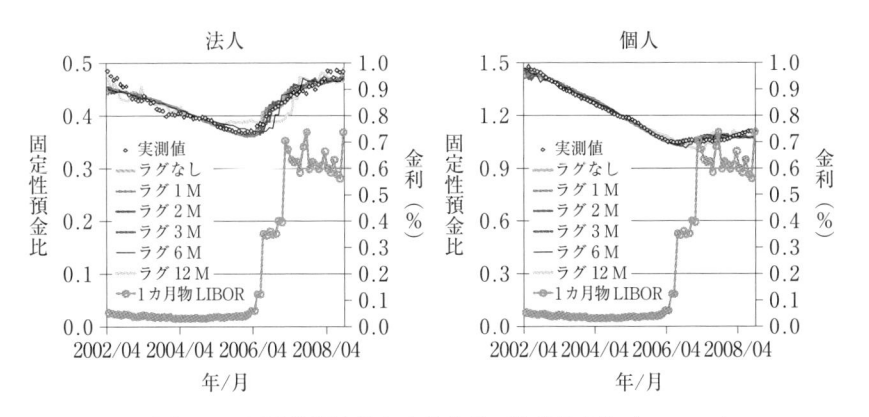

図 6-16　固定性預金比と市場金利の時系列変化（モデル 4）

3.2.4　モデルの説明力の比較

4つのモデルのなかから実際の固定性預金比の動きをもっともよく表すモデルを見いだすために，図 6-15，図 6-16 に示した時系列変化に加えて，残差の標準誤差を調べる．モデル 1～モデル 4 の残差の標準誤差をラグごとに表したグラフを図 6-17 に示す．

図 6-17 の左図の法人はモデル 4 での標準誤差が全体的に小さい．最適なラグはモデルによって異なるが，比較的ラグが小さい方が標準誤差が小さいといえる．また，図 6-15，図 6-16 に示した時系列変化の左図（法人）を見てもラグ

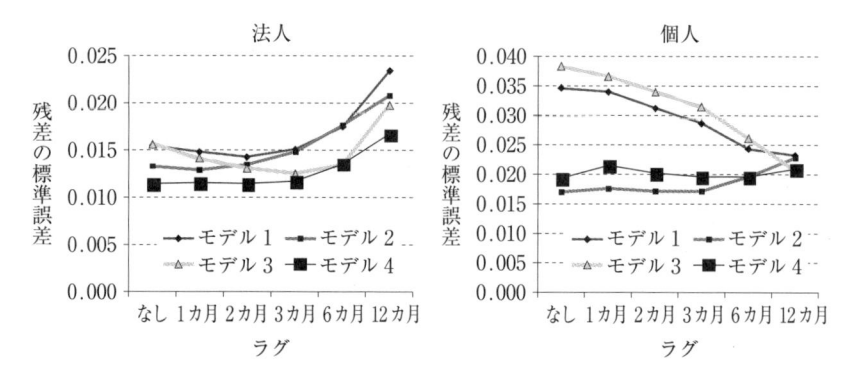

図 6-17 各ラグでの残差の標準誤差

1 カ月程度のときのあてはまりがよいことがわかる．

図 6-17 の右図の個人をみると，モデル 1，モデル 3 に比べてモデル 2，モデル 4 の標準誤差は小さいが，ラグ 1 年では値が逆転しているものもある．モデル 1，モデル 3 ではラグが大きい方が，モデル 2，モデル 4 ではラグが小さい方が標準誤差が小さい．ただし，図 6-15，図 6-16 に示した時系列変化をみてもわかるように金利水準が低い期間が長く続いており，後半の 2 年間で金利が上昇し始めている．このことからオーバーフィッティングの可能性が高い．紙面には示していないが，モデル 1，モデル 3 に対するラグの違いによる時系列変化を見ると，長くなればなるほど当てはまりがよくなっており，実際に 1 年前の金利に反応して預金者が投資判断をしているとは考えにくい．そのため，モデル 2，モデル 4 の方が全体的な標準誤差も小さいことからモデルとして優れているといえるだろう．

4　流動性預金残高と満期の推定

4.1　シミュレーションの設定

第 3 節において，預かり資産と固定性預金比のモデル化を行った．この 2 つのモデルを用いて，将来の流動性預金残高と満期の推定を行う．満期の推定はある時点での流動性預金の流出額を算出し，その流出額を現時点からその時点までの期間の満期をもつ預金とする．第 3 節において全体的に比較的あてはま

りのよかったモデル2，モデル4を用いてシミュレーションを行う．アンケート結果を用いて金利への感応度をモデル化した効果の違いをモデル2とモデル4を比較することによって調べることができる．また，長期のラグにおけるオーバーフィッティングの懸念からラグなしからラグ3カ月までを考える．

法人の預かり資産は3.1.2で示したように長期的傾向変動は一定の値に平均回帰している．一方，個人の預かり資産の変動率は正規分布に従っていて，ボラティリティは小さく，ドリフト項は長期的に上昇傾向があるため，現状では流動性預金の残高は増加していくと考えられる．法人，個人に関してシミュレーションを行い，流動性預金残高の残高と満期の推定を行う．シミュレーションの設定は以下の手順で行う．

① (13) 式にしたがって，預かり資産変動率 λ_t を確率変動させる．
② 固定性預金比 ρ_t を計算するために，Hull-Whiteモデルを用いて金利を生成し，固定性預金比の実測値と推定値の間の誤差項も正規分布に従うものとして確率変動させる[7]．
③ 将来の流動性預金の残高の期待値と AA-Kijima モデル（2007）に使われている確率99% Volume at Risk に相当する残高（ストレステスト）を算出する．

4.1.1　流動性預金残高

(11) 式と (14) 式より，以下のように流動性預金残高を算出できる．

$$D_t^L = \frac{A_t}{1+\rho_t} \tag{19}$$

前述のシミュレーション方法によって，法人と個人それぞれの預かり資産残高 A_t を算出し，各モデルに対する固定性預金比 ρ_t は (15)〜(18) 式を用いて計算する．現時点を2008年9月末時点として，Hull-Whiteモデルを用いて将来の月次の r_t（10年分の1カ月物の金利パス）を算出する．ラグ1の場合は，最初の1カ月の参照金利として現時点の月の1週間物 LIBOR を用いるが，その後は金利パスから得られた金利を用いる．ラグ2以降も同様の方法を用いて，

---

[7] ρ_t と $\Delta\lambda_t$ の相関係数は法人では−0.0239，個人は0.0060である．そのため，ρ_t と $\Delta\lambda_t$ には相関関係はないとみなし，預かり資産の変化率と固定性預金比の相関関係は考慮せずにシミュレーションを行う．

最初のラグの月数分だけは現在の 1 週間物 LIBOR を用いる．法人と個人それぞれの流動性預金残高の将来 10 年間の期待値と Volume at Risk の推移を図 6-18，図 6-19 に示す．以降では紙面の都合上，モデル 2 とモデル 4 に対する残高のみ示す．

　法人のモデル 2，モデル 4 を比較すると定性的な挙動に大きな違いはない．しかし，モデル 2 に比べて金利の対数をとっているモデル 4 の方が相対的に金利の上昇による影響を抑えることができるため，残高の減少が抑制されている．両モデルに共通している点は，ラグが大きいほど残高の減少が抑制されている点である．ラグによる残高の違いはパラメータの影響もあるが，現時点の金利水準に比べて将来の金利の期待値の方が高く，ラグの月数を考える分だけ金利の上昇が遅れる影響の方が大きい．とくに，残高の Volume at Risk はこの影響

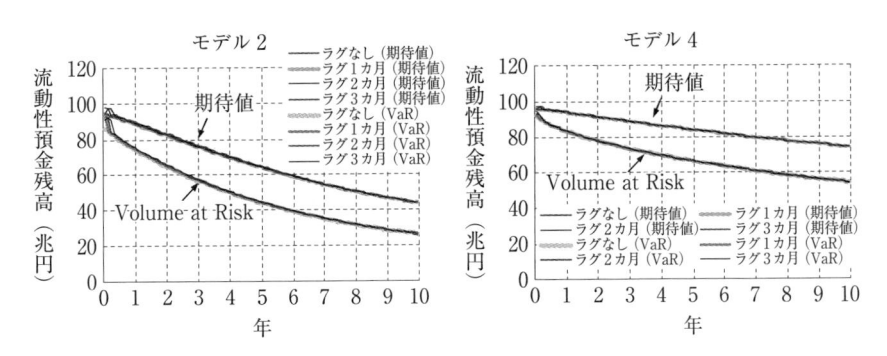

図 6-18 流動性預金の将来 10 年間の残高変化（法人）

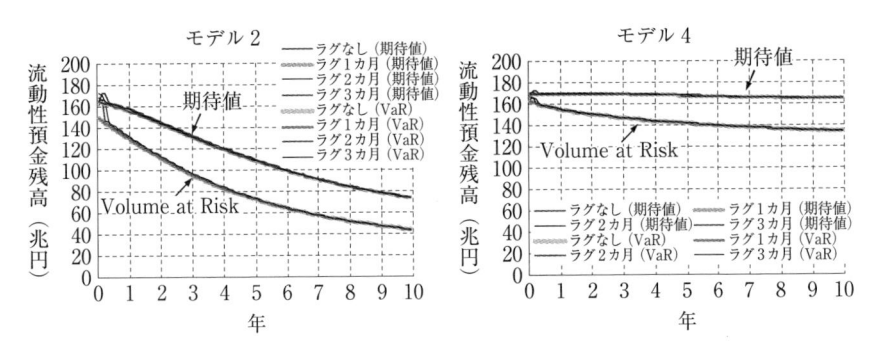

図 6-19 流動性預金の将来 10 年間の残高変化（個人）

が大きくなる．ただし，全体的にはモデルの違いによる影響の方が大きく，ラグの影響は相対的に小さい．

個人のモデル2，モデル4を比較すると残高の挙動に大きな違いが現れている．モデル4では金利の影響とドリフト μ の影響が相殺されて残高の減少が大きく抑えられている．それに対してモデル2では，金利上昇効果がドリフト μ による残高押上げ効果を上回り，残高が減少している．モデル4は定性的に法人と同様の挙動をしている．ラグによる影響は法人同様，ほとんどない．

4.1.2 マチュリティラダー

流動性預金のマチュリティラダーおよび満期を算出し，先行研究である AA-Kijima モデルとの比較を行う．流動性預金のマチュリティラダーを図6-20～図6-23に示す．紙面の都合上，モデル2，モデル4のラグなしの場合の図のみを

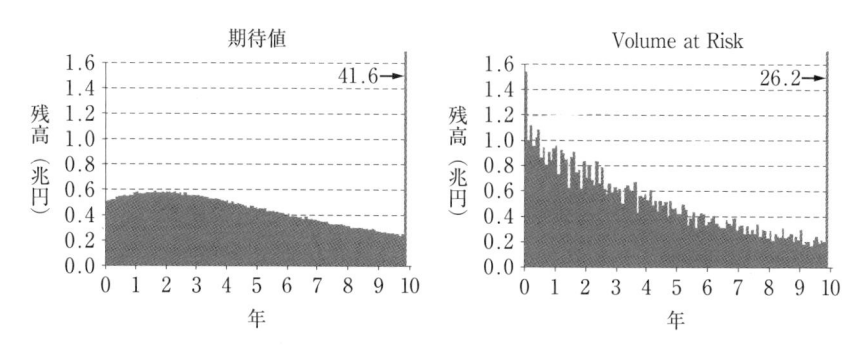

図6-20 流動性預金のマチュリティーラダー（法人，モデル2）

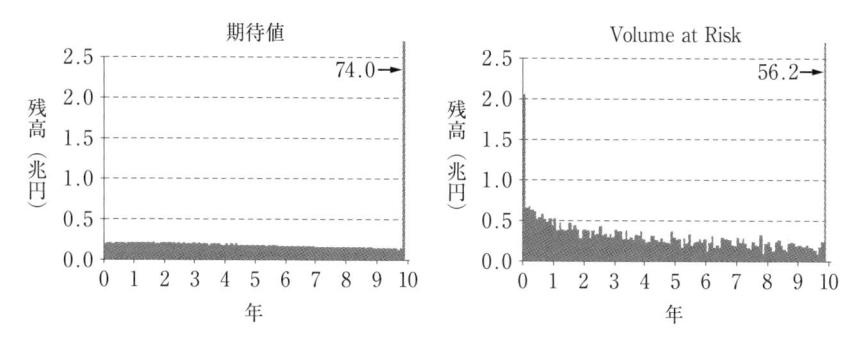

図6-21 流動性預金のマチュリティーラダー（法人，モデル4）

記す.たとえば図 6-20(左図)の 1 年のところをみると,およそ 0.5 兆円となっている.これは現時点から 1 年後に 0.5 兆円の流動性預金の流出が起こることを表している.なお,値がマイナスの場合は資金の流入を表す.ほかの図の見方も同様である.

各図に共通しているのは経過時間最後の 10 年目に大きく残高が表れていることである.それぞれの図では見やすくするために上部分は省略し,数値のみを示している.10 年時の残高は他に比べて大きいことがわかる.したがって,計算期間を延長すればラダーはより長期の満期へ割り振られることになる.法人と個人の残高の期待値のラダーは流出額が 1〜3 年までに増加し,ピークを過ぎると徐々に減少している.モデル 2 はモデル 4 よりもこの傾向は顕著である.

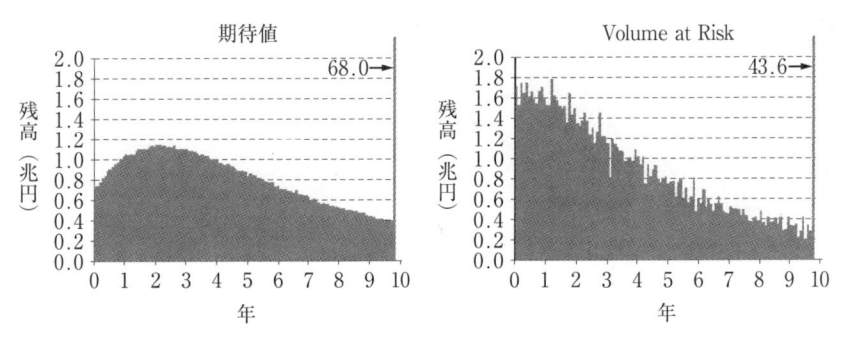

図 6-22 流動性預金のマチュリティーラダー(個人,モデル 2)

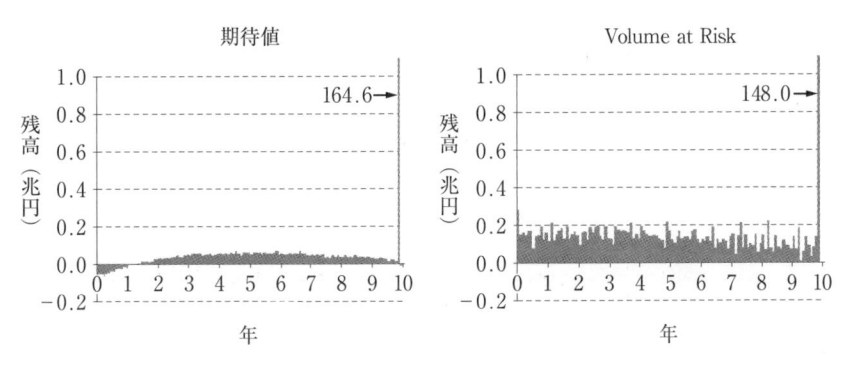

図 6-23 流動性預金のマチュリティーラダー(個人,モデル 4)

4.1.3 満　　　期

4.1.2 で示した時刻 t の流動性預金の流出額 X_t（図 6-20〜図 6-23 のマチュリティーラダー）を用いて（20）式により満期 T を算出する．

$$T = \frac{\sum X_t t}{D_0^L} \tag{20}$$

追随率を 30% として[8]，ラグの違いによる満期の比較を行う．モデル 2，モデル 4 を用いた場合の平均満期をそれぞれ表 6-2，表 6-3 に示す．

「法人期待値」は期待値に対する法人の預金の満期を表し，「法人 VaR」は Volume at Risk に対する法人の預金の満期を表す．モデル 2 の方がモデル 4 に比べて，残高の減少幅が大きいため全体的に満期は短くなる．2.2 項のマチュリティラダーから得た AA-Kijima モデルの平均満期も記載する．約 1〜2 年，本モデルの方が上回っている．確率 99% の Volume at Risk を用いた場合でも AA-Kijima モデルを上回るのは，A_t のボラティリティが小さいからであろう．AA-Kijima モデルにおいても確率 99% の Volume at Risk を用いて残高推定を行うが，用いている流動性預金残高の変化率のボラティリティは 1.3%〜7.2% 程度である．それに対して，本研究では流動性預金残高の変化率ではなく，銀

表 6-2　流動性預金の平均満期（モデル 2）　　　　（単位：年）

	法人期待値	法人 VaR	個人期待値	個人 VaR	全体期待値	全体 VaR	AA-Kijima
ラグなし	4.91	3.56	4.65	3.32	4.74	3.41	2.22
ラグ 1 カ月	4.91	3.56	4.57	3.25	4.69	3.36	
ラグ 2 カ月	5.13	3.75	4.68	3.35	4.84	3.49	
ラグ 3 カ月	5.37	3.96	4.79	3.45	5.00	3.63	

表 6-3　流動性預金の平均満期（モデル 4）　　　　（単位：年）

	法人期待値	法人 VaR	個人期待値	個人 VaR	全体期待値	全体 VaR	AA-Kijima
ラグなし	6.30	5.08	6.92	5.93	6.70	5.63	2.22
ラグ 1 カ月	6.44	5.18	7.06	6.02	6.84	5.72	
ラグ 2 カ月	6.55	5.27	7.11	6.04	6.91	5.77	
ラグ 3 カ月	6.68	5.35	7.19	6.14	7.01	5.86	

---

[8] 1996 年 4 月〜2008 年 6 月のデータを用いて推定した普通預金金利の市場金利への追随率は 32.18% 程度である．

行預かり資産 A_t のボラティリティを用いているが,その値は 0.16% と小さい.ただし,これは過去 10 年間のデータに基づいて計算されており,決して楽観的な計測結果ではない.

5 ま と め

従来から銀行における流動性預金の金利リスクの計測・管理は重要視されていながら,それほど多くの議論がなされてこなかった.しかし,新 BIS 規制による「アウトライヤー銀行」の基準が設定され,流動性預金,とくにコア預金へのリスク管理が注目されることとなった.そこで,いくつかの流動性預金モデルが提案されているが,従来の流動性預金モデルでは過去の流動性預金残高や市場金利によって推定するモデルがほとんどである.しかし,本邦の現状の金利水準は超低水準であり,標準的な金利ショックを組み込んで実態に則したモデルを作成することは難しい.また,流動性預金の残高のみを扱った場合,金利への感応度を測ることもやや困難である.それは流動性預金が有している決済性,常時引き出し可能なオプション性という性質から,金利以外の要因で資金の入出金が行われるためである.

そこで,本研究では,流動性預金と固定性預金の関係を見いだし,固定性預金比という指標を用いて,流動性預金残高推定モデルを提案した.さらに,金融商品の選択基準に関するアンケート結果を用いて金利への感応度をモデル化し,将来の金利ショック時の仮想的な預金者行動をモデル化することができた.

流動性預金と固定性預金を合計した銀行預かり資産全体の変動をモデル化し,固定性預金比モデルと組み合わせることで,経営者が描く将来の銀行全体の預金量シナリオ,金利シナリオにおける流動性預金残高の推定が可能である.その点で先行研究に比べ自由度の高い流動性預金モデルを提案することができ,ストレステスト要素の強いものだけでなく,実感に合う流動性預金の満期も算出することができた.

〔参考文献〕

青野和彦(2006)「銀行における流動性預金の現在価値と金利リスクの計測:先行研究のサーベイと実際のデータを用いた分析」『金融研究』**25**,別冊 No.2, 75-104.

日本銀行ホームページ『金融に関する統計』.(http://www.boj.or.jp/howstat/index2.htm#kinyu.)

Jarrow, R. A. and D. R. van Deventer (1998) "The arbitrage-free valuation and hedging of demand deposits and credit card loans," *Journal of Banking & Finance*, **22**, 249-272.

木島正明・伊藤 優(2007)「銀行勘定金利リスク管理のための内部モデル(AA-Kijima Model)について」『証券アナリストジャーナル』**45**(4), 79-92.

金融広報中央委員会ホームページ『知るぽると』(http://www.shiruporuto.jp/index.html)

金融庁(2009)『主要行等向けの総合的な監督指針』.

古頭尚志(2007)『よくわかる新 BIS 規制バーゼルⅡの理念と実務』,金融財政事情研究会.

全国銀行協会ホームページ『銀行の社会的役割』(http://www.zenginkyo.or.jp/service/bank/part/index.html.)

森 雅夫・松井知己(2004)『オペレーションズ・リサーチ』(経営システム工学ライブラリー8),朝倉書店.

(上武治紀:りそな銀行)

(枇々木規雄:慶應義塾大学理工学部)

『ジャフィー・ジャーナル』投稿規定

1. 『ジャフィー・ジャーナル』への投稿原稿は，金融工学，金融証券計量分析，金融経済学，行動ファイナンス，企業経営分析，コーポレートファイナンスなど資本市場と企業行動に関連した内容で，理論・実証・応用に関する内容を持ち，未発表の和文の原稿に限ります．

2. 投稿原稿は，以下の種とします．
   (1) 論文（Paper）
      金融工学，金融証券計量分析，金融経済学，行動ファイナンス，企業経営分析，コーポレートファイナンス等の領域，および，その関連領域に貢献するオリジナルな研究成果
   (2) 展望論文（Review Article）
      特定のテーマに関する一連の研究，その周辺領域の発展と未解決問題を，総括的，かつ，体系的に著者独自の視点から報告したもの
   (3) 研究ノート（Short Communication）
      研究速報，事例報告や既発表の論文に対するコメントなどで金融工学，金融証券計量分析，金融経済学，行動ファイナンス，企業経営分析，コーポレートファイナンス等の領域に関して記録する価値があると認められるもの

3. 投稿された原稿は，『ジャフィー・ジャーナル』編集委員会が選定・依頼した査読者の審査を経て，掲載の可否を決定し，本編集委員会から著者に連絡する．

4. 原稿は，PDF ファイルに変換したものを E メールで JAFEE 事務局へ提出する．原則として，原稿は返却しない．なお，投稿原稿には，著者名，所属，連絡先を記載せず，別に，標題，種別，著者名，所属，連絡先（住所，E メールアドレス，電話番号）を明記したものを添付する．

5. 査読者の審査を経て，採択された原稿は，原則として LaTex 形式で入稿しなければならない．なお，『ジャフィー・ジャーナル』への掲載図表も論文投稿者が

6. 著作権
   (1) 掲載された論文などの著作権は日本金融・証券計量・工学学会に帰属する（特別な事情がある場合には，著者と本編集委員会との間で協議の上措置する）．
   (2) 投稿原稿の中で引用する文章や図表の著作権に関する問題は，著者の責任において処理する．

[既刊ジャフィー・ジャーナル]

① 1995 年版　**金融・証券投資戦略の新展開**（森棟公夫・刈屋武昭編）
　　　　　　A5 判 176 頁　ISBN4-492-71097-3
② 1998 年版　**リスク管理と金融・証券投資戦略**（森棟公夫・刈屋武昭編）
　　　　　　A5 判 215 頁　ISBN4-492-71109-0
③ 1999 年版　**金融技術とリスク管理の展開**（今野　浩編）
　　　　　　A5 判 185 頁　ISBN4-492-71128-7
④ 2001 年版　**金融工学の新展開**（高橋　一編）
　　　　　　A5 判 166 頁　ISBN4-492-71145-7
⑤ 2003 年版　**金融工学と資本市場の計量分析**（高橋　一・池田昌幸編）
　　　　　　A5 判 192 頁　ISBN4-492-71161-9
⑥ 2006 年版　**金融工学と証券市場の計量分析 2006**（池田昌幸・津田博史編）
　　　　　　A5 判 227 頁　ISBN4-492-71171-6
⑦ 2007 年版　**非流動性資産の価格付けとリアルオプション**
　　　　　　（津田博史・中妻照雄・山田雄二編）
　　　　　　A5 判 276 頁　ISBN978-4-254-29009-7
⑧ 2008 年版　**ベイズ統計学とファイナンス**
　　　　　　（津田博史・中妻照雄・山田雄二編）
　　　　　　A5 判 256 頁　ISBN978-4-254-29011-0
⑨ 2009 年版　**定量的信用リスク評価とその応用**
　　　　　　（津田博史・中妻照雄・山田雄二編）
　　　　　　A5 判 240 頁　ISBN978-4-254-29013-4
　　　　　　（①〜⑥発行元：東洋経済新報社，⑦〜⑨発行元：朝倉書店）

役員名簿

会長	：前川功一
副会長，和文誌担当	：津田博史
副会長，庶務担当	：中川秀敏
英文誌担当	：赤堀次郎
会計担当	：大上慎吾　石井昌宏
広報担当	：石村直之　塚原英敦
ジャフィー・コロンビア担当	：林　高樹
大会兼フォーラム担当	：中妻照雄　新井拓児　山田雄二
	山内浩嗣　石島　博
法人担当	：池森俊文　中村信弘
監事	：木村　哲　池田昌幸

（2011 年 1 月 1 日　現在）

　　　　＊　　　＊　　　＊　　　＊　　　＊

『ジャフィー・ジャーナル』編集委員会

　編集長：津田博史

　副編集長：中妻照雄　山田雄二

なお，日本金融・証券計量・工学学会については，以下までお問い合わせ下さい：

〒101-8439　東京都千代田区一ツ橋 2-1-2　学術総合センタービル 8F
一橋大学大学院国際企業戦略研究科　金融戦略共同研究室内
ジャフィー事務局
　　TEL：03-4212-3112
　　FAX：03-4212-3020
　　E-mail：office@jafee.gr.jp

詳しいことはジャフィー・ホームページをご覧下さい．
http://www.jafee.gr.jp/

日本金融・証券計量・工学学会（ジャフィー）会則

1. 本学会は，日本金融・証券計量・工学学会と称する．英語名は The Japanese Association of Financial Econometrics & Engineering とする．略称をジャフィー（英語名：JAFEE）とする．本学会の設立趣意は次のとおりである．

    「設立趣意」日本金融・証券計量・工学学会（ジャフィー）は，広い意味での金融資産価格や実際の金融的意思決定に関わる実証的領域を研究対象とし，産学官にわたる多くのこの領域の研究・分析者が自由闊達な意見交換，情報交換，研究交流および研究発表するための学術的組織とする．特に，その設立の基本的な狙いは，フィナンシャル・エンジニアリング，インベストメント・テクノロジー，クウォンツ，理財工学，ポートフォリオ計量分析，ALM，アセット・アロケーション，派生証券分析，ファンダメンタルズ分析等の領域に関係する産学官の研究・分析者が，それぞれの立場から個人ベースでリベラルな相互交流できる場を形成し，それを通じてこの領域を学術的領域として一層発展させ，国際的水準に高めることにある．

    組織は個人会員が基本であり，参加資格はこの領域に興味を持ち，設立趣意に賛同する者とする．運営組織は，リベラルかつ民主的なものとする．

2. 本学会は，設立趣意の目的を達成するために，次の事業を行う．
    (1) 研究発表会（通称，ジャフィー大会），その他学術的会合の開催
    (2) 会員の研究成果の公刊
    (3) その他本学会の目的を達成するための適切な事業

3. 本学会は，個人会員と法人会員からなる．参加資格は，本学会の設立趣旨に賛同するものとする．個人会員は，正会員，学生会員および名誉会員からなる．法人会員は口数で加入し，1法人1部局（機関）2口までとする．

4. 1) 会員は以下の特典を与えられる．
    (1) 日本金融・証券計量・工学学会誌（和文会誌）について，個人正会員は1部無料で配付される．また，法人会員は1口あたり1部を無料で配付される．
    (2) 英文会誌 Asia-Pacific Financial Markets について，個人正会員は1部無料で配付される．また，法人会員は1口あたり1部を無料で配付される．
    (3) 本学会が催す，研究発表会等の国内学術的会合への参加については，以

下のように定める.
- (ア) 個人正会員, 学生会員, 名誉会員とも原則有料とし, その料金は予め会員に通知されるものとする.
- (イ) 法人会員は, 研究発表会については1口の場合3名まで, 2口の場合5名までが無料で参加できるものとし, それを超える参加者については個人正会員と同額の料金で参加できるものとする. また, 研究発表会以外の会合への参加は原則有料とし, その料金は予め会員に通知されるものとする.

(4) 本学会が催す国際的学術的会合への参加については, 個人正会員, 学生会員, 名誉会員, 法人会員とも原則有料とし, その料金は予め個人正会員, 学生会員, 名誉会員, 法人会員に通知されるものとする.

2) 各種料金については, 会計報告によって会員の承認を得るものとする.

5. 学生会員および法人会員は, 選挙権および被選挙権をもたない. 名誉会員は被選挙権をもたない.
6. 入会にあたっては, 入会金およびその年度の会費を納めなければならない.
7. 1) 会員の年会費は以下のように定める.
   - (1) 関東地域（東京都, 千葉県, 茨城県, 群馬県, 栃木県, 埼玉県, 山梨県, 神奈川県）に連絡先住所がある個人正会員は10,000円とする.
   - (2) 上記以外の地域に連絡先住所がある個人正会員は6,000円とする.
   - (3) 学生会員は2,500円とする.
   - (4) 法人会員の年会費は, 1口70,000円, 2口は100,000円とする.
   - (5) 名誉会員は無料とする.

   2) 入会金は, 個人正会員は2,000円, 学生会員は500円, 法人会員は1口10,000円とする.

   3) 会費を3年以上滞納した者は, 退会したものとみなすことがある. 会費滞納により退会処分となった者の再入会は, 未納分の全納をもって許可する.
8. 正会員であって, 本学会もしくは本学界に大きな貢献のあったものは, 総会の承認を得て名誉会員とすることができる. その細則は別に定める.
9. 本会に次の役員をおく.
   会長1名, 副会長2名以内, 評議員20名, 理事若干名, 監事2名
   評議員は原則として学界10名, 産業界および官界10名とし, 1法人（機関）1部局あたり1名までとする.
10. 会長および評議員は, 個人正会員の中から互選する. 評議員は, 評議員会を組織して会務を審議する.

11. 理事は，会長が推薦し，総会が承認する．ただし，会誌編集理事（エディター）は評議員会の承認を得て総会が選出する．理事は会長，副会長とともに第2条に規定する会務を執行する．理事は次の会務の分担をする．

    庶務，会計，渉外，広報，会誌編集，大会開催，研究報告会のプログラム編成，その他評議員会で必要と議決された事務．

12. 会長は選挙によって定める．会長は，本学会を代表し，評議員会の議長となる．会長は第10条の規定にかかわらず評議員となる．会長は（1）評議員会の推薦した候補者，（2）20名以上の個人正会員の推薦を受けた候補者，もしくは（3）その他の個人正会員，の中から選出する．（1）（2）の候補者については，本人の同意を必要とする．（1）（2）の候補者については経歴・業績等の個人情報を公開するものとする．

13. 副会長は，会長が個人正会員より推薦し，総会が承認する．副会長は，評議員会に出席し，会長を補佐する．

14. 監事は，評議員会が会長，副会長，理事以外の個人正会員から選出する．監事は会計監査を行う．

15. 本学会の役員の任期は，原則2年とする．ただし，連続する任期の全期間は会長は4年を超えないものとする．なお，英文会誌編集担当理事（エディター）の任期は附則で定める．

16. 評議員会は，評議員会議長が必要と認めたときに招集する．また，評議員の1/2以上が評議員会の開催を評議員会議長に要求したときは，議長はこれを招集しなければならない．

17. 総会は会長が招集する．通常総会は，年1回開く．評議員会が必要と認めたときは，臨時総会を開くことができる．正会員の1/4以上が，署名によって臨時総会の開催を要求したときは，会長はこれを開催しなければならない．

18. 総会の議決は，出席者の過半数による．

19. 次の事項は，通常総会に提出して承認を受けなければならない．

    (1) 事業計画および収支予算
    (2) 事業報告および収支決算
    (3) 会則に定められた承認事項や決定事項
    (4) その他評議員会で総会提出が議決された事項

20. 本学会は，会務に関する各種の委員会をおくことができる．各種委員会の運営は，別に定める規定による．

21. 本学会の会計年度は，毎年4月1日に始まり，3月31日に終わる．

22. 本学会の運営に関する細則は別に定める．

23. 本会則の変更は，評議員会の議決を経て，総会が決定する．

附則1. 英文会誌編集担当理事（エディター）の任期は4年とする．

  改正 1999年8月29日
  改正 2000年6月30日
  改正 2008年8月2日
  改正 2009年1月29日
  改正 2009年7月29日
  改正 2009年12月23日

編集委員略歴

津田博史（つだ　ひろし）
1959 年生まれ
現　在　同志社大学理工学部　数理システム学科　教授，
　　　　学術博士（統計科学）
著　書　『株式の統計学』（シリーズ〈社会現象の計量分析〉2），
　　　　朝倉書店，1994 年

中妻照雄（なかつま　てるお）
1968 年生まれ
現　在　慶應義塾大学　経済学部　教授，Ph. D.（経済学）
著　書　『入門ベイズ統計学』（ファイナンス・ライブラリー 10），
　　　　朝倉書店，2007 年

山田雄二（やまだ　ゆうじ）
1969 年生まれ
現　在　筑波大学大学院　ビジネス科学研究科　准教授，
　　　　博士（工学）
著　書　『チャンスとリスクのマネジメント』（シリーズ〈ビジネスの数理〉2），朝倉書店，2006 年
　　　　『計算で学ぶファイナンス― MATLAB による実装 ―』
　　　　（シリーズ〈ビジネスの数理〉6），朝倉書店，2008 年

ジャフィー・ジャーナル―金融工学と市場計量分析
バリュエーション
定価はカバーに表示

2011 年 4 月 15 日　初版第 1 刷

編　者　日本金融・証券計量・工学学会
発行者　朝　倉　邦　造
発行所　株式会社　朝　倉　書　店
　　　　東京都新宿区新小川町 6-29
　　　　郵便番号　162-8707
　　　　電　話　03（3260）0141
　　　　FAX　03（3260）0180
　　　　http://www.asakura.co.jp

〈検印省略〉

© 2011 〈無断複写・転載を禁ず〉　　新日本印刷・渡辺製本

ISBN 978-4-254-29014-1　C 3050　　Printed in Japan

同志社大 津田博史・慶大 中妻照雄・筑波大 山田雄二編 ジャフィー・ジャーナル：金融工学と市場計量分析 **定量的信用リスク評価とその応用** 29013-4 C3050　　　　A 5 判 240頁 本体3800円	〔内容〕スコアリングモデルのチューニング／格付予測評価指標と重み付き最適化／小企業向けスコアリングモデルにおける業歴の有効性／中小企業CLOのデフォルト依存関係／信用リスクのデルタヘッジ／我が国におけるブル・ベア市場の区別
同大 津田博史・慶大 中妻照雄・筑波大 山田雄二編 ジャフィー・ジャーナル：金融工学と市場計量分析 **ベイズ統計学とファイナンス** 29011-0 C3050　　　　A 5 判 256頁 本体4200円	〔内容〕階層ベイズモデルによる社債格付分析／外国債券投資の有効性／株式市場におけるブル・ベア相場の日次データ分析／レジーム・スイッチング不動産価格評価モデル／企業の資源開発事業の統合リスク評価／債務担保証券(CDO)の価格予測
同志社大 津田博史・慶大 中妻照雄・筑波大 山田雄二編 ジャフィー・ジャーナル：金融工学と市場計量分析 **非流動性資産の価格付けとリアルオプション** 29009-7 C3050　　　　A 5 判 276頁 本体5200円	〔内容〕代替的な環境政策の選択／無形資産価値評価／資源開発プロジェクトの事業価値評価／冬季気温リスク・スワップ／気温オプションの価格付け／風力デリバティブ／多期間最適ポートフォリオ／拡張Mertonモデル／株式市場の風見鶏効果
一橋大 沖本竜義著 統計ライブラリー 経済・ファイナンスデータの**計量時系列分析** 12792-8 C3341　　　　A 5 判 212頁 本体3600円	基礎的な考え方を丁寧に説明すると共に，時系列モデルを実際のデータに応用する際に必要な知識を紹介。〔内容〕基礎概念／ARMA過程／予測／VARモデル／単位根過程／見せかけの回帰と共和分／GARCHモデル／状態変化を伴うモデル
早大 森平爽一郎著 応用ファイナンス講座 6 **信用リスクモデリング** ―測定と管理― 29591-7 C3350　　　　A 5 判 224頁 本体3600円	住宅・銀行等のローンに関するBIS規制に対応し，信用リスクの測定と管理を詳説。〔内容〕債権の評価／実績デフォルト率／デフォルト確率の推定／デフォルト確率の期間構造推定／デフォルト時損失率，回収率／デフォルト相関／損失分布推定
慶大 田村明久著 シリーズ＜オペレーションズ・リサーチ＞3 **離散凸解析とゲーム理論** 27553-7 C3350　　　　A 5 判 192頁 本体3400円	離散凸解析を用いて，安定結婚モデルや割当モデルを一般化した解法につき紹介した教科書。〔内容〕離散凸解析概論／組合せオークション／割当モデルとその拡張／安定結婚モデルとその拡張／割当モデルと安定結婚モデルの統一モデル／他
V. J. バージ・V. リントスキー編　首都大 木島正明監訳 **金融工学ハンドブック** 29010-3 C3050　　　　A 5 判 1028頁 本体28000円	各テーマにおける世界的第一線の研究者が専門家向けに書き下ろしたハンドブック。デリバティブ証券，金利と信用リスクとデリバティブ，非完備市場，リスク管理，ポートフォリオ最適化，の 4 部構成から成る。〔内容〕金融資産価格付けの基礎／金融証券収益率のモデル化／ボラティリティ／デリバティブの価格付けにおける変分法／クレジットデリバティブの評価／非完備市場／オプション価格付け／モンテカルロシミュレーションを用いた全リスク最小化／保険分野への適用／他
日大 蓑谷千凰彦・東京国際大 牧 厚志編 **応用計量経済学ハンドブック** ―CD-ROM付― 29012-7 C3050　　　　A 5 判 672頁 本体19000円	計量経済学の実証分析分野における主要なテーマをまとめたハンドブック。本文中の分析プログラムとサンプルデータが利用可。〔内容〕応用計量経済分析とは／消費者需要分析／消費者購買行動の計量分析／消費関数／投資関数／生産関数／労働供給関数／住宅価格変動の計量経済分析／輸出・輸入関数／為替レート関数／貨幣需要関数／労働経済／ファイナンシャル計量分析／ベイジアン計量分析／マクロ動学的均衡モデル／産業組織の実証分析／産業連関分析の応用／資金循環分析

上記価格（税別）は 2011 年 3 月現在